필요한 것만 공부하는

# PHP 프로그래밍

이성욱 · 장종준  공저

21세기사

PHP는 배우기 쉽고 성능 좋은 웹 프로그래밍 언어입니다. 지금은 자바 계열의 웹 기술에 다소 밀리는 느낌이 있긴 하지만 여전히 많은 사이트에 사용되고 있습니다.

필자는 몇 년간 대학에서 PHP 강의를 하면서 많은 교재들을 검토해 보았고 그 중 일부는 강의에 활용하기도 했지만 늘 몇 가지 아쉬운 점을 가지고 있었습니다.

첫째는 한 권의 PHP 교재에 지나치게 많은 내용을 담고 있다는 것이었습니다. 특정 언어의 프로그래밍을 처음 배우는 입문서와, 두고두고 프로그램을 작성할 때 사용하는 참고서는 분리되어야 한다는 것이 필자의 생각입니다. 그런데 입문서에 지나치게 많은 내용을 담아 놓음으로 인해 처음 PHP 프로그램을 공부하는 학생들에게 큰 부담을 주고, 이것이 PHP 공부를 포기하게 만드는 것을 종종 보아왔습니다. 입문 단계에서는 핵심적인 것만 공부하고, 실제 현장에서 프로그래밍 할 때에는 PHP 관련 사이트나 참고서를 활용하여 그때그때 필요한 부분을 찾아 작성하도록 하는 것이 바람직할 것입니다.

둘째는 제시된 소스 프로그램에 HTML 태그가 지나치게 많다는 점이었습니다. PHP는 웹 사이트 구축을 위한 도구이므로 미려한 화면 구성을 위해서는 HTML 태그를 많이 쓰는 것이 당연하다고 생각할 수도 있습니다. 그러나 그것은 실제로 활용할 사이트를 구축할 때의 이야기이고, PHP 프로그래밍 공부를 하는 과정에서는 최대한 HTML 태그 사용이 자제된 예제들을 가지고 공부하는 것이 PHP 언어 자체에 대한 집중도를 높일 수 있습니다.

마지막으로는 제시된 예제의 완성도를 높이다 보니 소스 코드의 양이 방대한 경우가 많다는 것이었습니다. 입문서에 제시된 예제는 다소 완성도가 떨어지더라도 해당 기술을 구현하는 방법을 명확하게 머릿속에 그릴 수 있도록 하는 것이 바람직하다고 생각합니다. 완성도 높은 긴 프로그램을 이해하느라 시간을 보내는 것보다는, 핵심만 담고 있는 소스 코드를 빨리 이해하고 완성도를 높여 실제 사용할 수 있는 프로그램으로 만드는 작업을 학생들에게 과제로 부여하는 것이 더 좋을 것입니다.

이러한 문제점들을 생각하면서 한 학기의 대학 강의에서 강의와 실습이 적절한 비율로 이루어질 수 있는 교재를 만들어보자는 것이 이 책을 쓰게 된 동기입니다. 책의 제목이 "필요한 것만 공부하는 PHP 프로그래밍"이라고 붙여지게 된 것도 이러한 배경 때문이며, PHP를 처음 공부하는 학생을 대상으로 군더더기 없는 PHP 입문과정을 밟도록 해주려는 것이 이 책의 목표입니다. 이 책이 PHP에 입문하는 학생들에게 좋은 친구가 되기를 바랍니다.

2012.10

**필자**

# Contents

## Chapter 11 · PHP와 MySQL 연동



## Chapter 12 · MySQL 응용



## Chapter 13 · 자유게시판

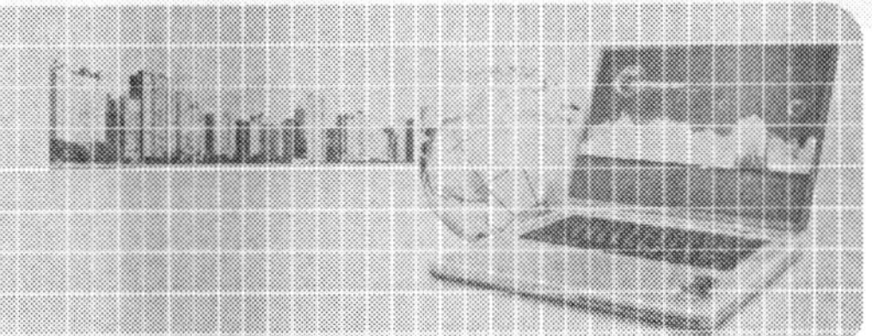


# PHP 소개

PHP는 ASP, JSP 등과 같이 웹 프로그래밍을 위한 언어로서, 누구나 무료로 이용할 수 있으면서도 실행 속도가 빠르고 C 언어와 유사한 문법 체제를 가지고 있어 현재까지도 널리 사용되고 있다.

PHP라는 이름은 "PHP: Hypertext Preprocessor"의 약자로서, 단어의 정의에 다시 그 단어가 들어가는 재귀적인 형태로 정의되어 있다. PHP는 1994년 처음 만들어진 이래 계속해서 새로운 버전이 나오고 있으며, 현재는 PHP 5(버전 번호가 5.x.x 라는 의미)가 사용되고 있다.

이 장에서는 PHP의 기본적인 특징을 파악하고 PHP 구동 환경을 구축하는 방법에 대해 공부한다. 다룰 내용은 다음과 같다.

### ⊕ 웹 프로그래밍 언어의 이해

웹 프로그래밍 언어로 작성된 파일이 어떠한 방식으로 처리되어 웹 서비스에 사용되는지를 이해한다.

### ⊕ ASP, JSP, 그리고 PHP

PHP의 특징을 살펴보고, ASP, JSP와 같은 다른 웹 프로그래밍 언어와 비교할 때의 장단점을 파악한다.

### ⊕ PHP 실행 환경 구축

PHP를 이용하는 웹 서버를 구축하기 위해 PHP 실행 환경을 구성하는 방법을 살펴본다.

# 1.1 웹 프로그래밍 언어의 이해

웹 페이지를 기술하는데 사용되는 기본적인 언어는 HTML이다. 그러나 HTML만으로는 항상 똑같은 내용을 보여주는 웹 페이지만 작성할 수 있으며, 방문자 카운터나 게시판 등과 같이 상황에 따라 그 내용이 동적으로 변하는 페이지는 만들 수 없다.

이러한 문제를 해결하기 위해 웹 서버에 페이지 요청이 들어올 때마다 실행되어 지정된 동작을 하고 웹 페이지에 표시될 내용을 동적으로 생성하는 프로그램을 작성하게 되는데, 이것을 웹 프로그램이라 한다. 그리고 웹 프로그램을 작성하는데 사용되는 프로그래밍 언어를 웹 프로그래밍 언어라고 하며, 일반적으로 많이 사용되는 웹 프로그래밍 언어는 ASP, PHP, JSP 등이 있다.

PHP로 작성된 웹 프로그램이 어떻게 동작하는지를 이해하려면, 먼저 HTML 문서가 어떤 과정을 통해 웹 브라우저에 표출되는지를 정확히 알고 있어야 한다. 다음 그림을 보자.

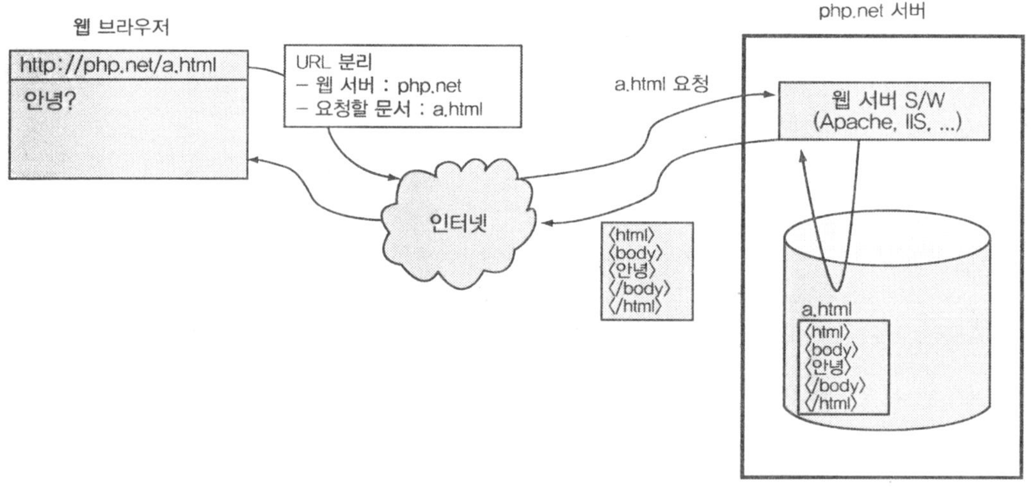


[그림 1-1] HTML 파일의 처리 과정

(1) 사용자가 웹 브라우저의 주소창에 URL을 입력하고 엔터를 치면, 웹 브라우저는 URL에서 서버의 주소 부분과 그 서버에게 요청할 문서의 이름을 분리해낸다. 이 예에서와 같이 URL이 http://php.net/a.html 이었다면, 웹 서버의 주소는 php.net이고, 요청할 문서는 a.html이 된다.

(2) 웹 브라우저는 인터넷을 통하여 php.net 서버에게 a.html 문서를 꺼내달라고 요청한다.

(3) 이 요청은 웹 서버 컴퓨터의 웹 서버 소프트웨어가 수신한다. 그리고 요청된 HTML 문서를 꺼내어 인터넷을 통해 이것을 요청한 컴퓨터로 전송한다.

(4) 원하는 대로 a.html을 수신한 웹 브라우저는 이 HTML 문서를 해석하여 화면에 출력한다.

PHP 등의 언어로 작성된 웹 프로그램이 처리되는 과정도, 전체적인 흐름은 HTML의 경우와 별반 다르지 않다. 단지 프로그램이 실행되는 단계만 추가될 뿐이다. 이를 정리하면 다음 그림과 같다. HTML의 경우와 비교하여 보기 바란다.

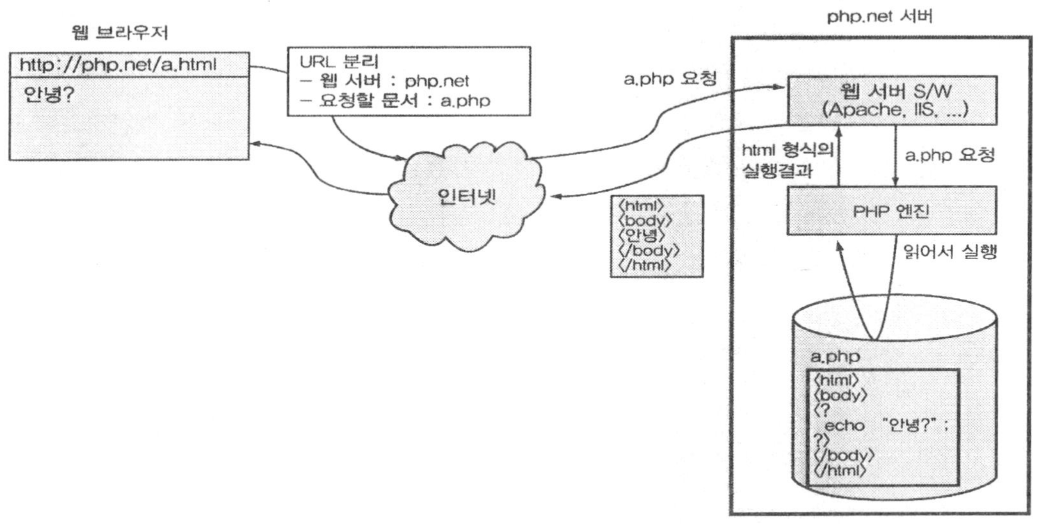


[그림 1-2] PHP 파일의 처리 과정

(1) 사용자가 웹 브라우저의 주소창에 URL을 입력하고 엔터를 치면, 웹 브라우저는 URL에서 서버의 주소 부분과 그 서버에게 요청할 문서의 이름을 분리해낸다. 이 예에서 웹 서버의 주소는 php.net이고, 요청할 문서는 a.php이다. PHP 프로그램 파일의 확장자는 php이다.

(2) 웹 브라우저는 인터넷을 통하여 php.net 서버에게 a.php 문서를 꺼내달라고 요청한다.

(3) 이 요청은 웹 서버 컴퓨터의 웹 서버 소프트웨어가 수신한다. 이 때 요청된 문서의 확장자가 html이 아니라 php이므로, 웹 서버 소프트웨어는 이 요청을 직접 처리하지 않고 PHP 엔진에게 전달한다.

(4) 요청을 받은 PHP 엔진은 a.php 파일을 찾아 실행한다. 그림에 제시된 예제에서 실제 PHP 프로그램 부분은 "⟨?" 와 "?⟩" 사이에 적힌 다음과 같은 한 줄뿐이다.

```
echo "안녕?";
```

이 명령은 화면에 "안녕?"이라는 문자열을 찍으라는 명령이므로 html 문서에 "안녕?"이라는 문자를 적어 넣은 것과 같은 결과를 가져온다. PHP 프로그램에 관한 얘기들은 뒤에서 배울 테니 여기서 모두 이해할 필요는 없다. 단지 여기서 이해해야 하는 것은, 웹 프로그램이 실행되면 적혀있는 PHP 소스 코드가 모두 지워지고, 대신 그 자리에 실행의 결과가 남게 된다는 점이다. 따라서 "⟨?" 부터 "?⟩"까지의 모든 내용이 지워지고, 그 자리에는 실행의 결과로 "안녕?"이라는 문자열만 남은 html 문서가 얻어진다. 그리고 이것이 웹 서버에게 전달된다. 이 과정을 그림으로 표시하면 다음과 같다.

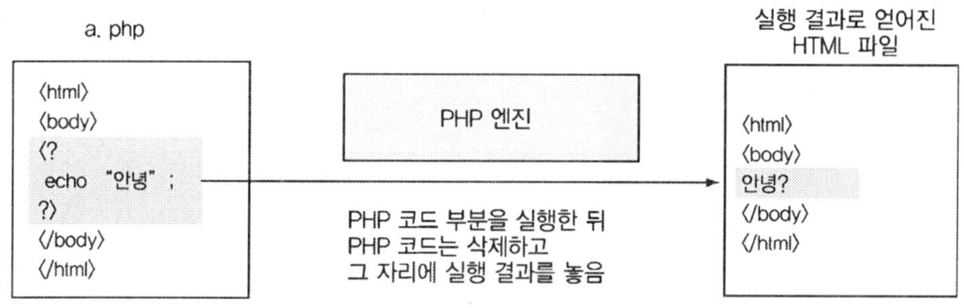


[그림 1-3] PHP 파일의 실행 과정

⑸ 이것은 웹 서버의 입장에서 볼 때, 자신이 원하는 a.php를 실행시켜 얻어진 HTML 문서를 받은 것이다. 따라서 이 결과를 웹 브라우저에게 반환한다.

⑹ HTML 형태로 된 a.php의 실행결과를 수신한 웹 브라우저는 이것을 해석하여 화면에 출력한다.


## 1.2 ASP, JSP, 그리고 PHP

웹 프로그래밍을 위해 사용할 수 있는 언어는 매우 많으나 가장 잘 알려진 언어는 역시 ASP, JSP, PHP 정도라고 말할 수 있을 것이다.

ASP(Active Server Page)는 일반 응용 프로그래밍 언어인 BASIC을 기반으로 만들어진 웹 프로그래밍 언어이다. ASP는 IIS(Internet Information Service)라는 웹 서버에서만 이용할 수 있으며 IIS는 Microsoft Windows에서만 동작한다. 따라서 ASP는 윈도우즈 계열의 서버에서만 사용가능하다.

최근에는 ASP로 새롭게 웹 사이트를 구축하는 일은 매우 드물고, ASP의 업그레이드 버전이라고 할 수 있는 ASP.NET가 사용되고 있다. ASP는 웹 프로그램 구동 기술(또는 플랫폼)의 이름이면서 그 환경에서 동작하는 프로그래밍 언어의 이름이기도 하지만, ASP.NET는 언어의 이름이 아니라 단지 플랫폼을 지칭하는 이름이다. ASP.NET에서 프로그래밍 언어는 Visual Basic 또는 C# 중 원하는 언어를 선택하여 사용할 수 있다.

JSP는 Java 언어를 기반으로 만들어진 웹 프로그래밍 언어이다. Java 언어가 널리 사용되고 있고 다양한 Java 관련 기술들을 활용할 수 있다는 장점 때문에 많은 웹 사이트들이 JSP로 구축되고 있다. 현재 국내에서 새롭게 웹 사이트를 구축할 때 가장 많이 사용되는 웹 프로그래밍 언어가 무엇이냐고 묻는다면 아마도 대부분의 사람들이 JSP라고 답할 것이다.

PHP는 C 언어를 기반으로 만들어진 웹 프로그래밍 언어로서 다양한 하드웨어와 운영체제에서 사용할 수 있으며 실행 속도도 빠른 편이다. 따라서 JSP가 나타나기 전에는 가장 대중적인 웹 프로그래밍 언어였으며 현재까지도 중소 규모의 웹 사이트 구축에는 많이 사용되고 있다. PHP의 특징은 다음과 같다.

- C 또는 Java 언어의 기본 문법과 매우 유사하다. PHP는 C 언어를 기반으로 만들어진 웹 프로그래밍 언어이다. 또한 Java도 기본 문법은 C 언어를 많이 참고하여 만들어졌으므로, 객체 지향 부분을 제외한 기본적인 문장 구조나 제어문의 구조가 C 언어와 거의 같다. 따라서 C 또는 Java 프로그램을 이미 알고 있는 사람이라면 PHP와의 문법적인 차이만 몇 가지 알려주면 바로 PHP 프로그램을 시작할 수 있다.

- 무료로 사용할 수 있다. PHP 프로그램을 실행시켜주는 소프트웨어(이것의 이름도 PHP라고 부르지만, 혼동을 피하기 위하여 앞으로 이 책에서는 PHP 엔진이라고 하겠다)가 무료로 제공되므로, 무료 소프트웨어만으로도 웹 서버를 구축할 수 있다.

- 구축된 웹 사이트의 동작 속도가 빠르다. PHP 엔진은 무료임에도 불구하고 그 성능이 좋은 편에 속해서 많은 접속자를 처리해야 하는 사이트에도 큰 문제없이 사용할 수 있다.

- PHP 엔진은 리눅스, 유닉스, 그리고 마이크로소프트 윈도우즈도 지원하므로, 어느 플랫폼에서나 사용할 수 있다.


## 1.3 PHP 실행환경 구축

### 1.3.1 실행환경 구축에 필요한 소프트웨어

PHP 프로그램을 이용하여 웹 사이트를 구축하기 위해서는 다음과 같은 소프트웨어들이 필요하다.

#### ⊛ 웹 서버 소프트웨어

웹 문서(HTML, PHP 등) 요청을 받아들여 처리하는 소프트웨어이다. 무료 소프트웨어만으로 웹 서버를 구축할 경우에는 대부분 Apache를 이용하며, 윈도우즈 서버 계열의 운영체제를 사용할 경우에는 IIS를 사용할 수도 있다.

### PHP 엔진

실행 요청을 받은 PHP 프로그램을 실행하여 그 결과를 웹 서버에게 돌려주는 역할을 한다. PHP 공식 사이트에서 다운로드 받을 수 있다.

### DBMS(DataBase Managament System)

웹 프로그램으로 구성된 대부분의 웹 사이트는 사이트 운영에 필요한 데이터들을 효율적으로 관리하기 위해 데이터베이스를 필요로 한다. PHP와 함께 가장 많이 사용되는 DBMS는 MySQL로서 역시 무료이며, 필요에 따라 Oracle 등의 다른 DBMS도 이용할 수도 있다.

이상의 내용을 종합해 보면, PHP로 웹 사이트를 구축할 때 가장 많이 사용하는 소프트웨어 조합은, Apache, PHP 엔진, MySQL이라는 사실을 알 수 있다. PHP 프로그래머들은 이 소프트웨어들을 하나로 묶어서 APM이라고 부르는데, 각 소프트웨어의 첫 글자를 딴 것이다. 앞서 말했듯 이것들은 모두 무료로 사용할 수 있으며, 심지어는 각각 설치해서 일일이 세팅하는 수고를 하지 않도록 세 가지 소프트웨어를 하나의 패키지 형태로 묶은 것도 있으므로, 비용 부담 없이 손쉽게 웹 서버를 구축할 수 있다.

## 1.3.2 실행환경 구축 방법

앞서 언급한 바와 같이 PHP 실행환경을 구성하는 세 개의 소프트웨어를 설치하는 방법은 크게 두 가지가 있다. 각각의 소프트웨어를 개별적으로 설치하는 방법과, 필요한 소프트웨어들이 하나로 묶여있는 패키지를 이용하는 방법이다.

### 개별적으로 설치하는 경우

각각의 패키지를 제작사 사이트에서 다운로드한 뒤 설치할 수 있다. PHP 관련 소프트웨어의 제작사 웹 사이트는 다음과 같다.

- Apache : http://www.apache.org/
- PHP 엔진 : http://www.php.net/
- MySQL : http://www.mysql.com/

리눅스 또는 유닉스의 경우에는 대부분 이들 세 소프트웨어가 설치 디스크에 포함되어 있어서 운영체제 설치 시에 같이 설치하거나, 운영체제 설치 후 패키지 관리 프로그램을 이용하여 간단히 설치할 수 있다.

다만, 윈도우즈 서버 계열의 운영체제를 사용하는 경우에는 웹 서버로 IIS를 사용할 것인지, Apache를 선택할 것인지를 결정해야 한다. 만약 웹 서버로 IIS를 사용하는 경우에는 Apache가 필요 없으므로, PHP 엔진과 MySQL 만을 설치하면 될 것이다.

여기서 한 가지 주의할 것은, 이렇게 각각의 소프트웨어를 따로따로 설치할 경우에는 Apache, PHP, MySQL의 연동 설정을 위해 Apache와 PHP의 설정 파일을 수정해주어야 한다는 점이다. 리눅스 배포 패키지에 따라 이러한 연동 설정을 미리 다 해놓은 것들도 있지만, 최소한 연동 설정이 잘 되어 있는지 확인은 해주어야 한다. 개별 설치를 하는 과정을 정리하면 다음과 같다.

⑴ Apache, PHP 엔진, MySQL을 설치한다.
⑵ PHP와 Apache의 연동을 위해 Apache 설정 파일(httpd.conf)를 수정한다.
⑶ PHP와 MySQL의 연동을 위해 PHP 설정 파일(php.ini)를 수정한다.

이러한 번거로움을 피하기 위해서 윈도우즈 서버를 사용할 때에는 이들 소프트웨어가 하나의 패키지 형태로 구성된 설치 파일을 이용하여 간단하게 설치하는 것이 일반적이다. 이런 패키지를 사용하면 필요한 소프트웨어가 한 번에 설치되는 것은 물론이고 소프트웨어들끼리의 연동 설정까지 자동으로 되기 때문이다.

따라서 이 책에서는 윈도우즈에서 이러한 패키지를 통해 PHP 구동 환경을 구축하는 방법에 대해서만 설명하며, 개별 설치 시의 상세한 설치 절차나 설정 요령은 언급하지 않을 것이다. 개별 설치가 필요한 상황이라면 해당 소프트웨어의 제작사 사이트를 참조하도록 한다.

### ⊕ 하나의 패키지로 설치하는 경우

윈도우즈 환경에서 PHP 동작에 필요한 소프트웨어를 하나로 묶어 손쉽게 설치할 수 있는 패키지는 두 가지 형태로 배포되고 있는데, APM_Setup과 PHP_Setup_for_IIS이다. 이들 중 어느 패키지를 사용할 것인지는 사용할 웹 서버에 따라 달라진다.

- APM_Setup

 웹 서버로 Apache를 설치하여 사용하고 싶을 경우에 선택한다. Apache, PHP 엔진, MySQL이 모두 설치되며, Apache와 PHP 엔진, PHP 엔진과 MySQL 연동이 자동적으로 이루어진다.

- PHP_Setup_for_IIS

 윈도우즈에 이미 IIS가 설치되어 있고, IIS를 웹 서버로 이용하고 싶을 경우에 선택한다. PHP 엔진과 MySQL만 설치되며, IIS와 PHP 엔진의 연동 설정이 자동적으로 이루어진다.

 이 두 가지 패키지는 모두 http://www.apmsetup.com/에서 다운로드 받을 수 있다.

### 1.3.3 APM 설치

 APM_Setup 패키지는 Apache, PHP, MySQL을 한 번에 설치하고 필요한 모든 연동 설정까지 자동으로 해주므로, 윈도우즈에서 PHP 구동 환경을 구축하려는 사람들이 많이 이용하고 있다. 설치 방법은 매우 간단해서, 특별히 손대고 싶은 옵션이 없다면 설치 과정에서 "다음", "설치" 등만 계속해서 클릭해주면 된다.

 먼저, http://www.apmsetup.com/ 사이트에서 APM_Setup 또는 PHP_Setup_for _IIS 패키지를 다운로드 받는다.

두 패키지 모두 설치 방법은 유사하므로, 여기에서는 APM_Setup의 설치 과정만을 보이도록 하겠다. 다운로드가 끝나고 설치 프로그램을 실행시키면 언어를 선택한다.

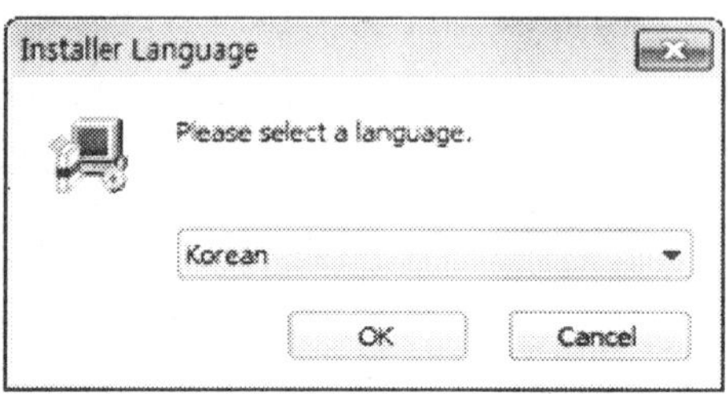

설치 화면이 나오면, "다음", "동의함" 등을 클릭한다.

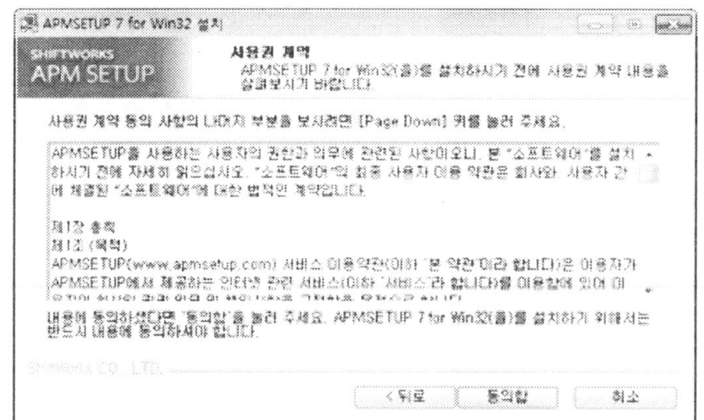

설치 옵션을 선택하고 "다음", "설치" 등을 클릭한다.

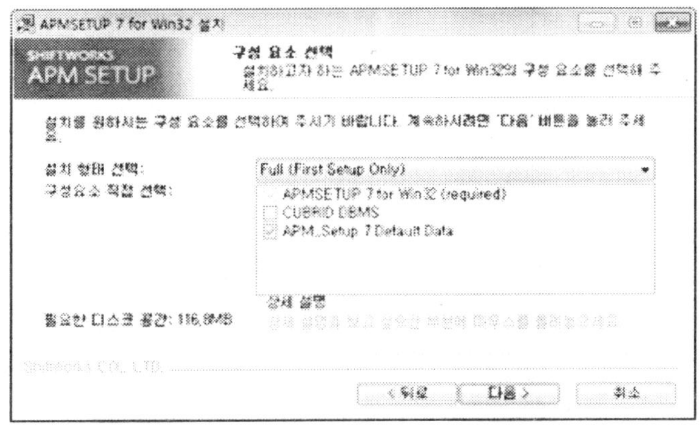

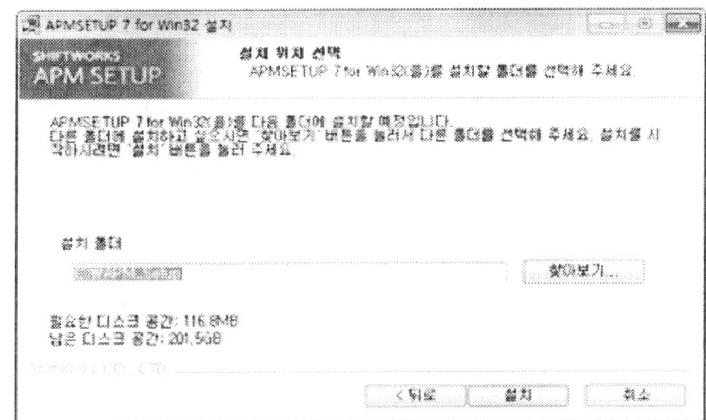

설치 작업이 진행된다. 설치가 모두 끝나면 설치 완료를 알리는 화면이 나온다.

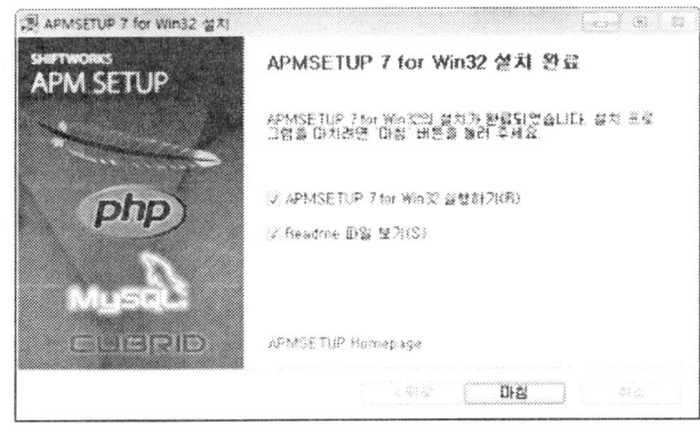

설치가 모두 끝나면 설치가 잘 되었는지 확인하기 위해, 웹 브라우저에서 http://localhost
를 입력해 본다. 다음과 같은 화면이 나오면 문제없이 설치된 것이다.

이미 알고 있겠지만, localhost는 여러분이 지금 사용하고 있는 컴퓨터를 가리키는 특
별한 인터넷 주소이다. 따라서 여러분들이 위의 화면을 보았다는 것은 여러분의 컴퓨터에
서 웹 서버 소프트웨어가 정상적으로 동작하고 있으며, PHP, MySQL과의 연동이 정상적
으로 이루어지고 있다는 것을 의미한다.

1. PHP 프로그램이 실행되는 과정에서 PHP 엔진의 역할은 무엇입니까?

2. ASP, PHP, JSP의 기반이 된 일반 응용 프로그래밍 언어는 무엇입니까?

3-1. PHP 프로그램이 원활하게 구동되기 위해서는 웹 서버, PHP 엔진, 그리고 어떤 소프트웨어가 필요합니까?

3-2. APM_Setup 과 PHP_Setup_for_IIS 중 어떤 패키지를 사용할 것인지 판단하는 기준은 무엇입니까?

3-3. APM_Setup 또는 PHP_Setup_for_IIS 설치가 끝난 후 설치가 올바르게 되었는지 확인하는 방법은 무엇입니까?

확인학습 정답

1. PHP 프로그램을 해석하여 실행하고, 실행 결과로 얻어진 텍스트를 웹 서버에게 돌려준다.

2. ASP는 BASIC, PHP는 C, JSP는 Java 언어를 기반으로 만들어졌다.

3-1. DBMS(데이터베이스 관리 시스템)

3-2. 웹 서버로 Apache를 사용하면 APM_Setup, IIS를 사용하면 PHP_Setup_for_IIS를 선택한다.

3-3. 웹 브라우저의 주소창에 http://localhost를 입력하고 나오는 웹 페이지를 확인한다.

## 연습문제

**1-1.** HTML로만 웹 페이지를 작성하지 않고 웹 프로그래밍 언어를 이용하는 이유
는 무엇입니까?

**1-2.** 웹 브라우저의 PHP 페이지 요청이 어떤 처리 과정을 거쳐 돌아와 화면에 표
출되는지 그 과정을 설명해 보시오. 그리고 이것이 HTML 문서의 처리 과정
과 다른 점을 설명해 보시오.

**2.** PHP의 특징을 간략하게 서술해 보시오.

**3-1.** PHP 프로그램이 구동되기 위해 설치되어야 하는 세 가지 소프트웨어가 무엇
인지, 그리고 각각의 역할은 무엇인지 설명해 보시오.

**3-2.** APM_Setup 과 PHP_Setup_for_IIS 중 여러분의 PC에 적합한 패키지를 선택
하고 설치 해보시오.

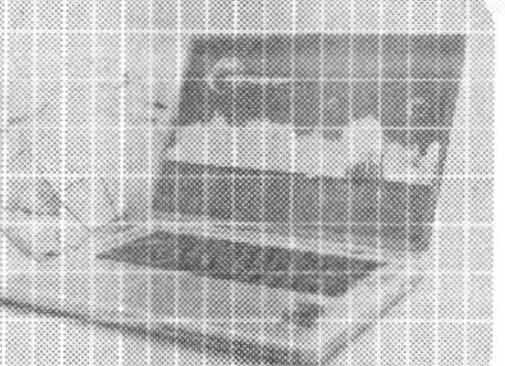

# PHP 프로그램 기초

이 장에서는 PHP 프로그래밍에 있어 가장 기초적인 사항들을 이야기한다. 다루는 내용은 다음과 같다.

### ⊕ PHP 프로그램의 작성과 실행

PHP 프로그램을 입력하고 실행시키는 방법을 살펴본다.

### ⊕ PHP 프로그램의 기본 형태

PHP 프로그램의 개괄적인 형태에 대해 살펴본다.

### ⊕ 문장과 주석

PHP 문장의 형태를 파악하고, 프로그램 해석을 도와주는 주석을 작성하는 방법을 살펴본다.

### ⊕ echo 명령을 이용한 출력

화면에 원하는 문자열 또는 값을 출력하는 방법을 살펴본다.

## 2.1 PHP 프로그램의 작성과 실행

PHP 프로그램을 입력하기 위해서는 프로그래밍용 에디터가 필요하다. 부득이한 경우에는 윈도우즈 운영체제에 기본적으로 포함된 메모장 프로그램을 사용할 수도 있겠지만, 본격적인 프로그래밍 작업에는 불편하다. 프로그래밍용 에디터는 여러분의 손에 익고 사용하기 편한 것을 사용하면 되겠다. 일반적으로 많이 사용되는 프로그래밍용 에디터는 EditPlus, UltraEdit, AcroEdit 등이 있으며, EditPlus와 UltraEdit은 쉐어웨어

(Shareware), AcroEdit는 공개 소프트웨어(Freeware)이다.

에디터가 준비되었으면 다음 프로그램을 입력해 보자. 혹시 이 책을 읽기 전 프로그래밍 언어를 하나도 배운 적이 없어서 이 PHP 프로그램의 의미가 파악되지 않는다고 해도 긴장하지 말기 바란다. 이 프로그램의 의미는 책을 읽어 나가다 보면 자연스럽게 파악할 수 있을 것이다. 지금은 일단 PHP 프로그램을 입력하고 실행시키는 방법을 파악하는데 집중하자.

**예제 2-1** 간단한 PHP 프로그램 (2-1.php)

```
 1: <html>
 2: <head>
 3:    <title>첫 번째 PHP 프로그램</title>
 4: </head>
 5:
 6: <body>
 7: 첫 번째 PHP 프로그램입니다.<br>
 8: <?
 9:    $a = 3;
10:    $b = 5;
11:    $c = $a + $b;
12:
13:    echo "$a + $b = $c<br>";
14: ?>
15: </body>
16: </html>
```

**실행결과**

```
첫 번째 PHP 프로그램입니다.
3 + 5 = 8
```

입력이 끝나면 입력된 내용을 파일로 저장해야 한다. 저장할 때 파일의 이름은 2-1.php로 하도록 한다. 사실 "2-1"이라는 파일명은 꼭 지킬 필요 없지만, PHP 프로그램의 확장자는 ".php"이므로 확장자만은 정확하게 지켜주도록 한다.

한 가지 더 주의할 것은 파일을 저장할 위치인데, 웹 서버(Apache 또는 IIS)의 도큐먼트 루트(Document Root) 폴더 또는 그 하위 폴더에 저장해야 웹을 통해 결과를 확인할 수 있다. 도큐먼트 루트는 웹 사이트에 관련된 파일들(HTML, PHP 등)이 위치한 가장 상위 폴더를 의미한다.

APM_Setup 패키지를 별다른 옵션 변경 없이 설치한 경우 Apache의 도큐먼트 루트는 C:\APM_Setup\htdocs 이다. 따라서 이 폴더에 파일을 저장하고, 웹 브라우저에서 http://localhost/2-1.php를 입력하면, 이 프로그램이 실행되고 그 결과가 웹 브라우저에 나타나게 된다. 만약 book이라는 이름의 하위 폴더를 만들고 C:\APM_Setup\htdocs\book 폴더에 2-1.php 파일을 저장했다면 http://localhost/book/2-1.php 라고 URL을 적어야 올바른 실행 결과를 얻을 수 있다.

IIS를 사용할 경우, 설정을 따로 변경하지 않았다면 도큐먼트 루트는 C:\Inetpub\wwwroot 이다. 이 폴더에 2-1.php를 저장하였다면 http://localhost/2-1.php 로 이 프로그램을 실행할 수 있으며, C:\Inetpub\wwwroot\book에 저장하였다면 http://localhost/book/2-1.php 로 실행할 수 있다.


## 2.2 PHP 프로그램의 기본 형태

확장자가 ".php" 인 파일이라 하더라도 그 내용이 모두 PHP 코드로만 되어 있지는 않을 수 있다. PHP 코드는 "〈?" 로 시작하여 "?〉" 로 끝나거나, "〈?php" 로 시작하여 "?〉" 로 끝난다. 둘 중 어느 것을 사용해도 무방하므로 이 책에서는 간단하게 "〈? … ?〉"의 형태를 사용할 것이다.

어떤 형태를 사용하든 PHP 코드 부분 이외의 나머지 부분은 일반적인 HTML 파일로 간주된다. 그렇기 때문에 위의 예제에서 "〈?" 부터 "?〉"까지의 부분을 제외한 나머지 부분은 일반적인 HTML 파일의 형태를 가지고 있는 것이다.

웹 프로그램은 HTML 로는 만들 수 없는 동적인 내용을 담은 웹 페이지를 만들기 위해서 사용된다. 따라서 많은 웹 프로그래밍 언어들이 HTML 파일 안에서 필요한 부분에 코드가 삽입되는 형태를 가지게 되며, PHP 또한 마찬가지이다. 또한 필요하다면 "〈? … ?〉" 부분이 하나의 파일 안에 여러 번 나올 수도 있다.

하지만, 모든 PHP 프로그램이 꼭 HTML 파일의 완전한 형태를 가질 필요는 없다. 위 프로그램과 같이 〈title〉 태그를 이용하는 등의 완전한 웹 페이지의 형태가 필요 없고 단순히 "3 + 5 = 8"과 같이 계산 결과만 출력하는 것으로 충분하다면 다음과 같이 프로그램을 작성할 수도 있다.

**예제 2-2** PHP 코드만으로 이루어진 프로그램 (2-2.php)

```
1: <?
2:    echo "첫 번째 PHP 프로그램입니다.<br>";
3:
4:    $a = 3;
5:    $b = 5;
6:    $c = $a + $b;
7:
8:    echo "$a + $b = $c<br>";
9: ?>
```

**실행결과**

```
첫 번째 PHP 프로그램입니다.
3 + 5 = 8
```

이 프로그램도 아무런 오류를 발생시키지 않고 정상적으로 동작한다. 이 프로그램이 PHP 엔진에 의해 처리되고 나면 다음과 같은 내용을 가진 파일로 웹 서버에게 인식된다.

```
첫 번째 PHP 프로그램입니다.
3 + 5 = 8
```

즉, 아무런 태그 없이 두 줄의 문자열만 담고 있는 HTML 파일처럼 인식되는 것이다. 따라서 특별한 화면 구성 없이 원하는 동작만 수행하면 되는 프로그램의 경우에는, 이렇게 아무런 태그 없이 PHP 코드만을 담고 있도록 작성될 수 있다. 이제부터 나올 많은 예제들도 HTML태그를 이용한 화면 구성이 필요하지 않다면 이러한 형태로 작성될 것이다.

## 2.3 문장과 주석

C 또는 Java 언어와 마찬가지로 PHP에서도 문장은 프로그램의 기본 단위가 된다. 영어 문장이 여러 개 모여 하나의 문서를 이루듯, PHP 문장이 여러 개 모여 하나의 프로그램을 구성하는 것이다. 문장의 끝은 C 또는 Java 언어와 마찬가지로 세미콜론(;)으로 표시한다. 위의 예제들에서도 각각의 줄 끝에 세미콜론이 붙어있는 것을 확인할 수 있을 것이다.

한편, PHP에서는 프로그램 작성이나 수정 과정 중에 사람이 읽고 프로그램의 구성을 쉽게 파악하도록 적어두는 메모인 주석(Comment)을 사용할 수 있다. 주석이란 프로그램 실행에 아무런 영향을 끼치지 않고, PHP 엔진은 무시하는 부분이다. 주석은 사람이 읽고 프로그램이 어떻게 작성되어 있는지 쉽게 파악하려는 목적을 위해 작성된다.

PHP는 C++ 또는 Java와 마찬가지로 여러 줄 주석과 한 줄 주석을 모두 제공한다.

여러 줄 주석은 "/*" 로 시작하여 "*/"로 끝나며, 그 사이에 몇 줄을 적어 넣더라도 모두 주석으로 인식된다. 즉 "/*" 가 나타나면 "*/"가 나타날 때까지 모든 내용은 PHP 엔진에게 무시된다.

한 줄 주석은 "//"로 시작하여 행이 바뀌면 끝난다. 즉, "//"가 나타나면 그 줄 끝까지의 모든 내용이 PHP 엔진에게 무시된다. 다음의 예제 2-3은 예제 2-2에 두 가지 형태의 주석을 추가한 것이다.

**예제 2-3** 주석을 추가한 프로그램 (2-3.php)

```
 1: <?
 2:     echo "첫 번째 PHP 프로그램입니다.<br>";
 3:
 4:     /* 3 + 5를 계산하여
 5:        출력하는 프로그램
 6:     */
 7:     $a = 3;
 8:     $b = 5;
 9:     $c = $a + $b;
10:
11:     echo "$a + $b = $c<br>";   // 결과를 출력
12: ?>
```

**실행결과**

> 첫 번째 PHP 프로그램입니다.
> 3 + 5 = 8

이 프로그램에서 4~6행에 적힌 것이 여러 줄 주석이다. 4행의 시작 부분에 "/*"이 나왔으므로 주석이 여기부터 시작되며, 6행에 적힌 "/*"를 만날 때까지는 아무리 줄이 바뀌어도 계속 주석으로 인식된다.

반면 11행의 문장 뒤에 "//"는 한 줄 주석을 표시한다. 이 주석은 줄이 바뀌면 자동적으로 끝나므로 "//"부터 11행의 끝까지만 주석으로 인식되는 것이다.

주석에 대해 좀 더 이해하기 위해 한 가지 예제를 더 보도록 하자.

**예제 2-4** 주석처리의 영향 (2-4.php)

```
1: <?
2:  // echo "a";
3:  /*
4:     echo "b";
5:  */
6:     echo "c";
7: ?>
```

**실행결과**

> c

이 프로그램에는 3개의 echo 문이 있으며, 각각 a, b, c를 출력하려고 한다. 그런데 2번 행의 echo문은 한 줄 주석으로, 4번 행의 echo문은 여러 줄 주석으로 처리되어 있다. 따라서 2번 행과 4번 행의 echo 문은 실제로 동작하지 않고, 6번 행의 echo 문만 실제로 동작하게 되어 화면에는 "c"만 나타난다.

주석은 물론 프로그램을 알아보기 쉽도록 설명을 적어주는 용도로 만들어진 것이지만, 실제 프로그램을 하는 중에도 위 예제와 같은 형태로 종종 사용된다. 즉, 프로그램을 작성하는 도중에 특정 부분의 코드를 지우고는 싶지만 나중에 다시 사용하게 될지 몰라서 아주 지워버리기는 애매한 경우가 발생하는데, 이런 때에 그 부분을 잠시 주석처리 해 두었다가 나중에 필요하게 되면 주석 표시만 지워서 사용할 수 있다.

## 2.4 echo 명령을 이용한 출력

화면에 무언가 출력하는 것은 모든 프로그램 언어에서 가장 기본이 되는 기능이다. PHP는 웹 프로그래밍 언어이므로 화면 출력은 웹 브라우저 위에 나타난다. 출력을 위해 가장 많이 사용하는 명령은 "echo"이다.

**예제 2-5** echo 사용 (2-5.php)

```
 1: <?
 2:     echo "echo 사용 예제<br><br>";
 3:
 4:     echo "숫자도 출력 가능 : ";
 5:     echo 15;
 6:     echo "<br>";
 7:
 8:     echo "계산 결과도 출력 가능 : ";
 9:     echo 3 + 7;
10:     echo "<br>";
11:
12:     echo "특수한 글자 출력 : \" \$<br>";
13:
14:     ECHO "대문자 ECHO도 똑같이 사용 가능<br>";
15: ?>
```

**실행결과**

```
echo 사용 예제

숫자도 출력 가능 : 15
계산 결과도 출력 가능 : 10
특수한 글자 출력 : " $
대문자 ECHO도 똑같이 사용 가능
```

echo 문의 사용 방법은 간단하다. 그저 echo 뒤에 출력하고 싶은 값들을 써주면 그대로 출력이 된다. 2번 행에서는 "echo 사용 예제"라는 문자열을 적어주었으므로, 그대로 화면에 출력되었다. 문자열 끝의 "<br>"은 HTML 태그로서, 줄 바꿈을 해주어 이후에 출력되는 내용이 다음 줄로 넘어가서 출력되도록 하는 효과가 있다.

echo 뒤에는 숫자나 계산식도 적어 줄 수 있다. 예제의 5행에서처럼 echo 뒤에 15를 적어주면 그 값이 그대로 출력되고, 9행과 같이 "3 + 7"을 적어주면 이것을 계산한 값인 10이 화면에 출력되는 것을 확인할 수 있다. 사실 계산식의 경우에는 echo 명령이 이 값을 계산한다기보다는, PHP 엔진이 "3 + 7"을 계산한 뒤 그 계산 결과인 "10"을 echo 명령에게 전달하여 "echo 10"을 실행한다고 보는 것이 정확하지만, 프로그램을 작성하는 우리들 입장에서는 그런 사항을 일일이 생각하기 보다는 echo 뒤에 수식도 쓸 수 있다고 생각하는 것이 편하다.

한 가지 주의할 점은, 12행과 같이 문자열을 출력할 때 따옴표(")나 달러기호($)와 같이 PHP 언어에게 특별한 의미가 있는 문자를 찍어주고 싶을 때는, 역 슬래시( \ : 한글 자판에서는 ₩ 표시) 글자를 먼저 적어주고 해당하는 글자를 적어주어야 한다는 것이다. 따옴표는 문자열의 시작과 끝을 나타내는 특수한 글자이고, 달러 표시는 PHP 변수명 앞에 붙는 특수한 글자로 사용되므로, PHP에서 이들 글자를 화면에 표시하고 싶을 때에는 이런 방식으로 적어주어야 한다.

마지막으로 14행에서 볼 수 있듯, "echo"라는 단어는 소문자로만 써야 하는 것은 아니며, 대문자로 "ECHO"를 적어주어도 동일하게 인식된다. 사실, PHP 엔진은 echo 뿐만 아니라 모든 예약어에 대해 대소문자를 구분하지 않는다. 아직 배우지 않았지만, 조건 분기를 작성할 때 사용되는 예약어인 "if"나 "IF"는 모두 같은 단어로 인식된다. 다만, 이 규칙은 예약어에만 적용되며 변수명이나 함수명과 같은 식별자에서는 대소문자를 구분한다. 예약어, 변수명, 함수명 등이 무엇인지는 나중에 뒤에서 자세히 다루므로, 지금은 "echo"나 "ECHO" 모두 똑같이 사용할 수 있다는 것만 기억하면 될 것이다.

echo문에 관련된 예제를 하나 더 보도록 하자.

**예제 2-6** 삼각형을 출력하는 프로그램 (2-6.php)

```
1: <?
2:     echo "   *<br>";
3:     echo "  **<br>";
4:     echo " ***<br>";
5:     echo "****<br>";
6: ?>
```

**실행결과**

```
*
**
***
****
```

혹시 이 예제를 보고 실행결과가 예상과는 다르게 나온다고 생각하는 독자가 있을 수도 있겠다. 그도 그럴 것이 프로그램 코드를 보아서는 "*" 앞에 적당히 공백을 넣어서 오른쪽이 뾰족한 삼각형이 나올 것처럼 보이기 때문이다. 그러나 잊지 말자. echo 명령은 근본적으로 웹 브라우저에 출력을 하는 명령이다.

웹 브라우저는 HTML 파일의 내용을 해석해서 보여주기 위한 뷰어(viewer)이므로 연달아 나오는 공백 또는 개행 문자는 단지 한 개의 공백으로 표시하며, 특히 문자열의 앞에 나오는 공백 문자들은 모두 무시된다. 따라서 왼쪽으로 치우친 삼각형이 출력되는 것이다. 만약 오른쪽으로 치우진 삼각형을 출력하고 싶다면 다음과 같이 해야 한다.

**예제 2-7** 오른쪽으로 치우진 삼각형을 출력 (2-7.php)

```
1: <?
2:     echo "   *<br>";
3:     echo "  **<br>";
4:     echo " ***<br>";
5:     echo "****<br>";
6: ?>
```

**실행결과**

```
   *
  **
 ***
****
```

이제 제대로 출력이 되는 것을 확인할 수 있을 것이다. 웹 브라우저에서 공백을 정확하게 출력하기 위해서는 공백을 나타내는 HTML 표기인 " "를 사용하여야 한다.

예제를 하나 더 보도록 하자.

**예제 2-8** 여러 줄에 걸친 문자열 출력 (2-8.php)

```
1: <?
2:      echo "문자열을 여러 줄에 걸쳐서
3:              나누어 적어 주어도
4:              하나의 문자열로 해석되어 출력됩니다.";
5: ?>
```

**실행결과**

문자열을 여러 줄에 걸쳐서 나누어 적어 주어도 하나의 문자열로 해석되어 출력됩니다.

echo 문에 적어주는 문자열은 여러 줄에 걸쳐 있을 수도 있다. 한 줄을 넘어가는 긴 문자열을 출력하려고 할 때, 그 문자열을 계속 이어서 적다보면 echo 문이 한 줄을 넘겨 프로그램이 보기 싫게 되는 경우가 있다. 이럴 때에는 적당한 곳에서 문자열을 끊고 다음 줄에 이어서 적어주어도 된다. 즉, 따옴표로 문자열을 시작하게 되면, 줄이 넘어가는지에 관계없이, 다시 따옴표가 나올 때까지 적혀 있는 모든 내용이 하나의 문자열로 간주된다.

확인을 위해서 위의 예제를 실행한 뒤 브라우저 화면에서 마우스 우측 버튼을 클릭하여 "소스 보기"를 실행해 보자. 다음과 같은 내용을 볼 수 있을 것이다.

```
문자열을 여러 줄에 걸쳐서
        나누어 적어 주어도
        하나의 문자열로 해석되어 출력됩니다.
```

　2번 행에서는 "문자열을 여러 줄에 걸쳐서"라는 내용 뒤에 따옴표를 닫지 않고 엔터를 쳐서 줄을 바꾸었다. 그리고 3번 행에서는 10개의 공백 뒤에 "나누어 적어 주어도"를 적고 엔터를 쳐서 줄을 바꾸었고, 4번 행에서 다시 10개의 공백 뒤에 나머지 내용을 적어주었다.

　echo는 자기 역할에 충실하게, 주어진 문자열을 그 형태 그대로 브라우저에게 전달한다. 하지만 웹 브라우저는 연속된 공백이나 개행 문자는 하나의 공백으로 표시하므로 echo 뒤에 적어준 내용들이 모두 한 줄로 출력되어 있는 모습을 보게 되는 것이다.

## 확인학습

**1-1.** PHP 프로그램 파일의 확장자는 무엇입니까?

**1-2.** APM_Setup를 설치했을 경우 웹의 도큐먼트 루트(Document Root) 폴더는 어디입니까?

**1-3.** 웹의 도큐먼트 루트 폴더에 "test"라는 폴더를 만들고 "abc.php"라는 PHP 프로그램 파일을 넣었다고 했을 때, 이 파일을 실행시키기 위해 웹 브라우저의 주소창에 써넣어야 하는 URL은 무엇입니까?

**2.** PHP 프로그램의 시작과 끝을 알리는 기호는 무엇입니까?

**3-1.** PHP 문장의 끝을 나타내는 문자는 무엇입니까?

**3-2.** PHP 주석의 두 가지 유형은 무엇입니까?

**4.** 웹 브라우저에 문자열을 출력하는데 사용하는 PHP 명령은 무엇입니까?

확인학습 정답

**1-1.** php

**1-2.** APM_Setup이 설치된 폴더 아래에 있는 htdocs 폴더이다. 예를 들어 APM_Setup이 "C:\APM_Setup\" 폴더에 설치되었다면 웹의 도큐먼트 루트(Document Root) 폴더는 "C:\APM_Setup\htdocs"가 된다.

**1-3.** 로컬 컴퓨터에서 웹 서버가 설치되어 있고, 이 서버에 접속하려고 한다고 가정했을 때 URL은 "http://localhost/test/abc.php"가 된다.

**2.** ⟨? ?⟩
또는 ⟨?php ?⟩

**3-1.** ; (세미콜론)

**3-2.** 한 줄 주석 : //
여러 줄 주석 : /* */

**4.** echo

## 연습문제

**1.** PHP 프로그램을 에디터에 입력한 뒤 실행시키기까지의 과정을 설명해 보시오.

**2.** "Hello, PHP"라는 문자열을 출력하는 프로그램을 작성하여 실행해 보시오. 단, HTML 파일의 기본 구조를 사용하는 버전과, 단지 PHP 코드만 들어있는 버전, 이렇게 두 버전으로 작성하여 보시오.

**3.** 위 2번에서 작성된 소스 코드에 한 줄 주석과 여러 줄 주석을 추가하고 실행해 보시오.

**4.** 다음과 같은 출력을 만드는 PHP 프로그램을 작성하시오. 단, ⓑ번의 계산 결과(12, 6, 27, 3)는 소스 코드에 직접 써넣지 말고 프로그램이 계산하여 출력하도록 하시오.

<table>
<tr><td>ⓐ 화면 출력을<br>연습합니다.</td><td>ⓑ 9 + 3 = 12<br>9 − 3 = 6<br>9 * 3 = 27<br>9 / 3 = 3</td></tr>
</table>

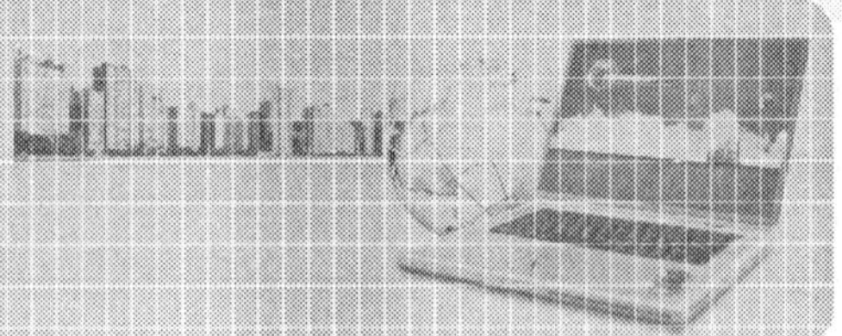


# 변수와 상수

이 장에서는 모든 프로그램의 기본이 되는 변수와 상수, 그리고 외부로부터 값을 입력받는 방법을 공부한다. 다루는 내용은 다음과 같다.

### ⊕ 변수와 상수의 개념

PHP에서 사용할 수 있는 상수의 종류와 형태를 알아보고, 변수의 필요성과 개념을 공부한다.

### ⊕ 변수 만들기

변수의 이름을 만드는 규칙을 공부하고, 값을 정의하고 사용하는 방법을 살펴본다.

### ⊕ 변수 값의 출력

echo문을 이용하여 변수의 값을 원하는 형식으로 출력하는 방법을 살펴본다.

### ⊕ 값을 입력받는 방법

폼(form) 태그를 이용하여 프로그램의 실행에 필요한 값들을 입력받는 방법을 살펴본다.

## 3.1 변수와 상수의 개념

C나 Java와 같은 프로그래밍 언어를 이미 공부했었다면 이미 변수와 상수의 개념을 잘 이해하고 있을 것이다. 프로그래밍 언어에서 상수는 변하지 않는 값을 의미한다. 즉, 7(정수), 3.14(실수), "abc"(문자열) 등은 모두 상수라고 할 수 있다. 다음 프로그램을 보자.

```
echo 3;
echo 3;
echo 3;
```

이 프로그램은 3을 세 번 출력한다. 즉, 3은 항상 3일 뿐이지 어떤 다른 값도 될 수 없다. 이렇게 고정되어 있는 어떤 숫자 값 또는 문자열들을 프로그래밍 언어에서는 상수라고 부른다. 상수라고 해서 숫자만 의미한다고 오해하지 말자. 프로그래밍 언어에서는 고정된 값들을 모두 상수라고 부른다. PHP 뿐 아니라 다른 프로그래밍 언어에서도 마찬가지이다.

PHP에서 상수의 종류는 소수점 없는 숫자인 정수, 소수점 있는 숫자인 실수, 참/거짓을 표현하는 부울린(boolean), 그리고 문자들로 이루어진 문자열이 있다. 상수의 종류와 예를 들어 보이면 다음과 같다.

- **정수** : 3, 10, 25
- **실수** : 3.14, 45.13
- **부울린** : true, false(대소문자 구분 없음)
- **문자열** : 'abc', "abc", 'test'

위와 같이, 상수의 표기 방법은 기본적으로 다른 프로그래밍 언어와 같고, 다만 문자열 상수를 표기할 때 겹 따옴표(" ")와 홑 따옴표(' ')를 모두 사용할 수 있다는 점이 다르다. 예를 들어 "abc"와 'abc'는 똑같은 문자열 상수이다.

이에 반해 변수는 변할 수 있는 수를 의미하며, 프로그래밍 언어에서의 변수는 프로그램 실행 중 저장할 필요가 있는 값을 담아둘 수 있는 그릇으로 보는 것이 적절한 개념이다. 아래 프로그램을 보자.

```
echo 1 + 2 + 3 + 4;
echo 1 + 2 + 3 + 5;
echo 1 + 2 + 3 + 6;
```

위 프로그램을 보면 "1 + 2 + 3"이라는 계산이 3번이나 반복되고 있다. 이러한 경우 "1 + 2 + 3"의 값을 어딘가에 저장해 둘 수 있다면, 반복해서 이 값을 계산하지 않고 그 값에 각각 4, 5, 6 만 더하는 효율적인 프로그램을 작성할 수 있을 것이다. 이러한 때에 변수를 사용할 수 있다. 변수를 사용하여 바꾼 프로그램을 보자.

```php
$a = 1 + 2 + 3;
echo $a + 4;
echo $a + 5;
echo $a + 6;
```

이 프로그램의 첫 줄의 의미는 $a라는 이름을 가진 그릇을 하나 만들고, 여기에 "1 + 2 + 3"의 결과 값을 담아두겠다는 의미이다. 이렇게 $a라는 이름의 그릇에 값을 담아두었다면 그 다음부터는 단지 $a라는 그릇에 담긴 값에 각각 4, 5, 6을 더한 값을 출력하도록 프로그램을 작성하면 된다. 프로그램이 한 줄 더 길어지기는 했지만 그 아래에 있는 각각의 수식은 간단해 졌으며, 수식의 의미도 좀 더 분명해 졌음을 확인할 수 있다.

이제 다음 예를 생각해보자.

```php
$a = 1;
echo $a;
$a = 2;
echo $a;
$a = 3;
echo $a;
```

"echo 3"은 아무리 반복해도 항상 결과가 3이 나올 뿐이지만, 이 예의 경우 똑같이 "echo $a"를 실행함에도 불구하고, 결과는 "1, 2, 3"으로 매번 다르게 나온다. 이렇게 변수는 값을 담는 역할을 하다 보니, 상황에 따라 그 값이 계속 변할 수 있다. 따라서 변할 수 있는 수라는 의미에서 이것을 변수라고 부른다.

## 3.2 변수 만들기

PHP는 C나 Java와는 달리, 변수를 사용하기 전에 미리 선언하지 않아도 된다. 즉, 변수에 값을 처음 대입하는 순간에 변수가 만들어진다. 하지만 변수의 이름을 만드는 법은 C나 Java와 비슷하다. 변수의 이름을 만드는 규칙은 다음과 같다.

- 변수 이름의 첫 번째 글자는 알파벳 또는 밑줄(_)로 시작한다.
- 그 다음 글자부터는 알파벳, 밑줄, 그리고 숫자를 섞어서 사용할 수 있다.
- 특수문자(!, @, %, & 등)들과 공백은 사용할 수 없다.

다만 한 가지 PHP가 C나 Java와 다른 점은, 변수이름 앞에 $를 붙여준다는 것이다. PHP 엔진은 $를 보고 변수이름이 시작된다는 것을 판단하기 때문이다. $를 포함하는 바른 변수명과 잘못된 예는 다음과 같다.

- 바른 변수명 : $sum, $sum1, $_sum, $money_sum, $MoneySum
- 틀린 변수명 : $1sum, $sum!, $#sum, $Money Sum

변수명 짓는 규칙은 나중에 배울 함수 이름을 지을 때도 똑같이 적용된다.

이렇게 PHP에서는 별도의 변수 선언 과정이 없고 값을 대입하는 순간에 변수가 생성되는 형태를 취하므로, 데이터 형(data type)에 대한 제약도 없다. 즉, 이미 어떤 값이 들어 있는 변수라도 다른 데이터 형의 값을 대입할 수 있다. 다음 예제를 보자.

**예제 3-1** 변수 사용 (3-1.php)

```
 1: <?
 2:    $a = 5;
 3:    echo "$a<br>";
 4:
 5:    $a = 3.14;
 6:    echo "$a<br>";
 7:
 8:    $a = "abc";
 9:    echo "$a<br>";
10: ?>
```

**실행결과**

```
5
3.14
abc
```

2번 행에서는 변수 $a에 정수 5를 대입하였고, 5번 행에서는 실수 3.14을, 그리고 8번 행에서는 문자열 "abc"를 대입한 것을 볼 수 있다. PHP에서는 이렇게 하나의 변수에 서로 다른 데이터 형의 값을 대입하고 사용하여도 아무 문제없이 실행된다.

## 3.3 변수 값의 출력

변수에 담긴 값을 출력하려면 echo를 사용하면 된다. 따옴표로 싸여진 문자열을 적어주면 echo 가 그 문자열을 그대로 화면에 출력해주지만, 그 문자열 중간에 "$a"라는 변수명이 들어 있다면 그것을 그대로 출력하지 않고 변수 $a의 값을 대신 출력해 준다. 하지만 주의해야할 점이 있다. 다음 예제를 보자.

**예제 3-2** echo를 이용한 변수 값 출력 (3-2.php)

```
1: <?
2:    $a = 3;
3:    echo "값은 $a입니다<br>";
4:    echo "값은 $a 입니다<br>";
5:    echo "값은 {$a}입니다<br>";
6: ?>
```

**실행결과**

```
값은
값은 3 입니다
값은 3입니다
```

세 개의 echo 문 모두 $a의 값을 찍는 것처럼 보이는데 약간씩 결과가 다르다.

먼저, 3번 행과 같이 "$a입니다"라고 변수명 뒤에 바로 다른 문자열을 붙여 쓰게 되면,

변수 값은 물론 그 뒤의 내용이 전혀 출력되지 않는다. 이것은 $로 시작하는 이어지는 문자열이 하나의 변수명으로 인식되기 때문이다. 즉, PHP 엔진은 "$a입니다"라는 변수가 있다고 생각하고 그 값을 찍으려고 하는데, 아직까지 그런 이름의 변수는 만들어지지 않았기 때문에 값이 없다. 따라서 아무 것도 찍히지 않는 것이다.

이러한 문제를 방지하는 방법은 두 가지가 있다. 첫 번째는 공백을 주는 것이다. 이것이 4번 행의 echo 문에서 사용한 방식이다. 그러나 출력되는 모양에 민감한 상황에서는 "3"이라는 값과 "입니다"가 꼭 붙어서 나오기를 원할 수 있다. 이럴 때 사용할 수 있는 것이 대괄호({ })를 사용하는 방법이다. 대괄호로 변수명을 둘러싸주면 PHP는 대괄호로 분리된 부분만이 변수명이라고 인식하므로 원하는 출력을 얻어낼 수 있다. 이렇게 한 것이 5번 행의 echo 문이다.

## 3.4 값을 입력받는 방법

C 언어와 같은 일반 프로그래밍 언어에서는 사용자로부터 값을 입력받아야 할 경우, scanf() 함수 등을 이용하여 콘솔에서 직접 입력을 받을 수 있다. 그러나 PHP 프로그램은 웹에서 동작하므로, HTML의 〈form〉 태그를 사용하여 구성된 입력 폼을 통해 값을 입력받게 되며, 입력된 값들은 확인(submit) 버튼을 눌러 페이지가 전환될 때 PHP 프로그램으로 전달된다.

입력 폼을 구성할 때 〈form〉 태그의 기본적인 형태는 다음과 같다. 태그에 딸린 속성은 아래에 적은 것 외에 몇 가지가 더 있지만, 여기에서는 필수적인 속성인 action과 method만 제시하였다.

```
<form action="이동할 페이지" method="전송방식">
    입력 컨트롤 태그들
    ...
    <input type=submit value="확인">
</form>
```

action 속성에는 확인 버튼을 눌렀을 때 이동할 웹 페이지의 URL을 적는다. 예를 들어 확인 버튼을 눌렀을 때, 이 폼에서 입력된 데이터를 가지고 이동할 페이지의 이름이 "a.php" 라면 action 속성에 "a.php"를 적어준다.

method 속성에는 데이터를 넘겨주는 방식을 적어준다. 데이터를 웹 페이지에 전달하는 방법은 GET과 POST, 두 가지 방식이 있으므로, method 속성에는 "get" 또는 "post" 중 하나를 적어주면 된다. 두 방식의 차이점은 조금 뒤에 자세히 설명할 것이다.

〈form〉 태그 내부에 사용되는 입력 컨트롤 태그는 텍스트 박스, 라디오 버튼, 드롭다운 리스트, 체크 박스 등을 화면에 나타내주기 위한 〈input〉, 〈select〉, 〈textarea〉 태그들을 지칭하는 것이다. 이들 태그들의 상세한 사용법은 HTML 강의에서 다룰 내용이므로 여기에서는 자세히 다루지 않고, 특정한 입력 컨트롤이 필요할 때마다 하나씩 설명해 나갈 것이다.

확인 버튼은 많은 다른 입력 컨트롤 태그와 마찬가지로 〈input〉 태그를 통해 구현되는 것이긴 하지만, 입력된 값을 가지고 지정된 페이지로 이동하는 특별한 기능을 가지고 있으므로 따로 표시하였다.

이제, GET 방식과 POST 방식의 차이점을 살펴보자. 결론부터 간단히 말하자면, GET 방식을 사용할 경우에는 전달되는 데이터가 웹 브라우저의 주소창을 통해 일반 사용자에게 노출이 되며, POST 방식으로 값이 전달될 때는 일반 사용자의 눈에 보이지 않게 전달된다. 두 방식의 차이를 보기 위하여 다음과 같이 간단한 입력 폼을 입력하고 3-3.html 이라는 이름으로 저장해보자.

**예제 3-3**  GET 방식을 사용하는 입력 폼 (3-3.html)

```
1: <form action="3-4.php" method="get">
2:    가로: <input type="text" name="width"><br>
3:    세로: <input type="text" name="height"><br>
4:    <input type=submit value="확인">
5: </form>
```

가로:
세로:
확인

이 예제를 실행시키면 데이터를 입력받는 텍스트 박스가 두 개 나타나고, 그 밑에 확인 버튼이 나타나게 된다.

실행 화면이 나타났다면, 입력 폼의 첫 번째 텍스트 박스에 "11"을 입력하고 두 번째 텍스트 박스에 "22"를 입력한 뒤, 확인 버튼을 눌러보자. 아직 "3-4.php"를 작성하지 않았으므로 웹 브라우저에는 해당하는 페이지를 찾을 수 없다는 에러 메시지가 나올 테지만, 지금 우리가 관심을 가져야 하는 것은 주소창이다. 아마도 주소창에는 다음과 같이 이동할 페이지의 URL이 표시되어 있을 것이다.

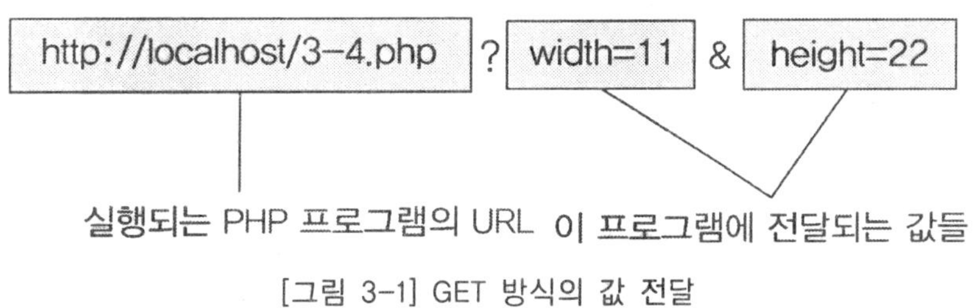


[그림 3-1] GET 방식의 값 전달

위 URL 중 물음표 앞까지가 실제 실행되는 PHP 프로그램의 URL이다. 그리고 물음표 뒤에 있는 문자열은 실행할 프로그램인 3-4.php에 전달될 값들의 리스트이다. 이 예에서 전달되는 값은 2개인데 width라는 이름을 가진 11이라는 값, 그리고 height라는 이름을 가진 22라는 값이다. 즉, GET 방식으로 값이 전달될 때 URL 뒤 쪽의 문자열은 다음과 같은 형식을 가진다.

?이름＝값&이름＝값&이름＝값 ...

이 때 각각의 값에 이름이 붙어있는 이유는 전달되는 값이 하나가 아니라 여러 개일 수 있기 때문이며, 그 이름은 해당 값을 입력받은 입력 컨트롤 태그의 이름과 동일하게 된다. 즉, width라는 이름을 가진 텍스트 입력 컨트롤의 값이 11이었으므로 "width=11"이, height이라는 이름을 가진 텍스트 입력 컨트롤의 값이 22였으므로 "height=22"가 URL 뒤에 붙은 것이다.

이제 이렇게 전달된 값을 PHP 프로그램에서 사용하는 방법을 알아보기 위해 다음 예제를 작성하고 3-4.php 라는 이름으로 저장한 뒤 실행해 보자. 단, 직접 3-4.php를 실행시키면 아무 의미가 없다는 것에 주의해야 한다. 이 프로그램은 다른 웹 페이지로부터 전달된 값을 받아서 사용하는 프로그램이다. 따라서 앞서 작성한 예제 3-3.html을 실행하고 텍스트 박스들에 값을 입력한 뒤 확인 버튼을 눌러서 3-4.php가 실행되도록 하여야 올바르게 동작한다.

**예제 3-4** GET 방식으로 전달받은 값의 사용 (3-4.php)

```
1: <?
2:     $w = $_GET[width];
3:     $h = $_GET[height];
4:
5:     echo "width라는 이름으로 전달받은 값은 $w 입니다.<br>";
6:     echo "height라는 이름으로 전달받은 값은 $h 입니다.<br>";
7: ?>
```

**실행결과**

```
width라는 이름으로 전달받은 값은 11 입니다.
height라는 이름으로 전달받은 값은 22 입니다.
```

이 예제를 제대로 설명하자면, PHP 엔진이 GET 방식으로 전달된 값을 $_GET이라는 이름을 가진 연관배열에 저장하여 PHP 프로그램에 전달한다고 얘기해야 하지만, 아직 배열을 배운 상태가 아니니 지금은 다음과 같이 이해하도록 하자.

PHP 엔진은 3-4.php 프로그램을 실행시킬 때, 이 페이지에 전달된 값을 읽어서 약속된 규칙에 따라 변수를 만들고 그 변수에 값을 담아 전달해준다. 만들어 주는 변수 이름의 규칙은 다음과 같다.

즉, width라는 이름으로 11이라는 값이 전달되었다면 $_GET[width]라는 변수를 만들어 여기에 11을 넣고, height라는 이름으로 22라는 값이 전달되었다면 $_GET[height]라는 변수를 만들어 여기에 22를 넣은 뒤, 3-4.php에게 전달해 주는 것이다. 앞서 말한 바와 같이, 사실 이것들은 단순한 변수가 아니라 배열이지만, 아직 배열을 배우지 않았으니 특수한 형태의 변수라고 생각하고 넘어가도 당분간 큰 지장은 없을 것이다. 여기에서는 이런 방법을 사용하여 PHP로 작성된 웹 페이지에 전달된 값을 뽑아내 사용할 수 있음을 기억하는 것이 중요하다.

GET 방식을 사용할 때 어떻게 값이 전달되는지를 보았으니, POST 방식을 택했을 때의 차이점을 확인해보자. 예제 3-3에서 폼 태그의 method 속성 값으로 적힌 "get"을 "post"로 바꾸고 3-5.html이라고 저장한다.

**예제 3-5** POST 방식을 사용하는 입력 폼 (3-5.html)

```
1: <form action="3-6.php" method="post">
2:    가로: <input type="text" name="width"><br>
3:    세로: <input type="text" name="height"><br>
4:    <input type=submit value="확인">
5: </form>
```

이 파일을 실행하고 확인 버튼을 누르면 다음과 같은 URL이 웹 브라우저의 주소창에 보이게 된다.



POST 방식을 사용했을 경우, 입력된 데이터 값들은 GET의 경우와 마찬가지로 3-6.php로 전달되지만, 그 값들이 주소창의 URL에 나타나지는 않는다. 이것이 GET 과 POST 방식의 차이이다. POST 방식으로 전달된 값을 사용하는 방법은 $_GET 대신에 $_POST를 사용한다는 점만 다르고 나머지는 똑같다. 예제를 보이면 다음과 같다.

필요한 것만 공부하는 PHP 프로그래밍

예제 3-6 POST 방식으로 전달받은 값의 사용 (3-6.php)

```
1: <?
2:     $w = $_POST[width];
3:     $h = $_POST[height];
4:
5:     echo "width라는 이름으로 전달받은 값은 $w 입니다.<br>";
6:     echo "height라는 이름으로 전달받은 값은 $h 입니다.<br>";
7: ?>
```

실행결과

width라는 이름으로 전달받은 값은 11 입니다.
height라는 이름으로 전달받은 값은 22 입니다.

## 확인학습

**1.** 정수, 실수, 문자열 상수의 예를 각각 들어보시오.

**2.** 다음 식별자 중 틀린 것들을 찾고, 그 이유를 설명하시오.

     ⓐ $SUM        ⓑ $average        ⓒ $1stprize

     ⓓ $student-name        ⓔ $floor2

**3.** 다음 프로그램의 출력은? (공백까지 정확하게 출력에 고려하시오.)

```
$a = 3;
echo "$a b,{$a}b";
```

**4-1.** GET과 POST 방식 중 전달되는 값이 URL에 나타나는 방식은 무엇인가?

**4-2.** "a"라는 이름으로 GET 방식을 통해 전달된 값을 출력하는 문장을 적어보시오.

**4-3.** "b"라는 이름으로 POST 방식을 통해 전달된 값을 출력하는 문장을 적어보시오.

**1.** 정수 : 3, 10, 35 등 소수점이 없는 숫자
실수 : 3.14, 1.2 등 소수점이 있는 숫자
문자열 상수 : "abc", "tom" 등 따옴표로 둘러 싸여진 문자들

**2.** ⓒ $1stprize : 변수 이름이 숫자로 시작했음
ⓓ $student-name : 변수 이름에 하이픈을 사용하였음

**3.** 3 b,3b

**4-1.** GET

**4-2.** echo $_GET[a];

**4-3.** echo $_POST[b];

## 연습문제

**1.** 변수와 상수의 차이점을 설명해 보시오.

**2.** 변수의 이름을 만드는 규칙을 설명해 보시오.

**3.** 변수 값을 출력할 때 대괄호를 사용하는 이유가 무엇인지 설명해 보시오.

**4-1.** 예제 3-5와 3-6을 수정하여 사각형의 가로와 세로를 입력받은 뒤 넓이를 출력하는 프로그램을 작성하시오.

**4-2.** 한 학생의 국어, 영어, 수학 점수를 입력받아 총점과 평균을 출력하는 프로그램을 작성하시오. 이 때, 이 프로그램은 학생의 점수를 입력받는 폼을 가진 html 파일과, 넘겨받은 점수를 가지고 총점과 평균을 출력하는 php 파일, 이렇게 2 개의 파일로 구성하며, 입력된 데이터는 POST 방식으로 전달되도록 한다. 출력 형태는 다음과 같이 할 수 있다.

```
국어 : ○○
영어 : ○○
수학 : ○○
총점 : ○○
평균 : ○○
```

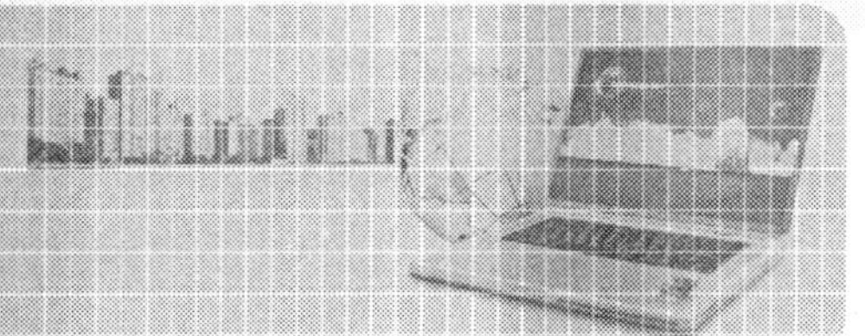


# 연산자

기본적으로 PHP의 문법은 C 또는 Java 언어의 문법과 매우 비슷하며, 연산자 또한 예외는 아니다. 이 장에서는 PHP에서 사용할 수 있는 연산자들을 정리한다. 이를 요약하면 다음과 같다.

### 산술 연산자

덧셈, 뺄셈, 곱셈, 나눗셈, 나머지를 구할 때 사용하는 +, −, *, /, % 연산자를 살펴본다.

### 문자열 연산자

두 문자열을 연결한 새로운 문자열을 만들 때 사용하는 . 연산자를 살펴본다.

### 비트 연산자

숫자 전체가 아니라 비트 단위의 연산을 수행할 때 사용하는 &, |, ^, ~, ⟨⟨, ⟩⟩ 연산자를 살펴본다.

### 대입 연산자

값을 변수에 대입할 때 사용하는 =, +=, *=, /=, %=, .=, &=, |=, ^=, ⟨⟨=, ⟩⟩= 연산자를 살펴본다.

### 증감 연산자

변수의 값을 하나 증가시키거나 감소시킬 때 사용하는 ++, −− 연산자를 살펴본다.

사실 위에 나열한 연산자 외에 관계, 논리 연산자도 당연히 연산자의 범주에 포함시키는 것이 맞다. 하지만, 실제로 프로그래밍을 해나가는 입장에서 관계, 논리 연산자는 if

문 또는 반복분의 조건식 부분에서 사용되지 않으면 큰 의미가 없다. 따라서 관계, 논리 연산자는 다음 장의 조건문 부분에서 다루도록 하고, 여기에서는 일단 어떤 것들이 있는지만 보여주도록 하겠다. PHP에서 사용할 수 있는 관계, 논리 연산자는 다음과 같다.

- 관계 연산자 : >, >=, <, <=, ==, !=
- 논리 연산자 : &&, ||, !

## 4.1 산술 연산자

산술 연산자는 덧셈, 뺄셈, 곱셈, 나눗셈, 나머지를 구하는 등의 일반적인 수치 연산을 나타내는 연산자이다. 각각의 연산자와 그 의미는 다음과 같다.

| 연산자 | 의 미 |
|---|---|
| + | 덧셈 |
| − | 뺄셈 |
| * | 곱셈 |
| / | 나눗셈. 나누어떨어지지 않는 경우에는 소수점 아랫부분까지 답이 나온다. |
| % | 나머지 |

PHP의 산술 연산자는 기본적으로는 C 또는 Java 언어와 동일하다. 다만 C와 Java에서는 데이터 형이 명확해서 정수 값을 나눌 때 몫이 정수로만 나오게 되는데, PHP는 데이터 형에 크게 구애받지 않아 정수 나눗셈을 해도 결과가 실수로 나올 수 있다는 점이 다르다. 산술연산자를 활용한 예를 보이면 다음과 같다.

**예제 4-1** 산술연산자의 활용 (4-1.php)

```
1: <?
2:    echo 5 + 2;
3:    echo "<br>";
4:
5:    echo 5 - 2;
```

```
 6:     echo "<br>";
 7:
 8:     echo 5 * 2;
 9:     echo "<br>";
10:
11:     echo 5 / 2;
12:     echo "<br>";
13:
14:     echo 5 % 2;
15:     echo "<br>";
16: ?>
```

**실행결과**

```
7
3
10
2.5
1
```

프로그램의 내용을 이해하는데 큰 문제가 없을 것이다. 순서대로 덧셈, 뺄셈, 곱셈, 나눗셈, 나머지를 계산하고 출력하는 것이 전부이다. 다만, 앞에서 얘기한대로 11번 행의 나머지 연산의 결과가 2가 아닌 2.5로 출력되었다는 점에만 주의하자.

이제 연산자를 이용한 다른 예제로, 자신의 키와 몸무게를 입력하면 표준체중과 비만도를 계산하여 알려주는 프로그램을 작성해보자. 입력받아야 할 값이 키와 몸무게 이므로 입력 폼은 다음과 같이 구성될 것이다.

**예제 4-2** 비만도 계산을 위한 입력 폼 (4-2.html)

```
1: <form action="4-3.php" method="post">
2:     키 : <input type="text" name="height"><br>
3:     몸무게: <input type="text" name="weight"><br>
4:     <input type=submit value="확인">
5: </form>
```

**실행결과**

```
키 : 184
몸무게: 80
[확인]
```

키는 height, 몸무게는 weight라는 이름의 텍스트 입력 컨트롤을 통해 값을 입력받는다. 이제 결과를 출력하는 프로그램을 보자.

**예제 4-3** 비만도 계산 프로그램 (4-3.php)

```
 1: <?
 2:     $h = $_POST[height];
 3:     $w = $_POST[weight];
 4:
 5:     $sw = ($h - 100) * 0.9;
 6:     $fd = $w / $sw * 100;
 7:
 8:     echo "키가 {$h}일 때, 표준 체중은 {$sw}이므로,<br>";
 9:     echo "비만도는 {$fd}입니다.<br>";
10: ?>
```

**실행결과**

```
키가 184일 때, 표준 체중은 75.6이므로,
비만도는 105.82010582입니다.
```

다른 상황은 고려하지 않고 단순한 공식에 의해 계산 결과를 보여주는 것이므로 마음에 들지 않는 결과가 나왔다고 해서 신경 쓸 것은 없겠다. 표준체중과 비만도를 구하는 부분은 5~6행이며, 여기에서 사용한 공식은 다음과 같다.

```
표준체중 = (키 - 100) * 0.9
비만도 = 몸무게 / 표준체중 * 100
```

즉, 비만도는 표준 체중에 대한 실제 체중의 비율이므로 여러분의 체중이 표준 체중과 같다면 100이 나오고, 그보다 더 나간다면 100이 넘는 값이, 표준 체중보다 마른 편이라면 100보다 작은 값이 나오게 된다. 이 때 표준 체중을 담아두는 변수는 $sw, 비만도를 담아두는 변수는 $fd를 사용하였다.

## 4.2 문자열 연산자

문자열 연산자는 두 개의 문자열을 연결해 주는 단순한 연산자이다. 아래의 예제를 보면 그 사용법을 쉽게 파악할 수 있을 것이다.

**예제 4-4** 문자열 연산자의 활용 (4-4.php)

```
1: <?
2:   $a = "aa" . "bb";
3:   $b = $a . "cc";
4:
5:   $c = "dd";
6:   $d = $b . $c;
7:
8:   echo "$d<br>";
9: ?>
```

**실행결과**

```
aabbccdd
```

먼저, 2번 행에서는 "aa"와 "bb"라는 문자열을 연결하여 얻어진 문자열인 "aabb"가 $a에 대입된다. 그리고 3번 행에서는 "aabb"에 "cc"를 연결하므로 $b에는 "aabbcc"가 대입된다. 그리고 6번 행에서 이 문자열에 "dd"를 덧붙인 문자열인 "aabbccdd"가 $d에 대입되는 것이다.

문자열 연산자를 이용하는 경우를 하나 더 생각해 보자. 산술연산자를 공부하면서 살펴보았던 예제 4-1을 보면 현재는 각각의 계산 값을 출력할 때 두 개의 echo 문을 사용하고 있다. 값을 출력하는 문장과 〈br〉 태그를 출력하는 문장을 나누어 놓았기 때문이다. 하지만 문자열 연산자를 사용하면 하나의 echo 문으로 계산 값을 출력하고 줄 넘김을 하여 프로그램의 줄 수를 반으로 줄일 수 있다. 수정된 프로그램은 다음과 같다.

**예제 4-5** 문자열 연산자를 이용한 echo (4-5.php)

```
1: <?
2:    echo (5 + 2) . "<br>";
3:    echo (5 - 2) . "<br>";
4:    echo (5 * 2) . "<br>";
5:    echo (5 / 2) . "<br>";
6:    echo (5 % 2) . "<br>";
7: ?>
```

**실행결과**

```
7
3
10
2.5
1
```

2~6번 행은 사용하는 연산자만 다를 뿐, 다른 내용은 모두 같으므로 2번 행만 같이 살펴보자. echo 뒤에 출력을 위해 적힌 내용은 다음과 같다.

```
(5 + 2) . "<br>"
```

앞 쪽의 (5 + 2)는 수식이므로 PHP가 계산하여 7을 돌려준다. 그러면 출력할 내용은 다음과 같이 된다.

```
7 . "<br>"
```

가운데 있는 문자열 연산자를 기준으로 볼 때, 왼쪽에는 숫자가, 오른쪽에는 문자열이 있다. 이러한 경우 PHP는 알아서 숫자 7을 문자열 "7"로 보고 연산을 한다. 즉, 다음과 같은 연산을 실행하는 것이다.

```
"7" . "<br>"
```

이 문자열 연산의 결과는 "7〈br〉"이다. 즉 2번 행은 다음과 같은 동작을 수행하는 것이다.

```
echo "7<br>";
```

## 4.3 비트 연산자

비트 연산자는 숫자 전체가 아니라 그 값을 이진수로 보았을 때 각각의 자릿수, 즉 비트에 대해 연산을 수행하는 연산자이다. 다음과 같은 연산자가 있다.

| 연산자 | 의 미 |
|---|---|
| & | AND, 두 비트가 모두 1이면 1, 아니면 0 |
| \| | OR, 두 비트 중에 한 비트가 1이면 1, 모두 0이면 0 |
| ^ | XOR, 두 비트의 값이 서로 다르면 1, 같으면 0 |
| ~ | NOT, 단항 연산자, 각 비트를 반대로 바꿈 |
| 《 | 왼쪽으로 쉬프트, 빈 곳은 0으로 채운다. |
| 》 | 오른쪽으로 쉬프트, 빈 곳은 부호를 유지하도록 0 또는 1이 채워진다. |

비트 연산자 역시 C나 Java 언어에서의 비트 연산자와 다른 점이 없다. 먼저 예제를 보면서 각 연산자의 역할을 파악해 보도록 하자.

예제 4-6 비트 연산자의 활용 (4-6.php)

```
1: <?
2:    echo (5 & 3) . "<br>";
3:    echo (5 | 3) . "<br>";
4:    echo (5 ^ 3) . "<br>";
5:    echo (~5) . "<br>";
6:    echo (5 << 1) . "<br>";
7:    echo (5 >> 1) . "<br>";
8: ?>
```

```
1       000001012 & 000000112 = 00000001₂
7       000001012 | 000000112 = 00000111₂
6       000001012 ^ 000000112 = 00000110₂
-6      ~000001012 = 11111010₂
10      000001012 << 1 = 00001010₂
2       000001012 >> 1 = 00000010₂
```

& 연산자는 대응하는 두 비트가 모두 1일 때만 결과가 1로 나오는 연산자이다. 따라서 다음과 같이 계산된다.

$$
\begin{array}{r}
00000101_2 \\
\&\ )\ \underline{00000011_2} \\
00000001_2
\end{array}
$$

5는 이진수로 101이 되고, 3은 이진수로 11이 된다. 그리고 각각의 비트를 대조해 볼 때, 가장 오른쪽에 있는 한 자리만 모두 1이므로 결과는 1로 나오게 된다.

| 연산자는 연산을 하는 방식은 똑같지만, 대응하는 두 비트 중 하나라도 1이 있으면 결과가 1이 되는 연산을 수행한다. 따라서 연산은 다음과 같이 수행된다.

$$
\begin{array}{r}
00000101_2 \\
|\ )\ \underline{00000011_2} \\
00000111_2
\end{array}
$$

& 연산자는 두 비트의 값이 서로 다르면 1, 같으면 0이 나오는 연산을 수행한다.

$$
\begin{array}{r}
00000101_2 \\
\wedge\ )\ \underline{00000011_2} \\
00000110_2
\end{array}
$$

~ 연산자는 단항 연산자이다. 다른 연산자들은 이항 연산자이므로 숫자 두 개를 가지고 계산하지만, ~ 연산자를 하나의 값에 대해 연산을 수행한다. 수행하는 연산은 각각의

비트 값을 반대로 뒤집는 것이다.

$$\sim\ )\ \underline{00000101_2}$$
$$11111010_2$$

PHP 역시 숫자를 표현하기 위해 2의 보수 체계를 이용하므로, 가장 왼쪽 비트가 1인 숫자는 음수로 간주된다. 이 이진수를 십진수로 바꾸면 −6이므로, 이 값이 출력되는 것이다.

〈〈 연산자는, 이 연산자 좌측에 적힌 숫자를 이진수로 보고, 우측에 적힌 숫자만큼 왼쪽으로 밀어주는 연산을 수행한다.

$$00000101_2\ \langle\langle\ 1 = 00001010_2$$

"00000101"을 그대로 왼쪽으로 1 비트 쉬프트하면 제일 왼쪽 비트는 밀려 없어지고, 오른쪽 끝에 0이 추가된다. 따라서 "00001010"을 얻는다.

〉〉 연산자는, 이 연산자 좌측에 적힌 숫자를 이진수로 보고, 우측에 적힌 숫자만큼 오른쪽으로 밀어주는 연산을 수행한다.

$$00000101_2\ \rangle\rangle\ 1 = 00000010_2$$

"00000101"을 그대로 오른쪽으로 1 비트 쉬프트하면 제일 오른쪽 비트는 밀려 없어지고, 왼쪽 끝에 한 비트가 추가된다. 단, 제일 왼쪽 비트는 숫자의 부호를 판가름하는 중요한 비트이므로 무조건 0이 추가되는 것이 아니라, 원래 숫자의 제일 왼쪽 비트 값이 유지된다.


## 4.4 대입 연산자

변수에 새로운 값을 대입하는 연산자를 의미한다. 대입 연산자들은 다음과 같이 구분할 수 있다.

| 연산자 | 의 미 |
|---|---|
| = | 단순 대입 |
| +=, -=, *=, /=, %= | 산술 연산 후 대입 |
| .= | 문자열 연산 후 대입 |
| &=, |=, ^=, 〈〈=, 〉〉= | 비트 연산 후 대입 |

단순 대입 연산자는 다른 언어에서와 마찬가지로 변수에 어떤 값을 대입하기 위한 동작을 수행한다. 그리고 다른 대입 연산자들은 특별한 패턴을 가지는 연산 문장을 간단하게 줄여 쓰기 위해서 제공되는 것이다. 이것들 역시 C 와 Java 언어에서도 모두 제공되는 것이므로 여기에서는 "산술 연산 후 대입"의 형태가 무엇을 의미하는지만 보이도록 하겠다. 다음 예에서 한 줄에 있는 두 문장은 각각 그 의미가 동일하다.

```
$i = $i + 2;   ⇔   $i += 2;
$i = $i - 2;   ⇔   $i -= 2;
$i = $i * 2;   ⇔   $i *= 2;
$i = $i / 2;   ⇔   $i /= 2;
$i = $i % 2;   ⇔   $i %= 2;
```

이러한 형태의 대입 연산자들은 프로그래밍을 하다 보면 자주 나타나는 패턴의 문장을 짧게 쓰도록 해 준다. 아래 두 문장을 비교해 보자.

```
$a = $b + 2;
$i = $i + 2;
```

첫 번째 문장은 "산술 연산 후 대입" 연산자로 바꾸어 쓸 수 없는 경우이다. 즉, $b의 값에 2를 더해서 $a에 넣어주므로, 현재 값을 읽어 오는 변수와 계산 값을 넣어주는 변수가 다른 경우이다.

이에 반해 두 번째 문장은 $i의 값에 2를 더해서 이 값을 $i의 새로운 값으로 한다. 즉, $i의 값을 2 증가시키는 형태이며, 이것은 "$i += 2"로 줄여서 쓰는 것이 가능하다.

다른 대입 연산자들도 이와 똑같은 규칙이 적용된다.

## 4.5 증감 연산자

증감 연산자는 변수에 담긴 정수 값을 1 증가 또는 감소시키는 연산자이다. 우리는 앞에서 다음과 같은 사실을 공부하였다.

```
$i = $i + 2;   ⇔    $i += 2;
$i = $i - 2;   ⇔    $i -= 2;
```

그런데, 실제 프로그래밍을 하다보면 증가 또는 감소시켜야 하는 값이 1인 경우가 매우 많다. 따라서 이러한 경우에 더 간단하게 표기할 수 있는 연산자가 생겨났는데, 그것이 증감 연산자다. 증감 연산자는 ++, --, 이렇게 두 가지가 있으며, 그 의미는 다음과 같다.

```
$i = $i + 1;   ⇔    $i += 1;   ⇔    $i++; (또는 ++$i;)
$i = $i - 1;   ⇔    $i -= 1;   ⇔    $i--; (또는 --$i;)
```

위의 경우에는 $i++ 과 ++$i 가 동일한 의미를 가지는 것으로 표시하였는데, 이것은 위의 예에서 $i++ 또는 ++$i 가 독립적인 하나의 문장 형태로 존재하는 경우이기 때문이고, 이것이 다른 수식의 일부로서 사용될 때는 다음과 같이 그 의미에 차이가 있게 된다.

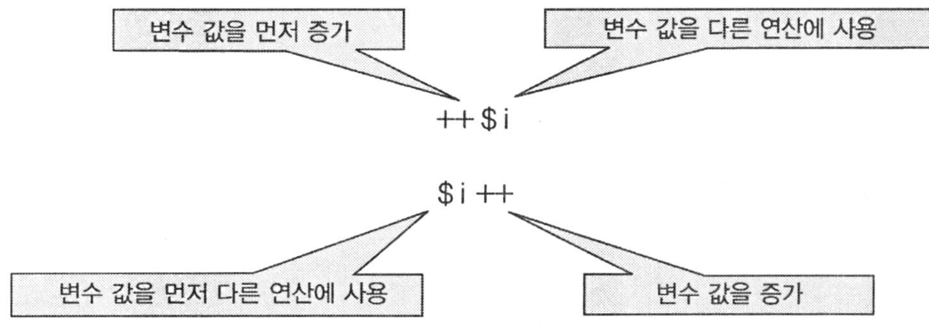


[그림 4-1] ++ 연산자의 위치에 따른 차이

증감 연산자의 정확한 의미를 혼동하지 않을 수 있는 기억 방법은 연산자와 변수의 위치가 동작의 순서와 일치한다고 생각하는 것이다. 즉, "++$i"는 "++"이 먼저 나오고 "$i"가 나중에 나왔으므로 먼저 증가(++)를 시키고 $i의 값을 사용하는 것이다. "$i++"은

"$i"가 먼저 나오고 "++"이 나중에 나왔으므로 먼저 $i의 값을 사용하고 나서 증가(++)를 시켜준다. 다음 예제를 보면 의미가 명확해질 것이다.

**예제 4-7** 증감 연산자의 활용 (4-7.php)

```
1: <?
2:     $n = 1;
3:     $x = ++$n;
4:     echo "$n, $x<br>";
5:
6:     $n = 1;
7:     $x = $n++;
8:     echo "$n, $x<br>";
9: ?>
```

**실행결과**

```
2, 2
2, 1
```

이 프로그램은 두 부분으로 나누어져 있으며, 둘 다 $n에 1을 넣었다가 1을 증가시켰으므로 $n 값은 2가 된다. 그러나 앞부분(2~4행)에서는 "++$n"을 하였는데, 이것은 먼저 $n값을 1 증가시키고 그렇게 증가된 $n값을 계산에 사용한다는 의미이다. 즉, "$x = ++$n"을 풀어 쓰면 다음과 같다.

```
$n = $n + 1;
$x = $n;
```

이에 반해, 뒷부분(6~8행)에서는 일단 $n 값을 사용하고 나서, $n을 1 증가시켰다. 즉, "$x = $n++"을 풀어쓰면 다음과 같다.

```
$x = $n;
$n = $n + 1;
```

이러한 이유로 인해, $x의 첫 번째 출력은 2가, 두 번째 출력은 1이 나오게 된다.

## 확인학습

**1.** 다음 PHP 프로그램이 출력하는 값은 무엇인가?

```
echo (10 / 4) . "<br>";
echo (10 % 4) . "<br>";
```

**2.** 두 문자열을 이어주려면 어떤 연산자를 사용해야 하는가?

**3.** "echo 5 & 2;"와 "echo 5 | 2;"의 출력은 무엇인가?

**4.** 문장 "$a = $a + 5;"를 "+=" 연산자를 이용하도록 줄여 쓰면 어떻게 되는가?
이 문장을 "++" 연산자를 사용하여 더 줄여 쓸 수 있는가?

**5.** 문장 "$a = $a + 1;"를 "+=" 연산자를 이용하도록 줄여 쓰면 어떻게 되는가?
이 문장을 "++" 연산자를 사용하여 더 줄여 쓸 수 있는가?

**1.** 2.5
   2

**2.** +

**3.** 0 7

**4.** $a += 5; 더 이상 줄일 수 없음

**5.** $a += 1; $a++; 모두 가능함

## 연습문제

**1.** 섭씨온도 값(Celsius)을 입력받아 화씨온도 값(Fahrenheit)을 구하는 프로그램을 작성하시오. 역시 입력은 html 파일에서 받고, 입력된 데이터는 POST 방식으로 전달되도록 하면 된다. 섭씨온도를 화씨온도로 바꾸는 공식은 다음과 같다.

```
화씨온도 = 9 / 5 * 섭씨온도 + 32
```

**2.** 구구단 한 단을 출력하는 프로그램을 작성하시오. 출력할 단은 입력을 받아야 하며, GET 방식으로 전달되도록 하시오. 아직은 반복문을 배우지 않았으므로 9줄의 구구단은 9개의 echo 문을 이용하여 출력한다.

**3.** 정수를 하나 입력받아 오른쪽에서 3번째 비트 값($2^2$ 자리)이 0인지 1인지 출력하는 프로그램을 작성하시오. 입력 폼은 html로 작성하고 입력된 값은 POST 방식으로 전달하시오.

**4.** 산술 연산 후 대입 연산자를 사용하여, 정수 값 두 개를 입력 받은 뒤 첫 번째 값에 두 번째 값을 계속 더해가면서 나오는 숫자 4개를 출력하는 프로그램을 작성하시오. 입력 폼은 html로 작성하고 입력된 값은 POST 방식으로 전달하시오. 실행 화면의 예를 들면 다음과 같으며, 밑줄 친 부분은 실행 시에 입력된 값을 의미한다.

```
[입력 폼]
기준 값 : 17
증가시킬 값 : 5
```

```
[실행결과]
17 22 27 32
```

※ 산술 연산 후 대입 연산자의 오른쪽에는 "$a += 3;"과 같이 상수도 사용할 수 있지만, "$a += $b;"와 같이 변수도 사용할 수 있다.

**5.** 연습문제 4번을 수정하여 증감 연산자를 사용하는 프로그램을 작성하시오.
정수 값 하나를 입력 받은 뒤 그 값을 1씩 증가시켜가며 숫자 4개를 출력하는
프로그램을 작성하시오. 실행 화면의 예를 들면 다음과 같다.

> [입력 폼]
> 기준 값 : <u>17</u>

> [실행결과]
> 17 18 19 20

지금까지 작성한 모든 PHP 프로그램은 위에서 아래로, 한 문장 한 문장 씩 건너뛰지 않고 실행되었다. 이것을 순차실행이라고 부른다. 그러나 실제 프로그램을 작성하다 보면 어느 문장은 상황에 따라 건너뛰기도 하고, 어느 문장은 여러 번 반복해서 실행해야 하는 경우가 많이 발생하게 된다. 이럴 때 사용하여 프로그램의 실행 흐름을 바꾸어 주는 문장을 제어문이라고 하는데, 이것은 프로그램의 실행 흐름을 제어한다는 뜻에서 붙여진 이름이다.

제어문은 다음과 같이 나누어 볼 수 있다.

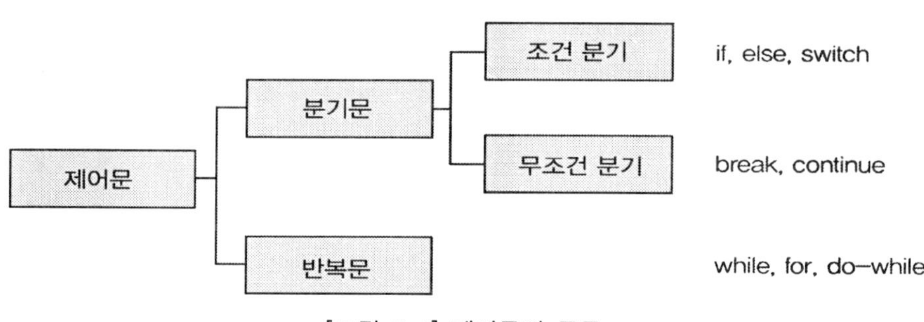


[그림 5-1] 제어문의 종류

제어문은 크게 분기문과 반복문으로 나누어진다. 분기문은 프로그램 코드 중 어느 위치로 가서 다음 실행을 할지를 결정하는 문장을 의미하며, 반복문은 특정 코드를 반복해서 실행하는 문장을 의미한다. 분기문은 다시 조건 분기와 무조건 분기로 나누어지며, 조건 분기는 주어진 상황에 따라 다음에 실행할 문장을 결정하는 문장을 의미하고, 무조건 분기는 조건을 따지지 않고 무조건 특정한 위치로 프로그램의 흐름을 바꾸는 문장을 의미한다.

이 장에서는 이렇게 프로그램의 실행 흐름을 제어하는 방법 중 조건 분기에 대해서 공부한다. 이 장에서 다루는 내용은 다음과 같다.

### ⊕ if를 이용한 조건 분기

조건 분기의 개념과 관계 연산자의 사용법을 살펴보고 if문을 활용하여 어떤 프로그램들을 작성할 수 있는지 공부한다.

### ⊕ if ~ else 구조

if문에 else를 추가하여 사용하는 방법과 그 효과에 대해서 공부한다.

### ⊕ 코드 블록의 사용

다수의 문장을 하나로 묶어 코드 블록으로 만드는 방법을 살펴보고, 그 효과에 대해 공부한다.

### ⊕ 논리 연산자

논리 연산자를 이용하여 상대적으로 복잡한 조건식을 작성하는 방법을 살펴본다.

### ⊕ if ~ elseif 구조

else if 구조를 이용하여 다중 분기문을 구현하는 방법을 공부한다.

## 5.1 if를 이용한 조건 분기

### 5.1.1 조건분기의 개념

조건 분기란 조건에 따라 실행할 문장을 결정하는 것을 말한다. 예를 들어, 입력받은 점수가 60점 이상이면 "합격"이라고 출력하고, 60점 미만이면 아무 것도 출력하지 않는 프로그램을 생각해보자. 지금까지 배운 것만으로는 "만약 점수가 60 이상이면"을 표현할 수 없다. 표현할 수 없는 부분을 그냥 한글로 적어놓는다면, 프로그램은 다음과 같이 될 것이다.

```
$score = $_GET[score];   // 점수는 score 라는 이름으로 전달된다고 가정 (GET)
만약 $score 값이 60 이상이면
    echo "합격";
```

위의 예에서 "만약 $score 값이 60 이상이면"을 PHP 프로그램으로 옮기기 위해서는 if 문을 사용하면 된다. if 문의 기본적인 형태는 다음과 같다.

```
if (조건식)
    문장;
```

이렇게 작성된 코드는, 만약 "조건식"이 참이면 "문장"을 실행하며, 조건식이 거짓이라면 딸려있는 문장을 실행하지 않고 건너 뛰어 버린다. 이것을 그림으로 표현하면 다음과 같다.

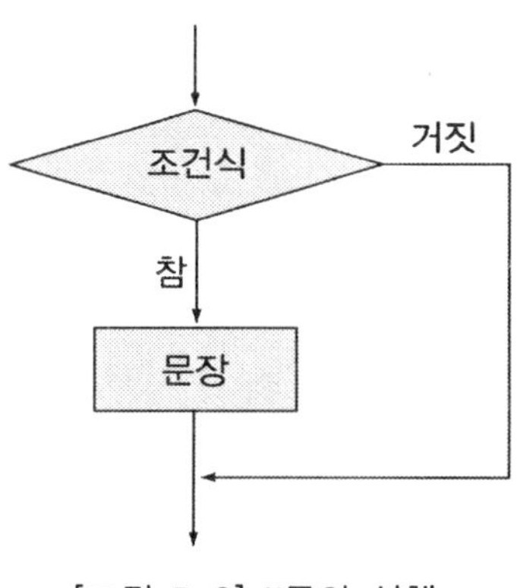


[그림 5-2] if문의 실행

이제 위에서 한글로 적어 놓았던 부분을 PHP 프로그램으로 한 단계씩 바꾸어 보면 다음과 같다.

```
만약 $score 값이 60 이상이면
        echo "합격";

⇒ 만약 ($score >= 60)이 참이면
        echo "합격";

⇒ if    ($score >= 60)
        echo "합격";
```

## 5.1.2 관계 연산자

위의 프로그램에서 조건식을 기술하는데 ")="이 사용되었다. 이렇게 두 값을 비교하는, 즉 두 값의 관계를 알아내는데 사용하는 연산자를 관계 연산자라고 한다. PHP에서 사용할 수 있는 관계 연산자와 그 의미는 다음과 같다. 아래에 적은 a, b는 변수 $a와 $b를 잘못 적은 것이 아니다. a, b가 적힌 자리에 변수도 올 수 있고, 상수도 올 수 있다고 생각하고 읽기 바란다.

| 연산자 | 의 미 |
|---|---|
| a 〉 b | a가 b보다 크다. |
| a 〈 b | a가 b보다 작다. |
| a 〉= b | a가 b보다 크거나 같다. |
| a 〈= b | a가 b보다 작거나 같다. |
| a == b | a가 b와 같다. |
| a != b | a가 b와 같지 않다. |

관계 연산자는 거의 대부분 if 문 또는 뒤에 배울 반복문의 조건식으로 사용되지만, 꼭 if문이나 반복문의 일부로만 사용되는 것은 아니며, 기본적으로는 참 또는 거짓을 계산해내는 연산자이다. 즉, + 연산자가 자신의 좌우에 적힌 값들의 합계를 계산하여 결과 값으로 정수를 하나 만들어 주는 것이라면, 관계 연산자는 좌우에 적힌 값들의 대소를 비교하여 결과 값으로 참 또는 거짓을 알려주는 연산자이다. 다음 프로그램을 보자.

**예제 5-1** 관계 연산자 (5-1.php)

```
1: <?
2:     echo "첫 번째 출력 : " . (5 >= 10) . "<br>";
3:     echo "두 번째 출력 : " . (5 < 10) . "<br>";
4: ?>
```

**실행결과**

```
첫 번째 출력 :
두 번째 출력 : 1
```

이 예제는, PHP에서는 참(true)을 1로, 거짓(false)을 ""(값이 없음)으로 표현한다는 점을 염두에 두고 보아야 한다. 2번 행에서 관계 연산자인 ">="는 (5 >= 10)가 거짓이라고 판정하고 "" 값을 결과로 내 놓는다. 따라서 첫 번째 계산 결과는 화면에 보이지 않는다. 3번 행에서는 관계 연산자인 "<"가 (5 < 10)는 참이라고 판정하고 1을 결과로 내 놓는다. 따라서 두 번째 계산 결과는 화면에 보이게 된다. 결국 if 문은 이렇게 관계 연산자가 다 비교하고 알려준 참/거짓 여부에 따라, 참이면 뒤따르는 문장을 실행하고, 거짓이면 실행하지 않는 단순한 작업만 하는 것이다.

## 5.1.3 GET 방식의 성질을 이용한 프로그램 테스트

이제, 본래의 애기로 돌아와서 점수가 60 이상이면 "합격"을 출력하는 프로그램을 완성하여 보면 다음과 같다.

**예제 5-2** 간단한 if문의 사용 (5-2.php)

```
1: <?
2:     $score = $_GET[score];
3:
4:     if ($score >= 60)
5:         echo "합격";
6: ?>
```

**실행결과**

합격　🖝 실행 시 65(60 이상의 값)를 입력했다면, "합격"이라고 출력
　　　🖝 실행 시 55(60 미만의 값)를 입력했다면, 아무 것도 출력하지 않음

이 프로그램을 제대로 실행하기 위해서는 html 파일로 입력 폼을 만든 후, 입력받은 값을 이 프로그램에 GET 방식으로 전달하도록 해야 할 것이다. 그러나 간단하게 이 프로그램만으로 테스트 할 수 있는 방법은 있다. 직접 5-2.php를 실행하되 브라우저의 주소창에 URL을 다음과 같이 입력하는 것이다.

```
http://localhost/5-2.php?score=70
```

이해가 가는가? 어차피 GET 방식으로 값이 전달될 때는 URL에 나타난다. 그렇다면 간단하게 예제를 돌려보는 상황일 때는 꼭 html 파일로 입력 폼을 구성하지 않고 주소창에 직접 전달될 값을 적어주어도 같은 효과를 보일 것이다. 5-2.php 입장에서는 이것이 입력 폼으로부터 온 것인지, 아니면 사람이 주소창에 직접 입력한 것인지 구분할 수 없다.

## 5.1.4 들여쓰기

여기에서 한 가지 짚고 넘어가야 할 것이 있다. "if ($score >= 60)"과 echo 문이 두 줄로 나누어 써져 있고, 나중에 나오는 echo 문은 if 문 보다 몇 칸 들여 써져 있음에 주목하기 바란다. 이렇게 프로그램을 좀 더 읽게 쉽게 특정한 문장을 몇 칸 뒤에서 시작하는 것을 들여쓰기라 한다. 적절하게 들여쓰기 된 프로그램은 그렇게 않는 프로그램보다 훨씬 읽기 쉽다. 들여쓰기가 잘 되어 있지 않은 예를 보자.

```
if ($score >= 60) echo "합격";


if ($score >= 60)
echo "합격";
```

첫 번째 예제는 그다지 나쁘지 않다고 느낄 수도 있지만, 그것은 이 예제의 조건식이 아주 간단한 형태이기 때문이다. 이 두 가지 사례를 예제 5-1의 if 문과 비교해 보자.

```
if ($score >= 60)
    echo "합격";
```

이것이 앞의 두 사례보다는 훨씬 프로그램의 구조를 알아보기가 편하다. 그것은 들여쓰기를 하면 if 와 조건식이 분명하게 드러나고, 뒤에 따라오는 echo 문은 이 if 문에 종속되는 문장이라는 것이 쉽게 눈에 뜨이기 때문이다. 들여쓰기는 if 뿐 아니라 프로그램의 흐름을 제어하는데 사용되는 모든 형태의 제어문에 사용되는데, 제어문의 형식이 복잡할 수록 더더욱 필수적이 된다. 제어문에 일관된 기준을 가지고 들여쓰기를 하는 것은 알아보기 쉬운 프로그램을 작성하는 기본이 되므로, 프로그래밍 실습을 하면서 항상 들여쓰기에 신경 써서 습관이 되도록 하는 것이 좋다.

## 5.1.5 if문의 활용

이제 예제를 하나 보도록 하자.

**예제 5-3** 짝수여부 판단 (5-3.php)

```
1: <?
2:     $n = $_GET[n];
3:
4:     if ($n % 2 == 0)
5:         echo "{$n}은 짝수";
6: ?>
```

**실행결과**

6을 **입력했다고 가정했을 때**
6은 **짝수**　　　　🖙 실행 시 6 (짝수) 을 **입력했다면**, 짝수라고 출력
　　　　　　　　🖙 실행 시 7 (홀수) 을 **입력했다면**, 아무 것도 출력하지 **않음**

이 프로그램은 GET 방식으로 전달된 숫자가 짝수이면 짝수라고 출력하고, 홀수라면 아무 말도 하지 않는 프로그램이다. 어떤 숫자가 짝수인지 홀수인지 구분하기 위해서는 4행과 같이 2로 나눈 나머지를 이용한다. 2로 나눈 나머지가 0이면 짝수이고 1이면 홀수이기 때문이다.

앞에서 관계연산자를 설명하면서 관계연산자는 "$score > 60"과 같이 "변수 > 상수" 형태로 쓸 수도 있지만 "$a > $b"와 같이 "변수 > 변수"의 형태도 가능하고 얘기했었다. 다음 예제를 보자.

**예제 5-4** 두 수 중에서 큰 숫자 찾기 (5-4.php)

```
1: <?
2:     $a = $_GET[a];
3:     $b = $_GET[b];
4:
5:     if ($a > $b)
6:         echo "첫 번째 숫자가 더 큽니다.";
```

```
7: ?>
```



첫 번째 숫자가 더 큽니다.   ☜ 실행 시 http://localhost/5-4.php?a=15&b=10로
                            실행했다고 가정

이 프로그램은 a와 b라는 이름으로 두 개의 값을 입력받아 각각 $a, $b라는 변수에 담는다. 그리고 5번 행 if 문의 조건식에서 $a에 담긴 값이 $b보다 크다면 이 사실을 알려주고, 그렇지 않다면 아무 응답도 하지 않는다.

## 5.2 if ~ else 구조

위의 예제에서는 조건을 만족하지 않을 경우 단순하게 실행을 하지 않으면 그 뿐이었지만, 이보다는 조금 복잡한 경우가 종종 발생한다. 조건의 만족 여부에 따라 두 개의 문장 중 하나만을 실행하는 경우가 그것이다. 예를 들어 점수가 60점 이상이면 "합격", 그렇지 않으면 (60점 미만이면) "불합격"을 출력하는 프로그램을 생각해 보자. 이 프로그램을 if 문만을 사용하여 작성하려면 다음과 같이 할 수밖에 없다.

**예제 5-5** if 문만을 사용하여 선택적 실행 (5-5.php)

```
1: <?
2:     $score = $_GET[score];
3:
4:     if ($score >= 60)
5:         echo "합격" ;
6:     if ($score < 60)                    // "$score >= 60"의 반대 조건
7:         echo "불합격" ;
8: ?>
```

**실행결과**

합격　　　　　↪ 실행 시 65 (60 이상의 값)를 입력했다면, **"합격"이라고 출력**
불합격　　　　↪ 실행 시 55 (60 미만의 값)를 입력했다면, **"불합격"이라고 출력**

보면 알겠지만, 서로 완전히 반대되는 (동시에 일어날 수 없는) 조건이 반복해서 쓰여서 프로그램이 복잡해 보인다. 또 프로그램을 읽는 입장에서도 두 개의 if 문이 서로 관계 있는 것이라는 걸 알기 위해서는 두 조건식을 찬찬히 읽어 봐야 한다.

이러한 경우에 사용할 수 있는 구조가 if ~ else 구조이다. 그 형태는 다음과 같다.

```
if (조건식)
   문장1;
else
   문장2;
```

이 형태의 의미는 "조건식"이 참이면 "문장1"을, 거짓이면 "문장2"를 실행하라는 것이다. 즉, "문장1" 또는 "문장2" 중 한 문장만 실행되며, 둘 중에 한 문장은 반드시 실행된다. 이것을 그림으로 표현하면 다음과 같다.

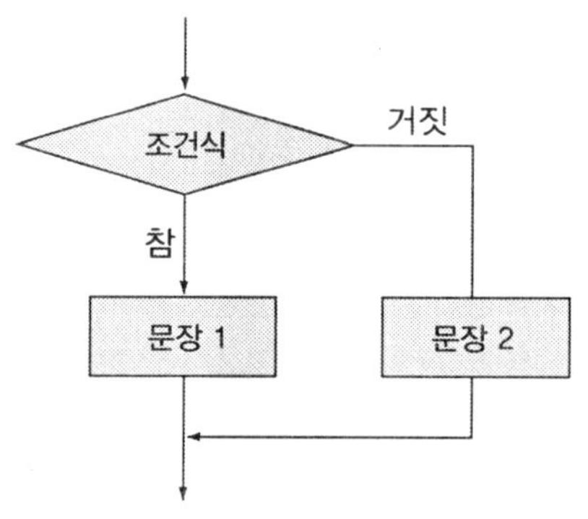


[그림 5-3] if ~ else문의 실행

이제 if ~ else 구조를 이용하여 앞의 예제를 고쳐보자.

**예제 5-6** if ~ else의 사용 (5-6.php)

```php
1: <?
2:     $score = $_GET[score];
3:
4:     if ($score >= 60)
5:         echo "합격" ;
6:     else
7:         echo "불합격" ;
8: ?>
```

**실행결과**

| | |
|---|---|
| 합격 | ☜ 실행 시 65 (60 **이상의 값**)를 입력했다면, "합격"이라고 출력 |
| 불합격 | ☜ 실행 시 55 (60 **미만의 값**)를 입력했다면, "불합격"이라고 출력 |

프로그램이 훨씬 단순해졌고 알아보기도 쉽다. 60점 이상이면 합격이고 그렇지 않으면 불합격이라고 우리들이 머릿속에 생각하는 것을 그대로 프로그램으로 옮겨 적었기 때문이다.

이제 if-else를 배웠으니, 짝수와 홀수를 구분하는 완전한 프로그램을 작성해 보도록 하자.

**예제 5-7** 짝수, 홀수 판단 (5-7.php)

```php
1: <?
2:     $n = $_GET[n];
3:
4:     if ($n % 2 == 0)
5:         echo "{$n}은 짝수";
6:     else
7:         echo "{$n}은 홀수";
8: ?>
```

**실행결과**

> 7은 홀수 ⏎ 실행 시 7을 입력했다고 가정했을 때
> 6은 짝수 ⏎ 실행 시 6을 입력했다고 가정했을 때

## 5.3 코드 블록의 사용

여기서 한 가지 더 생각해야 할 것이, 코드 블록의 사용이다. PHP 언어는 C 또는 Java 언어와 마찬가지로, 어떤 제어 구조(지금까지 배운 것은 if와 else 뿐이지만)에 종속된 문장이 두 문장 이상일 경우, 이것을 하나의 블록으로 묶을 수 있다. 예를 들어 "$score >= 60" 이면 다음 두 문장을 실행하는 프로그램을 생각해 보자.

```
echo "축! ";
echo "합격";
```

그러나 다음과 같이 프로그램을 작성하면 원하는 대로 동작하지 않는다.

```
if ($score >= 60)
    echo "축! ";
    echo "합격";
```

이 프로그램은 60점 이상이면 "축! 합격"이 출력되고, 60점 미만이면 "합격"이 출력되는 식으로 동작할 뿐, 우리가 원하는 데로 "축! 합격"이 다 출력되거나 아주 하나도 출력되지 않는 식으로 동작하지는 않는다.

지금까지 배운 것만으로 우리가 원하는 프로그램을 작성하려면 다음과 같이 해야 한다.

```
if ($score >= 60)
    echo "축! ";
if ($score >= 60)
    echo "합격 ";
```

이렇게, 조건에 따라 수행 여부를 결정할 문장 수만큼 if문을 사용하면 원하는 결과를 얻어낼 수는 있지만, if 조건식이 매 문장마다 반복되므로 프로그램이 보기 좋지 않다. 게다가 이 프로그램은 단지 2개 문장뿐이므로 그나마 이렇게 하는 것이지, 만약 조건식에 따라 같이 움직여야 할 문장이 20줄, 30줄이라면 이렇게 프로그래밍을 할 수는 없다.

코드 블록은 이런 때에 사용할 수 있다. 코드 블록을 만드는 방법은 간단해서, 한 문장처럼 묶이기를 원하는 문장들을 "{ }"로 둘러싸주기만 하면 된다. 위의 프로그램은 다음과 같이 할 수 있다.

```
if ($score >= 60)
{
    echo "축! ";
    echo "합격";
}
```

if 문의 입장에서는 조건식 바로 뒤에 { } 가 나오면, 이 안에 실제 문장이 몇 개가 있든 하나의 문장처럼 다루어 준다. 코드 블록을 사용할 때의 들여쓰기를 잘 관찰해 두었다가 나중에 똑같은 형태로 사용할 수 있도록 하자.

## 5.4 논리 연산자

if 문의 조건식을 작성하다보면, 하나의 조건식으로는 원하는 조건을 표현하기 어려운 경우가 종종 발생한다. 예를 들어, 두 사람의 점수를 입력받고, 이 두 사람의 점수가 모두 60 이상이면 "모두 합격입니다"라고 출력하는 프로그램을 생각해 보자. 표현할 수 없는 부분을 한글로 적더라도 일단 프로그램을 작성해본다면 다음과 같은 형태가 된다.

```
$score1 = $_GET[score1];
$score2 = $_GET[score2];
만약 ($score1 >= 60) 이고 ($score2 >= 60) 이면
    echo "모두 합격입니다.";
```

이런 복잡한 조건식, 즉 두 조건이 조합되어 사용되는 경우를 위해 논리 연산자가 존재한다. 각각의 논리 연산자와 예를 보면 다음과 같다.

| 연산자 | 의 미 |
|---|---|
| && | "~ 이고 ~"의 의미. 두 조건식이 모두 참이면 전체 조건식이 참이 됨.<br>and 도 같은 의미로 사용 가능. |
| \|\| | "~ 또는 ~"의 의미. 두 조건식 중 하나 이상이 참이면 전체 조건식이 참이 됨.<br>or 도 같은 의미로 사용 가능. |
| ! | "~가 아니면"의 의미. 뒤에 따르는 조건식의 참 거짓을 뒤집어 줌.<br>not 도 같은 의미로 사용 가능 |

이제 위의 예에서 한글로 적은 부분을 올바르게 PHP 언어로 바꾸면 다음과 같이 할 수 있다.

```
만약 ($score1 >= 60) 이고 ($score2 >= 60) 이면
    echo "모두 합격입니다.";

⇒ if ($score1 >= 60 && $score2 >= 60)
    echo "모두 합격입니다.";

또는  ⇒ if ($score1 >= 60 and $score2 >= 60)
    echo "모두 합격입니다.";
```

예를 조금 바꾸어, 작성하려는 프로그램이 두 점수 중 하나라도 60이 넘으면 "합격자가 있습니다."를 출력하는 것이라고 하자. 그렇다면 "||" 또는 "or" 를 사용하여 다음과 같이 할 수 있다.

```
만약 ($score1 >= 60) 또는 ($score2 >= 60) 이면
    echo "합격자가 있습니다.";

⇒ if ($score1 >= 60 || $score2 >= 60)
    echo "합격자가 있습니다.";

또는  ⇒ if ($score1 >= 60 or $score2 >= 60)
    echo "합격자가 있습니다.";
```

마지막으로, 점수가 60 이상이 되지 않는다면 "불합격입니다."라고 출력하는 프로그램을 작성한다고 하자. "!" 또는 "not"을 사용하여 다음과 같이 프로그램을 작성할 수 있다.

```
        만약 ($score1 >= 60) 이 아니면
            echo "불합격입니다.";

    ⇒ if ( !($score1 >= 60) )
            echo "불합격입니다.";

또는  ⇒ if ( not($score1 >= 60) )
            echo "불합격입니다.";
```

물론, 이 경우에는 조건식을 아예 뒤집어서 if (score < 60)이라고 적어 줄 수도 있지만, 프로그램을 하다보면 "!"을 이용해서 적어 준 조건식이 사람이 생각하는 방식과 일치해서, 조건식을 작성하기 쉬워지는 경우가 있다. "!" 연산자는 그런 때에 사용하게 된다.

논리 연산자를 사용한 복잡한 논리식을 하나 만들어 보자. 올해가 몇 년인지 입력하면 윤년인지 아닌지를 알려주는 프로그램이다. 다음의 2가지 경우 중 하나이면 윤년이라고 할 수 있다.

- 주어진 년도가 4로는 나누어지면서 100으로는 나누어지지 않으면 윤년
- 또는, 400으로 나누어지는 년도는 윤년

예를 들어, 서기 4, 8, 12년, 400, 800년은 윤년이고, 5, 10년, 100, 200, 300, 500년은 윤년이 아니다. 이제 프로그램을 보자.

**예제 5-8** 윤년 여부를 판단 (5-8.php)

```
1: <?
2:     $y = $_GET[y];
3:
4:     if (($y % 4 == 0 && $y % 100 != 0) || ($y % 400 == 0))
5:         echo "{$y}년은 윤년입니다.";
6:     else
7:         echo "{$y}년은 윤년이 아닙니다.";
8: ?>
```

**실행결과**

> 2012년은 윤년입니다.

# 5.5 if ~ elseif 구조

이야기를 시작하기 위해서, 점수를 입력받아 학점을 출력하는 프로그램을 생각해 보자. 프로그램을 간단히 하기 위하여 점수는 반드시 0부터 100 사이의 값만 입력된다고 가정하면, 점수를 보고 학점을 판별하여 출력하는 부분을 한글로 적으면 다음과 같을 것이다.

```
점수가 90점 이상이면 "A"
점수가 80점 이상이면 "B"
점수가 70점 이상이면 "C"
점수가 60점 이상이면 "D"
점수가 60점 미만이면 "F"
```

위에 적어 놓은 내용을 보고 if 만을 사용하여 다음과 같이 프로그램을 작성하면 된다고 생각하는 사람이 있을 수도 있겠다. 그러나 실행 결과를 보면 알겠지만, 이 프로그램은 잘못된 것이다.

**예제 5-9** 잘못 작성된 학점 출력 프로그램의 예 (5-9.php)

```php
1: <?
2:     $score = $_GET[score];
3:
4:     if ($score >= 90)
5:         echo "A";
6:     if ($score >= 80)
7:         echo "B";
8:     if ($score >= 70)
9:         echo "C";
10:    if ($score >= 60)
11:        echo "D";
```

```
12:    if ($score < 60)
13:        echo "F";
14: ?>
```



ABCD          ☞ 실행 시 95를 입력했다고 가정한다.

왜 이런 이상한 결과가 나오는 것일까, 그것은 원래 우리가 생각했던 의도를 프로그램에 정확히 반영하지 않았기 때문이다. 실제 문제의 의도를 정확히 한글로 다시 적어보면 다음과 같다.

> 90점 이상이면 "A"
> 90점 이상이 아니고 80점 이상이면 "B"
> 80점 이상이 아니고 70점 이상이면 "C"
> 70점 이상이 아니고 60점 이상이면 "D"
> 60점 미만이면 "F"

즉, 점수가 80점 이상이라고 무조건 B가 아니고, 90점 이상이 아니면서 80 이상이어야 B가 되는 것이다. 이런 의도를 모두 담아서 프로그래밍을 하려면 if 문 부분이 다음과 같이 다시 작성되어야 한다.

```
if ($score >= 90)
    echo "A";
if ($score < 90 && $score >= 80)
    echo "B";
if ($score < 80 && $score >= 70)
    echo "C";
if ($score < 70 && $score >= 60)
    echo "D";
if ($score < 60)
    echo "F";
```

물론 이렇게 고친 프로그램은 우리가 본래 원하던 대로 동작한다. 그러나 프로그램이 아무래도 좀 지저분해 보인다. 프로그램을 작성하다 보면 이 예제와 같이 어떤 조건을 체크하고, 그렇지 않으면 다음 조건, 또 그렇지 않으면 다음 조건을 체크하는 구조를 가진 프로그램을 종종 작성해야 하는데, 이럴 때 사용할 수 있는 것이 if ~ else if 구조이다. 그 형식은 다음과 같다.

```
if (조건식1)
    문장1;
else if (조건식2)
    문장2;
else if (조건식3)
    문장3;
...
else
    문장n;
```

그 의미는 다음과 같다.

```
"조건식1"이 참이면
    "문장1"을 실행하고 빠져나감
그렇지 않은 경우,  "조건식2"가 참이면
    "문장2"를 실행하고 빠져나감
그렇지 않은 경우,  "조건식3"이 참이면
    "문장3"을 실행하고 빠져나감
...
그렇지 않으면
    "문장n"을 실행하고 빠져나감
```

이것을 그림으로 표시하면 다음과 같다.

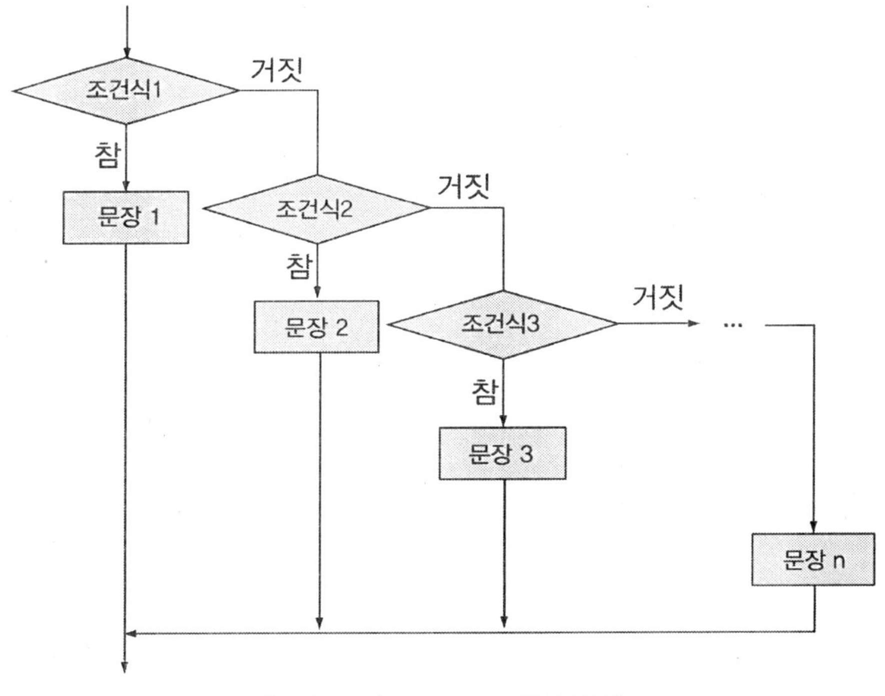

[그림 5-4] if ~ else if문의 실행

즉, else if 구조를 사용하면 학점 부여 프로그램을 깨끗하게 작성할 수 있다. 먼저 한 글로 그 명확한 의미를 생각해 보자.

90점 이상이면 "A"
90점 이상이 아니고 80점 이상이면 "B"
80점 이상이 아니고 70점 이상이면 "C"
70점 이상이 아니고 60점 이상이면 "D"
60점 미만이면 "F"

↓

90점 이상이면 "A"
그렇지 않고, 80점 이상이면 "B"
그렇지 않고, 70점 이상이면 "C"
그렇지 않고, 60점 이상이면 "D"
그렇지 않으면 "F"

결국 이 프로그램은 else if를 사용할 수 있는 경우임을 알 수 있다. 최종적으로 프로그램은 다음과 같이 정리될 수 있다.

**예제 5-10** elseif를 사용한 학점 출력 프로그램 (5-10.php)

```
 1: <?
 2:     $score = $_GET[score];
 3:
 4:     if ($score >= 90)
 5:         echo "A";
 6:     elseif ($score >= 80)
 7:         echo "B";
 8:     elseif ($score >= 70)
 9:         echo "C";
10:     elseif ($score >= 60)
11:         echo "D";
12:     else
13:         echo "F";
14: ?>
```

**실행결과**

A                    🖙 실행 시 95를 입력했다고 가정한다.

프로그램이 훨씬 간단해지고 알아보기도 쉬워졌다. 여기서 한 가지 주의 깊게 볼 것은 "else if"와 같이 "else"와 "if"를 사이에 공백을 두지 않고 "elseif"와 같이 붙여서 썼다는 점이다. PHP에서는 "elseif"를 별도의 예약어로도 제공하고 있다. 따라서 "else if"와 같이 떼어 쓰거나, "elseif"와 같이 붙여 쓰거나 상관없이 모두 잘 동작한다.

이제 elseif 구조를 활용한 다른 예로서, 우리가 고속도로에서 많이 볼 수 있는 전광판을 프로그램 하는 중이라고 생각하자. 고속도로의 어느 구간에서 자동차들의 평균속도(시속)를 입력받아 다음과 같이 출력해야 한다.

```
90이상 : 소통원활
70 <= 속도 < 90 : 대체로 원활
50 <= 속도 < 70 : 정체
50 미만 : 극심한 정체
```

```
 1: <?
 2:     $speed = $_GET[speed];
 3:
 4:     if ($speed >= 90)
 5:         echo "소통원활";
 6:     elseif ($speed >= 70)
 7:         echo "대체로 원활";
 8:     elseif ($speed >= 50)
 9:         echo "정체";
10:     else
11:         echo "극심한 정체";
12: ?>
```

실행결과

소통원활　　　　　　　　🖙 실행 시 95를 입력했다고 가정한다.

　속도 구간을 얘기할 때, 70이상 90 미만, 50이상 70 미만이라는 표현이 나오긴 하지만, 결국은 학점 처리 예제와 똑같은 상황임을 알 수 있다. 6번 행까지 조건식을 따져보아야 하는 상황이라면 이미 90 미만임을 확신할 수 있으므로 $speed 값이 70보다 큰지만 판단하면 되는 것이다.

## 확인학습

**1.** 가장 단순한 if문의 형식을 적어보시오.

**2.** if – else 문의 형식을 적어보시오.

**3.** 여러 문장을 하나의 코드 블록으로 묶어 줄 때 사용하는 문자는?

**4.** 다음 프로그램을 실행시켜 보고, 왜 그런 출력이 나오는지 생각해 보시오. 또, $a의 초기 값을 8로 바꾸어 보고 실행시킨 후 왜 그런 출력이 나오는지 생각해 보시오.

```php
<?
    $a = 5;
    $b = 10;

    if ($a > 7 && $b > 7)
        echo "모두 7보다 큽니다.";
    if ($a > 7 || $b > 7)
        echo "a 또는 b가 7보다 큽니다.";
    if (!($a > 7))
        echo "a가 7보다 크지 않습니다.";
?>
```

**5.** "else if"를 쓸 때와 "elseif"를 쓸 때의 차이점이 있는가?

확인학습 정답

**1.** if (조건식)
  문장;

**2.** if (조건식)
  문장1;
else
  문장2;

**3.** { }

**4.** $a 〉 7는 거짓이고, $b 〉 7은 참이다. 첫 번째 조건식에서는 이것에 "&&" 연산을 하였으므로 전체 조건이 거짓, 두 번째 조건식에서는 "||" 연산을 하였으므로 전체 조건이 참, 그리고 세 번째는 거짓 값에 "!" 연산을 하였으므로 참이 된다.

**5.** 차이점은 없다.

**1.** 예제 5-2를 수정하여, 점수를 입력받은 뒤 그 점수가 100점이면 "축하합니다."를 출력하는 프로그램을 작성해보시오.

**2.** 예제 5-6을 수정하여, 정수를 하나 입력 받은 뒤 그 숫자가 음수인지, 혹은 0 또는 양수인지 출력하는 프로그램을 작성해보시오. 프로그램 주요 부분의 의사 코드(Pseudo Code)는 다음과 같다.

```
입력받은 숫자가 0보다 작으면
    "음수입니다"라고 출력
그렇지 않으면
    "0 또는 양수입니다"라고 출력
```

**3.** 다음 두 프로그램 코드의 차이점을 설명하시오.

```
if ($score >= 60)                    if ($score >= 60)
    echo "축! ";                     {
    echo "합격";                         echo "축! ";
                                         echo "합격";
                                     }
```

## 연습문제

**4.** 어느 놀이공원의 입장료는 5,000원이다. 그러나 7세 이하 또는 60세 이상의 사람은 50% 할인을 적용하여 2,500원을 입장료로 받는다. 입장하려는 사람의 나이를 입력하면 입장료가 얼마인지를 출력하는 프로그램을 작성하시오.

**5.** 정수 두 개와 계산의 종류를 파라미터로 받고, 사칙연산(+, −, *, /)을 하는 프로그램을 작성하시오. 이를 위해서 입력 폼에서 두 개의 숫자와 연산자, 이렇게 3 개의 문자열을 입력받아 POST 방식으로 전달한다.

※ 주의 : 나눗셈을 할 때는, 나눌 값이 0인지 먼저 검사하여
  - 0이면 계산할 수 없다고 출력
  - 0이 아니면, 나눗셈한 결과를 출력

※ 프로그램을 쉽게 짜는 방법
  - 먼저, 4칙 연산을 구현하되 0으로 나누는 경우는 생각하지 말고 작성한 뒤 테스트
  - 이것이 완성되면 나눗셈하는 부분에 0으로 나누려고 하는 경우를 처리하도록 코드를 덧붙임

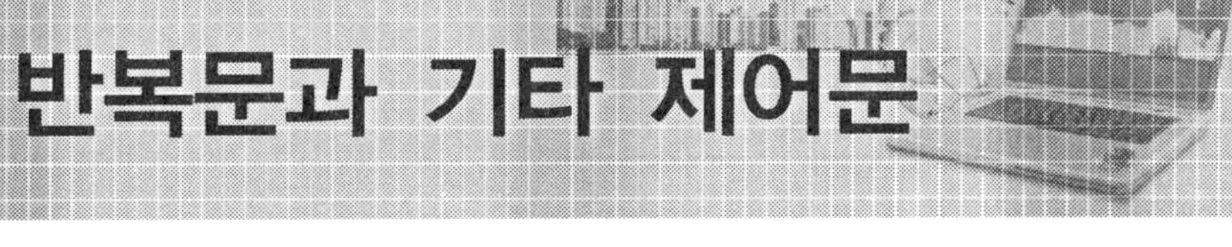


# 반복문과 기타 제어문

반복문이란 특정 동작(코드)을 반복해서 실행하도록 하는 문장을 의미한다. PHP에서 반복문은 while, for, 그리고 do ~ while의 3가지 형태가 있다. 이 장에서는 다음과 같은 내용을 학습한다.

### ⊕ while 반복문

while은 가장 단순한 형태의 반복문이다. while 반복문을 통해 반복문의 개념을 이해하고, 활용 방법을 공부한다.

### ⊕ for 반복문

for는 실제 프로그램에서 가장 많이 사용되는 반복문이다. for를 활용하여 프로그램을 작성하는 방법을 살펴본다.

### ⊕ do ~ while 반복문

do ~ while은 사용 빈도는 높지 않지만, 특정한 상황에서는 깔끔한 반복문을 작성하는 데 도움을 준다. 이것을 이용하여 반복문을 구성하는 방법을 공부하고 while과의 차이점을 살펴본다.

### ⊕ break와 continue

반복문 내부에서 프로그램의 실행 흐름을 변경할 때 사용하는 break와 continue를 공부한다.

### ⊕ switch ~ case

특정한 조건을 만족하는 if ~ elseif 구조를, switch 문을 이용하여 보기 좋게 프로그래밍하는 방법을 공부한다.

# 6.1 while 반복문

예를 들어, 화면에 "*" 표시를 하나 찍는 코드를 생각해보자. 아래와 같이 간단하게 할 수 있다.

```
echo "*";
```

그러면 이제, 화면에 "*" 표시를 10개 찍는 코드를 생각해보자. 좀 귀찮기는 하지만 "*"을 10번 타이핑해주면 될 것이다.

```
echo "**********";
```

그렇다면, 화면에 "*" 표시를 100개 찍는 코드는 어떻게 짜야 할까? 똑같은 방법으로 "*"을 100번 찍어 주면 되는 걸까? 그나마 100번이니 그렇게라도 한다지만, 만약 "*"을 1000번 찍어야 한다면 어떻게 해야 할까? 바로 이런 상황에서 반복문이 필요하게 된다. 즉, 다음과 같은 의도를 그대로 프로그램으로 표현할 수 있는 방법이 필요하다는 것이다.

```
다음 문장을 100번 반복
   echo "*";
```

위에서 "다음 문장을 100번 반복"이라고 한글로 쓰인 것을 그대로 PHP 코드로 표현할 수 있다면, 이렇게 같은 작업을 여러 번 반복해서 수행해야 하는 상황을 쉽게 프로그래밍할 수 있을 것이다. 이럴 때 사용하는 것이 반복문이다.

while은 PHP에서 제공하는 반복문 중 가장 간단한 형태를 가지며 그 형식은 다음과 같다.

```
while (조건식)
   문장;
```

우리가 지난 장에서 배웠던 if문과 비슷한 형식이라는 것을 알 수 있다. if가 while로 바뀐 것 말고는 똑같은 모양을 가지고 있다. 다만, "if (조건식) 문장"은 조건식이 참이면 뒤의 문장을 실행하고, 거짓이면 그냥 넘어가 버리는 데 비해, "while (조건식) 문장"은 조건식이 참인 동안 문장을 반복해서 실행한다는 차이점을 가지고 있다. 더 정확히 얘기하면, "조건식"이 참이면 "문장"을 실행하고 다시 조건 검사로 되돌아가지만, 거짓이면 다음 문장으로 넘어가는 구조이다.

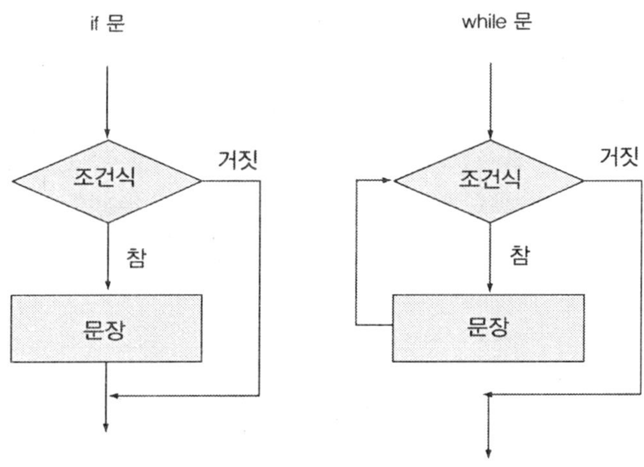



[그림 6-1] if와 while의 비교

단순한 예를 하나 보자.

```
while (1 < 2)
    echo "*<br>";
```

위의 프로그램은 바로 앞에서 얘기했던 while 문의 형식에 맞도록 작성되었다. "1 < 2" 가 조건식이고, echo "*"이 반복해서 실행할 문장에 해당한다. 그런데, "1 < 2"에서 1, 2는 모두 상수이므로 조건식이 항상 참이 된다. 따라서 뒤의 문장이 끝이 없이 무한히 반복되는 것이다. 즉 별 표시가 계속 해서 출력된다. 다만 실제로는 이 프로그램을 실행해 보지 않는 것이 나을 것이다. 웹 브라우저를 강제로 종료하지 않는 이상, 프로그램이 끝나지 않고 계속해서 "*"을 출력하기 때문이다.

비슷한 프로그램을 하나 더 보자.

```
while (1 < 2)
{
    echo "*";
    echo "*<br>";
}
```

"while (조건식)" 부분은 앞의 예와 같은데, 문장 부분이 한 문장이 아니라 코드 블록으로 되어 있다. if 와 마찬가지로 코드 블록은 while에게 한 문장으로 취급되므로, 조건이 참인 동안에는 코드 블록에 들어있는 문장들이 계속해서 반복 실행된다. 즉 화면에 다음과 같은 내용이 출력된다.

```
**
**
**
... ( "**"이 무한히 출력됨)
```

자, 이제는 좀 더 복잡한 예를 하나 더 생각해 보자. "*"이 아니라, 화면에 "1 2 3 4 ..." 와 같이 숫자를 출력하고 싶다면 어떻게 할까? 아마도 다음과 같이 프로그래밍 할 수 있을 것이다.

```
$i = 1;
while (1 < 2)
{
    echo $i;
    $i++;
}
```

이 프로그램이 앞의 것과 비교해서 가장 크게 달라진 점은 "echo '*'" 대신에 "echo $i" 를 사용한 것이다. 고정적으로 "*"을 찍는 것이 아니라 매번의 반복 때마다 계속 다른 숫자를 찍어야 하기 때문이다. 그리고 $i의 값을 매번 반복할 때마다 달라지게 하기 위해서 초기 값은 $i = 1 으로 놓고, 매번의 출력 직후에 $i 값을 1씩 증가시켜 주면 원하는 출력을 얻을 수 있게 된다.

하지만, 아직도 이 예제는 완전하지 않다. 프로그램이 무한히 반복되기 때문이다. 따라서 이번에는 1부터 10까지의 숫자만 출력하도록 위의 예제를 고쳐보자. 그러면 프로그램은 다음과 같이 바뀐다.

 1부터 10까지의 정수를 출력하는 프로그램 (6-1.php)

```
1: <?
2:     $i = 1;
3:     while ($i <= 10)
4:     {
5:         echo "$i ";
6:         $i++;
7:     }
8: ?>
```



```
1 2 3 4 5 6 7 8 9 10
```

이 예제가 앞의 예제와 달라진 것은 3행의 조건식 부분뿐이다. "1 〈 2"로 항상 참이었던 조건식 대신에 "$i 〈= 10"과 같이 상황($i의 값)에 따라 참, 거짓이 달라질 수 있는 조건식을 써 넣은 것이다. 즉, $i 값이 10 이거나 10 보다 작을 때는 조건식이 참이 되어 아래의 문장 부분이 실행되지만, 10 보다 큰 경우에는 더 이상 반복문을 실행하지 않고 다음 문장으로 넘어가게 된다.

이 프로그램을 살펴보면 $i가 반복의 횟수를 정해주기 위해 사용되었음을 알 수 있다. 이러한 변수를 카운터 변수라고 부른다. 우리가 박물관 같은 곳에 단체 관람을 가서 단체로 표를 살 경우에, 입구에서 매표소 직원이 한 사람 들어갈 때마다 카운터의 버튼을 한 번씩 누르면 거기 적힌 숫자가 하나씩 올라가는 것을 본 기억이 있을 것이다. 위의 프로그램에서 $i가 하는 역할이 바로 그 카운터와 같다. 즉, 한번 반복이 실행될 때마다 그 값이 바뀌면서 현재 반복이 몇 번이나 실행되었는지를 알려주는 역할을 하므로 이 변수를 카운터 변수라고 부른다.

이제 다시 정리를 해보자. 반복 횟수를 정확하게 지정해주는 while 문의 기본 형태는 다음과 같다.

```
$i = 1;
while ($i <= 반복횟수)
{
    실행할 문장;
    ...
    $i++;
}
```

단순하게 반복 횟수만 지정하는 경우라면 이 형태로 충분할 것이다. 하지만 좀 더 복잡한 경우를 생각해보자. 만약 1부터 10을 출력하는 것이 아니라 5부터 10까지 출력한다면 어떻게 될까? 다음과 같이 할 수 있을 것이다.

```
$i = 5;
while ($i <= 10)
{
    echo "$i ";
    $i++;
}
```

제일 처음에 있는 "$i = 1"을 "$i = 5"로 바꾸어 주면 된다는 것을 알 수 있다. 즉 반복문을 처음 시작할 때 $i가 가지는 값을 바꾸어 주면 출력을 시작하는 값을 조정할 수 있다. 그렇다면, 5부터 10이 아니라 5부터 20까지의 값을 출력해야 한다면 이 프로그램을 어떻게 고쳐야 할까? 다음과 같이 할 수 있을 것이다.

```
$i = 5;
while ($i <= 20)
{
    echo "$i ";
    $i++;
}
```

결국 위에서 정리한 while 문의 형식에서 "반복횟수"부분을 고치면 된다는 것인데, 엄밀히 얘기하면 그것이 반복횟수가 아니라 while 문의 반복 실행을 할 마지막 값을 의미하기 때문이다.

이제 마지막으로 한 가지 더 생각해 보자. 1부터 10까지 값을 찍기는 하는데 홀수 값만 찍고 싶다면 어떻게 해야 할까? 이것은 다음과 같이 가능하다.

```
$i = 1;
while ($i <= 10)
{
    echo "$i ";
    $i += 2;
}
```

달라진 부분은 $i++ 이 $i += 2로 바뀐 것이다. 찍어야 할 값이 1, 2, 3, 4처럼 1씩 증가하는 것이 아니라 1, 3, 5, 7 과 같이 2씩 증가해야 하기 때문이다.

이제 지금까지 배운 모든 것을 다 종합해서 문제 하나를 더 생각해보자. 3부터 30 까지 3의 배수를 출력하는 프로그램은 어떻게 작성하면 될까?

```
$i = 3;
while ($i <= 30)
{
    echo "$i ";
    $i += 3;
}
```

위의 프로그램은 우리의 첫 예제(1부터 10까지 정수 출력)와 비교해 보면, 세 부분이 바뀌었다. $i의 초기 값을 세팅하는 부분, 조건식, 그리고 $i 값을 증가시키는 부분이 그것이다. 따라서 지금까지 얘기한 내용들을 모두 정리해 보면 카운터 변수를 사용하는 while 문의 일반적인 활용 형태를 다음과 같이 정리할 수 있다.

```
$i = 시작 값;
while ($i <= 마지막 값)
{
    실행할 문장;
    ...
    $i += 증가분;
}
```

위의 형식은 카운터 변수를 $i로 고정해서 사용하고 있으므로, 좀 더 일반적인 형식으로 정리해보면 다음과 같다.

```
초기식;
while (조건식)
{
    문장;
    ...
    반복식;
}
```

즉, "$i = 시작 값"은 카운터 변수의 초기 값을 정하는 문장이므로 초기식이라고 부르고, while 뒤에 붙는 것은 조건식, 그리고 $i의 값을 증가시키는 부분은 매번의 반복 때마다 본래 실행하고 싶었던 문장들과 같이 실행되면서 카운터 변수의 값을 증가하거나 감소시키는 문장이므로, 반복식 또는 증감식이라고 부른다.

이 형태만 잘 기억하고 있으면 대부분의 경우에 이 형식에 값 또는 간단한 식만 채워 넣어 반복문을 구성할 수 있을 것이다.

이제 while 반복문을 활용한 사례를 하나 더 생각해보도록 하자. 예제 6-1에서는 1부터 10까지의 정수를 화면에 출력했었다. 이 프로그램을 고쳐서 1부터 10까지 정수들의 합계를 출력하는 프로그램으로 만들 수 있을까? 당연히 가능하다. 다음 프로그램을 보자.

 1부터 10까지 정수들의 합계를 출력하는 프로그램 (6-2.php)

```
1: <?
2:     $sum = 0;
3:     $i = 1;
4:     while ($i <= 10)
5:     {
6:         $sum += $i;
7:         $i++;
8:     }
9:     echo $sum;
10: ?>
```

실행결과

```
55
```

이 예제가 예제 6-1과 달라진 부분은 음영 처리된 부분뿐이다. 반복문을 이용해서 특정 범위의 숫자들의 합계를 구할 때는, 합계를 담을 변수($sum)를 만들어서 0으로 초기화하고, 카운터 변수를 원하는 범위에서 변화시켜 가면서, 그 값을 누적하는 방식을 사용한다. 즉, 카운터 변수 $i가 변화함에 따라 $sum에 어떤 값이 담기는 지를 정리하면 다음과 같다.

| $i의 값 | $sum의 값 | $sum에 담긴 값의 의미 |
| --- | --- | --- |
| 반복문 시작 전 | 0 | 0 |
| 1 | 1 | 0 + 1 |
| 2 | 3 | 0 + 1 + 2 |
| 3 | 6 | 0 + 1 + 2 + 3 |
| 4 | 10 | 0 + 1 + 2 + 3 + 4 |
| 5 | 15 | 0 + 1 + 2 + 3 + 4 + 5 |
| 6 | 21 | 0 + 1 + 2 + 3 + 4 + 5 + 6 |
| 7 | 28 | 0 + 1 + 2 + 3 + 4 + 5 + 6 + 7 |
| 8 | 36 | 0 + 1 + 2 + 3 + 4 + 5 + 6 + 7 + 8 |
| 9 | 45 | 0 + 1 + 2 + 3 + 4 + 5 + 6 + 7 + 8 + 9 |
| 10 | 55 | 0 + 1 + 2 + 3 + 4 + 5 + 6 + 7 + 8 + 9 + 10 |

1부터 10까지 정수들의 합계를 출력해 보았으니, 1부터 10까지 정수들의 곱을 출력하는 프로그램을 작성해 보도록 하자. 예제 6-2에서 크게 바뀌지 않으며, 사실 딱 두 글자만 수정하면 된다.

**예제 6-3** 1부터 10까지 정수들의 곱을 출력하는 프로그램 (6-3.php)

```
 1: <?
 2:     $fact = 1;
 3:     $i = 1;
 4:     while ($i <= 10)
 5:     {
 6:         $fact *= $i;
 7:         $i++;
 8:     }
 9:     echo $fact;
10: ?>
```

**실행결과**

```
3628800
```

변수의 이름이 $sum에서 $fact로 바뀐 것 외에는, 2행과 6행에 음영 처리된 두 글자만 바뀌었을 뿐이다. 6번 행은 우리가 하려는 계산이 곱셈이니 당연히 바뀐 것이다. 또한 합계를 계산할 때는 값을 누적하는 변수가 0부터 시작해야 하지만, 곱셈일 때 0으로 놓았다면 무엇을 곱해도 0이 될 것이다. 곱셈일 경우는 2번 행과 같이 초기 값을 1로 설정해야 한다.

## 6.2 for 반복문

위에서 보았듯이 while을 사용해서 반복 횟수를(정확히는 카운터 변수의 범위를) 정확히 지정해주려면 원래의 while 보다는 복잡한 형식을 가지게 된다. 따라서 이렇게 반복횟수를 지정하는 while 문을 좀 더 간단하게 쓸 수 있도록 해주는 반복문이 필요하게 되었는데, 이것이 for 반복문이다. for 반복문을 정확하게 이해하기 위해서는 while 문과 비교하면서 보는 것이 가장 빠르다.

| 구 분 | while | for |
|---|---|---|
| 형 식 | 초기식;<br>while (조건식)<br>{<br>    문장;<br>    …<br>    반복식;<br>} | for (초기식; 조건식; 반복식)<br>{<br>    문장;<br>} |
| 예 제 | $i = 1;<br>while ($i <= 100)<br>{<br>    echo $i;<br>    $i++;<br>} | for ($i = 1; $i <= 100; $i++)<br>{<br>    echo $i;<br>} |

두 반복문의 형식을 보면 쉽게 알 수 있겠지만, while 반복문은 초기식, 조건식, 반복식이 여기 저기 흩어져 있는데 비해, for 반복문은 for 뒤에 순서대로 모여 있다. 따라서 이 부분만 보아도 반복문이 어떻게 실행될 것인지를 쉽게 파악할 수 있고, 훨씬 정리가 잘 되어 있다는 느낌이 든다. 그래서 실제로도 프로그램에서 가장 많이 사용하는 반복문 형태가 for 이다.

하지만 프로그램을 능숙하게 하기 위해서는 거의 기계적으로 while 문과 for 문을 바로 바꿔 쓸 수 있도록 연습하는 것이 좋다. 즉, while 반복문으로 작성된 코드를 for로, for 반복문으로 작성된 코드를 while로 아무런 부담 없이 서로 변환할 수 있을 때까지 연습을 해두면 반복문의 특성과 동작을 더 깊게 이해하게 되고, 그것이 반복문을 사용하는 프로그램을 작성할 때 큰 도움이 된다.

이제 몇 가지 예제를 보면서 for 반복문을 정확하게 이해하고 있는지 확인해 보기 바란다. 왼쪽의 동작을 보고 for 반복문 코드를 빠르게 작성할 수 있고, 오른쪽의 코드를 보면서 어떤 동작을 하는 것인지 유추할 수 있어야 한다.

| 동 작 | 코 드 |
|---|---|
| 1~10인 정수 출력 | for ($i = 1; $i <= 10; $i++)<br>echo $i; |
| 5~10인 정수 출력 | for ($i = 5; $i <= 10; $i++)<br>echo $i; |
| 10~100인 정수 출력 | for ($i = 10; $i <= 100; $i++)<br>echo $i; |
| 1~10인 홀수 출력 | for ($i = 1; $i <= 10; $i += 2)<br>echo $i; |
| 1~10인 짝수 출력 | for ($i = 2; $i <= 10; $i += 2)<br>echo $i; |
| 3~20인 3의 배수 출력 | for ($i = 3; $i <= 20; $i += 3)<br>echo $i; |

for를 사용한 예제를 더 만들어보도록 하자. 우리는 4장의 연습문제에서 GET 방식으로 정수 값을 하나 입력받아 구구단을 출력하는 프로그램을 작성해 본 적이 있다. 그 때에는 반복문을 배우기 전이므로 9개의 echo 문을 사용하여 프로그램을 작성했으므로 아마도 다음과 같은 프로그램이었을 것이다.

```
<?
    $dan = $_GET[dan];

    echo "{$dan}단 구구단<br>";
    echo "$dan * 1 = " . ($dan * 1) . "<br>";
    echo "$dan * 2 = " . ($dan * 2) . "<br>";
    echo "$dan * 3 = " . ($dan * 3) . "<br>";
    echo "$dan * 4 = " . ($dan * 4) . "<br>";
    echo "$dan * 5 = " . ($dan * 5) . "<br>";
    echo "$dan * 6 = " . ($dan * 6) . "<br>";
    echo "$dan * 7 = " . ($dan * 7) . "<br>";
    echo "$dan * 8 = " . ($dan * 8) . "<br>";
    echo "$dan * 9 = " . ($dan * 9) . "<br>";
?>
```

프로그램을 살펴보면 비슷한 9개의 echo 문들이 있으며, 서로 다른 점은 각 행에 두 번씩 나오는 숫자가 1부터 9까지 바뀌는 것뿐임을 알 수 있다. 따라서 이 프로그램은 for를 사용하면 다음과 같이 간단해진다.

**예제 6-4** 구구단 한 단을 출력하는 프로그램 (6-4.php)

```
1: <?
2:     $dan = $_GET[dan];
3:
4:     echo "{$dan}단 구구단<br>";
5:     for ($i = 1; $i <= 9; $i++)
6:         echo "$dan * $i = " . ($dan * $i) . "<br>";
7: ?>
```

**실행결과** 3단을 출력하라고 값을 입력했을 경우

```
3단 구구단
3 * 1 = 3
3 * 2 = 6
3 * 3 = 9
3 * 4 = 12
3 * 5 = 15
3 * 6 = 18
3 * 7 = 21
3 * 8 = 24
3 * 9 = 27
```

6번 행의 echo 문을 보면, 숫자가 적혀 있던 자리에 대신 $i가 들어가 있음을 알 수 있다. 그리고 $i 값을 1부터 9까지 변화시켜 주기 위해 5번 행에서 for 문을 사용하였다.

자, 이제 마지막으로 방금 작성한 구구단 한 단을 출력하는 프로그램을 이용하여 2단부터 9단까지 전체 구구단을 출력하는 프로그램을 만들어 보도록 하자. 이를 위하여 먼저 위의 예제의 4~6번 행을 살펴보아야 한다.

```
4:     echo "{$dan}단 구구단<br>";
5:     for ($i = 1; $i <= 9; $i++)
6:         echo "$dan * $i = " . ($dan * $i) . "<br>";
```

이 세 줄의 코드는 $dan에 해당하는 구구단 한 단을 출력하는 프로그램이다. 따라서 $dan이 2이면 2단을, 3이면 3단을 출력하는 식으로 동작할 것이다. 그렇다면 $dan 값을 2에서 9까지 변화시켜 가면서 위의 코드를 반복한다면 전체 구구단을 출력할 수 있을 것이다. 즉, 완성된 구구단 프로그램의 의사 코드(Pseudo Code)를 적어보면 다음과 같을 것이다.

```
for ($dan = 2; $dan <= 9; $dan++)
    구구단 한 단($dan)을 출력;   // 4~6번 행이 하는 동작
```

따라서 위의 의사 코드에 4~6번 행에 적힌 내용을 그대로 박아 넣으면 프로그램이 완성될 것이다. 다음과 같다.

**예제 6-5** 전체 구구단을 출력하는 프로그램 (6-5.php)

```
1: <?
2:     for ($dan = 2; $dan <= 9; $dan++)
3:     {
4:         echo "{$dan}단 구구단<br>";
5:         for ($i = 1; $i <= 9; $i++)
6:             echo "$dan * $i = " . ($dan * $i) . "<br>";
7:     }
8: ?>
```

**실행결과**

```
2단 구구단
2 * 1 = 2
2 * 2 = 4
2 * 3 = 6
...
9단 구구단
9 * 1 = 9
9 * 2 = 18
9 * 3 = 27
9 * 4 = 36
9 * 5 = 45
```

```
9 * 6 = 54
9 * 7 = 63
9 * 8 = 72
9 * 9 = 81
```

최종적으로 완성된 구구단 프로그램을 보면 for 반복문 안의 반복부에 다시 for가 나오는 것을 볼 수 있다. 이런 것을 이중 for 문이라고 부른다. for 뿐 아니라 while, do~while도 반복문 안에는 얼마든지 반복문이 계속해서 나올 수 있는데, 이런 형태의 반복문을 일반적으로 중첩 반복문(nested loop)이라고 부른다.

## 6.3 do~while 반복문

do~while 은 사실, 세 가지 반복문의 형태 중에서 가장 사용 빈도가 낮은 반복문이다. do~while 반복문은 기본적으로 while의 변형이라고 볼 수 있기 때문에 기본적인 동작은 while과 비슷하다. 즉, while 뒤의 조건식이 참이면 반복을 계속하고, 거짓이면 반복을 중단한다. 하지만 이렇게 동일하게 동작을 해도 do~while은 while이 뒤쪽에 있다는 구조적인 차이 때문에 반복부가 반드시 한번은 실행된다는 차이점을 가진다. 반복문의 형식과 예제를 비교해 보면 쉽게 이해할 수 있을 것이다.

| 구 분 | while | do - while |
|---|---|---|
| 형 식 | while (조건식)<br>　　문장; | do<br>{<br>　　문장;<br>} while (조건식); |
| 예 제 | $i = 0;<br>while ($i == 1)<br>{<br>　　echo "반복 중";<br>} | $i = 0;<br>do<br>{<br>　　echo "반복 중";<br>} while ($i == 1); |
| 실행결과 | 아무것도 출력되지 않음 | "반복 중"이라고 출력 |

위의 예제를 비교해 보자. 일단을 둘 다 $i값이 0으로 시작하고 $i 값을 바꿔주는 부분은 없다. 그런데 while 조건식에서 $i == 1인 동안만 반복을 한다고 했으므로 조건식은 처음부터 거짓이 될 것이라는 것을 짐작할 수 있다.

먼저 while 반복문은 "$i = 0;"을 한 뒤에 바로 조건식에서 $i값이 1인지 판단한다. 거짓이므로 당연히 반복문에서 바로 탈출하며, 따라서 화면엔 아무것도 출력되지 않는다.

그러나 do~while 은 약간 달라진다. "$i = 0;"을 넣고 나서 다음에 만나는 문장이 do 이다. 달리 뭘 어떻게 한다는 얘기가 따로 없다. 단지 반복되는 부분의 시작을 알릴뿐이다. 따라서 그냥 다음 줄로 진행을 하게 된다. 그리고 만나는 문장이 echo 문 이므로 화면에 "반복 중"이라고 출력하게 되는 것이다. 그 다음 줄에 가서야 while 조건식을 만나고 조건식이 거짓이라는 것을 알게 된다. 그러나 이미 화면에 출력은 한 상태이다. 그저 그 상태에서 반복을 중단할 수밖에 없는 것이다. 따라서 화면에 "반복 중"이라는 메시지가 한번은 출력된다.

즉, do~while 반복문은 처음 한번은 조건식에 관계없이 무조건 한번은 실행을 하고 싶은 경우에 사용된다. 사실 이런 경우가 아주 많지는 않기 때문에 사용빈도도 낮은 것이다. 하지만 파일 처리 등과 같은 상황에서 do~while 과 딱 맞는 상황이 가끔은 생기는데, 이럴 때 사용하면 프로그램이 좀 더 깨끗해진다.

## 6.4 break와 continue

break 문은 반복문 실행을 즉시 종료하고 반복문에서 탈출하는 명령이다. 즉, 반복 실행되는 코드의 중간에서, 특정한 상황이 되면 for 나 while에 적은 조건식과 관계없이 바로 반복을 중단해야 하는 경우에 사용한다. 예제를 보면서 break의 의미를 알아보자.

```php
1: <?
2:    for ($i = 1; $i <= 10; $i++)
3:    {
4:        echo "$i ";
5:        if ($i == 5)
6:            break;
7:    }
8: ?>
```

실행결과

```
1 2 3 4 5
```

이 프로그램에서 if 와 break가 없었다면 이 프로그램은 화면에 1부터 10까지의 정수를 출력했을 것이다. 그러나 $i의 값이 5였을 때 echo 문에 의해 이 값을 찍고 나면 바로 if 문을 만난다. 그리고 조건식이 참이므로 if에 달려있는 break를 실행한다. 즉, 반복문에서 빠져나가 버리는 것이다. 따라서 화면에는 1부터 5까지의 숫자만 출력된다.

continue 문은 어떤 면에서는 break와 비슷하고 어떤 면은 다르다. 즉, 반복문의 실행 흐름을 바꾼다는 점에서는 break와 같지만, break같이 그냥 반복문에서 빠져나가 버리는 것이 아니라, continue를 만나게 되면 조건식 부분으로 바로 이동하여 실행을 계속하게 된다. 역시 예제를 살펴보는 것이 이해가 빠를 것이다.

예제 6-7  continue의 사용 (6-7.php)

```php
1: <?
2:    for ($i = 1; $i <= 10; $i++)
3:    {
4:        if ($i <= 5)
5:            continue;
6:        echo "$i ";
7:    }
8: ?>
```

```
6 7 8 9 10
```

위의 프로그램 역시 if와 continue부분을 빼면 1부터 10까지의 숫자를 화면에 출력하는 프로그램이다. 그러나 $값이 1부터 5사이일 때는 if 조건식이 참이므로 continue를 실행하게 된다. 그러면 뒤에 있는 echo 로 넘어가지 않고 바로 다시 조건식 있는 부분으로 가 버리기 때문에 증감식에 의해 $i 값만 증가 될 뿐, "echo $i"는 실행되지 않는다. 즉, 1부터 5까지의 값은 화면에 출력되지 않지만 반복문은 계속 실행되는 것이다. 그리고 $i값이 6부터는 if 조건식이 거짓이어서 continue가 실행되지 않으므로, echo를 만나서 $i 값이 화면에 출력된다.

이제 break와 continue를 모두 사용한 예제를 하나 살펴보도록 하자.

**예제 6-8** break와 continue의 사용 (6-8.php)

```
 1: <?
 2:     for ($a = 1; $a <= 4; $a++)
 3:     {
 4:         if ($a == 2)
 5:             continue;
 6:         if ($a == 3)
 7:             break;
 8:         echo $a;
 9:     }
10: ?>
```



```
1
```

이 프로그램은 break과 continue를 사용하지 않았다면 화면에 1234를 출력하는 프로그램이다. 그런데 1을 찍고 나서 $a가 2일 때는 continue 때문에 echo문을 실행하지 않고 조건식이 있는 2번 행으로 실행 흐름이 이동한다. 또 $a가 3일 때는 아예 break를 통해 반복문에서 **빠져나와** 버리므로, 화면에는 1만 출력되는 것이다.

break나 continue는 사용 빈도가 아주 높은 편은 아니지만, 이것이 없이는 프로그램을 작성하기 어려운 경우가 종종 있으므로 사용법을 정확하게 이해하고 있어야 한다.

## 6.5 switch-case

switch 문은 하나의 변수 값에 따라 서로 다른 내용을 실행해야 하는 경우에 사용된다. 사실 switch 문이 없다고 해서 프로그램을 작성할 수 없는 것은 아니며, if ~ elseif 로 100% 똑같은 프로그램을 작성할 수 있다. 따라서 두 제어문을 비교해보면 사용법과 의미를 쉽게 알 수 있을 것이다.

| 구 분 | if − else if −else | switch |
|---|---|---|
| 예 제 | <pre>if ($a == 1)<br>    echo "one";<br>elseif ($a == 2)<br>    echo "two";<br>elseif ($a == 3)<br>    echo "three";<br>else<br>    echo "other";</pre> | <pre>switch ($a)<br>{<br>    case 1 : echo "one";<br>             break;<br>    case 2 : echo "two";<br>             break;<br>    case 3 : echo "three";<br>             break;<br>    default : echo "other";<br>}</pre> |

눈치 빠른 사람들은 두 예제가 완벽하게 동일한 동작을 하는 코드라는 얘기만 듣고도, 사용법을 알 수 있었을 것이다. 다만 주의할 것은, 모든 if ~ elseif 문을 switch로 바꿀 수 있는 것이 아니고 다음과 같은 조건이 만족될 때만 가능하다는 점이다.

- if ~ elseif ~ else 의 모든 조건식이 "변수 == 상수"의 형태이고
- 모든 조건식에 있는 변수가 하나(같은 변수) 일 때

　　왼쪽 예제의 조건식을 보면 "$a == 1", "$a == 2", "$a == 3"과 같이 모두 하나의 변수 값이 어떻게 달라지는 가에 따라 실행할 동작이 달라지는 경우라는 것을 알 수 있다. 이럴 때는 switch로 바꾸어 쓰는 것이 가능하며, 그렇게 바꾼 것이 오른쪽의 예제이다.

　　switch 다음에는 조건식에서 관심을 두던 변수가 들어간다. 그리고 각각의 조건식에 들어갔던 상수 값이 case 뒤에 붙게 되고, 그 뒤에 콜론(:)을 써준 뒤, 원래 실행하고 싶었던 문장들을 써주면 된다. 이 때 한 가지 주의할 것은, 각각의 case에 대한 코드가 끝나면 break를 써주어야 한다는 것이다. break를 써주지 않으면 말 그대로 달리는 자동차에 브레이크가 없는 셈이어서 계속해서 다음 문장까지 실행하게 된다. 예를 들어 다음과 같은 프로그램이 있다고 하자.

```
$a = 2;
switch ($a)
{
    case 1 : echo "one ";
    case 2 : echo "two ";
    case 3 : echo "three ";
    default : echo "other ";
}
```

　　이 프로그램은 화면에 two three other을 출력한다. two만 출력하고 마는 것이 아니다. switch-case 구조 자체는 어느 문장부터 실행을 시작할 것인가만 정해주는 것이지, 그 뒤에 어느 문장에서 실행을 끝낼 것인지는 알려주지 않는다. 이 예에서는 $a가 2이므로 case 2 뒤에 있는 "echo 'two';" 문장부터 실행을 시작해 주도록 할 뿐이지 그 뒤 책임은 지지 않는다. 그래서 멈추지 않고 그 다음 문장, 그 다음 다음 문장도 실행해 버리는 것이다. 이것을 막기 위해서는 각각의 case 가 끝나면 break를 적어서 switch-case 구조에서 탈출하도록 해주어야 한다. 즉, break 는 반복문에서 탈출할 뿐 아니라 switch 구조에서 탈출할 때도 사용된다.

1.  카운터 변수를 쓰는 while 문의 형식을 적어보시오.

2.  for 반복문의 형식을 적어보시오.

3.  while 반복문과 do~while 의 차이점은 무엇인가?

4.  break와 continue의 공통점과 차이점은 무엇인가?

5.  if ~ elseif로 작성된 코드를 switch로 바꿀 수 있는 조건은?

확인학습정답

1.  $i = 시작 값;
    while ($i <= 마지막 값)
    {
        실행할 문장;
        ...
        $i += 증가분;
    }

2.  for (초기식; 조건식; 반복식)
    {
        문장;
    }

3.  while은 반복 부분이 한 번도 실행되지 않을 수도 있지만, do-while은 반복부가 반드시 한 번은 실행된다.

4.  반복문의 흐름을 바꾸는 공통점이 있지만, break는 반복문에서 완전히 탈출할 때, continue는 반복을 계속할 때 사용한다는 차이점이 있다.

5.  if ~ elseif ~ else 의 모든 조건식이 "변수 == 상수"의 형태이고, 모든 조건식에 있는 변수가 하나(같은 변수) 일 때

## 연습문제

**1.** while 반복문을 이용하여 다음 프로그램들을 작성하시오.

ⓐ 1부터 20 사이의 짝수를 출력하는 프로그램

ⓑ 5부터 50까지 정수의 합을 계산하는 프로그램

**2-1.** 다음 프로그램을 for 반복문을 이용하여 작성하시오.

ⓐ 3, 6, 9, 12, … 와 같이 3부터 20 사이의 3의 배수를 출력하는 프로그램

ⓑ 10 부터 100까지 정수의 합을 계산하는 프로그램

ⓒ 1 + 3 + 5 + … + 19 와 같이 1부터 20까지 홀수의 합을 계산하는 프로그램

**2-2.** 이중 for문을 사용하여 다음과 같은 출력을 만드는 PHP 프로그램을 작성하시오. 단, 이 프로그램은 항상 높이가 5줄인 삼각형을 출력하는 것이 아니라 정수 값을 하나 입력받아, 그 값과 같은 높이를 가지는 삼각형을 출력해야 한다. 즉, 5가 입력되면 높이 5인 삼각형을, 10이 입력되면 높이 10인 삼각형을 출력한다.

```
*
**
***
****
*****
```

**3.** 위의 연습문제 1번의 ⓐ, ⓑ 번을 do~while 반복문으로 고쳐보시오.

**4.** 다음 프로그램은 1, 2, 3, 4, … 와 같이 무한 루프를 돌면서 숫자를 출력하는 프로그램이다. 조건식 부분은 손대지 말고, 반복부에 break를 사용하여 이 프로그램이 1부터 10까지의 정수만 출력하도록 고쳐보시오.

```
$i = 1;
while (true)
{
    echo $i;
    $i++;
}
```

**5.** 5장 연습문제 5번에서 풀어보았던 사칙연산 프로그램을 switch문을 이용하여 고쳐보시오.

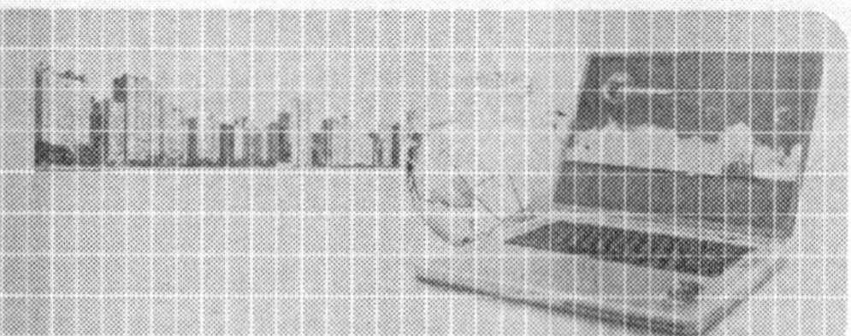


배열은 여러 개의 데이터를 묶어놓은 묶음이라고 할 수 있으며, 대부분 반복문과 함께 사용되어 대량의 자료처리를 용이하게 해 준다. 이 장에서는 배열의 개념과 활용 방법에 대해 공부한다. 이 장에서 다루는 내용은 다음과 같다.

### ⊕ 배열의 개념

배열의 개념과 기본적인 사용법을 공부한다.

### ⊕ 배열의 활용

배열을 이용하여 간단한 예제 프로그램을 작성하면서 배열의 개념을 확인하고 활용법을 익힌다.

### ⊕ 연관 배열과 활용

연관 배열의 개념과 사용법, 활용 방법을 살펴본다.

### ⊕ foreach 반복문

배열과 함께 간편하게 사용할 수 있는 반복문의 형태인 foreach를 살펴본다.

### ⊕ 다차원 배열

2차원 이상의 배열에 대한 개념을 이해하고 이를 활용한 프로그램을 작성해 본다.

## 7.1 배열의 개념

앞서 말했듯, 배열은 여러 개의 데이터를 하나의 이름으로 사용할 수 있도록 묶어놓은 묶음이라고 할 수 있다. 먼저, 배열이 필요한 예를 생각해보자. 만약 여러분이 작성하는 프로그램에서 한 학생의 점수를 처리하고 싶을 때는 다음과 같이 할 수 있을 것이다.

```
$a = 75;
echo $a;
```

한 사람의 점수를 $a라는 변수에 담기로 마음먹고, 이 변수에 그 사람의 점수인 75를 대입한 뒤 이 점수를 화면에 출력하였다. 이제 두 사람의 점수를 처리하는 프로그램을 생각해보자. 아래와 같이 할 수 있을 것이다.

```
$a0 = 75;
$a1 = 80;

echo $a0;
echo $a1;
```

첫 번째 사람의 점수를 담는 $a0라는 변수에 75점을 넣고, 두 번째 사람의 점수를 담는 $a1이라는 변수에 80 점을 넣은 뒤 출력했다. 이제 한반의 학생이 40명이라고 생각하고 이 40명의 점수를 처리하는 프로그램을 생각해 보자. 아마 배열이 없다면 아래와 같이 해야 할 것이다.

```
$a0 = 75;
$a1 = 80;
...
$a39 = 67;

echo $a0;
echo $a1;
...
echo $a39;
```

거의 같은 내용의 코드를 40번이나 반복해서 작성하여야 한다. 이렇게 프로그램을 짤 수는 없다는 것을 모두 공감하리라 생각한다. 게다가 그나마 40명이니 열심히 복사해서 붙여 넣고 고쳐서 이렇게 작성할 가능성이라도 있지, 수백 명의 데이터를 다루어야 할 때는 더더욱 이런 방식으로 프로그램을 작성할 수 없다. 바로 이런 때에 배열이 필요하게 된다.

배열을 만드는 것은 변수와 크게 다르지 않다. 예를 들어, 우리가 $a라는 변수를 만들면서 50이라는 값을 그 변수에 담고 싶으면 다음과 같이 했었다.

```
$a = 50;
```

만약 우리가 5명의 점수를 저장하는 배열을 만들고 싶다면 다음과 같이 할 수 있다.

```
$s[0] = 80;
$s[1] = 90;
$s[2] = 70;
$s[3] = 65;
$s[4] = 85;
```

이렇게 배열을 만들게 되면 다음 그림과 같은 연속된 변수 덩어리가 생긴다.

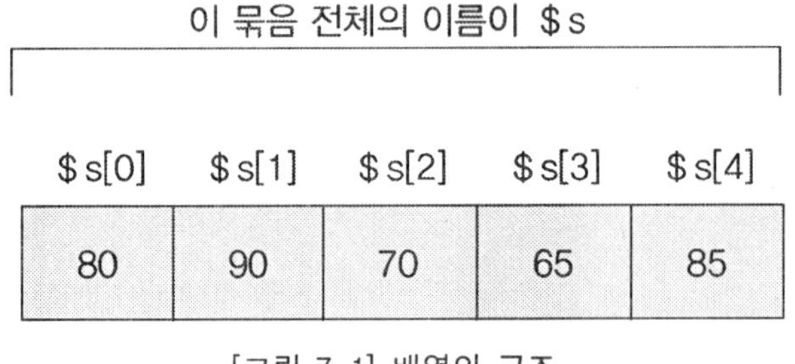


[그림 7-1] 배열의 구조

이 배열의 이름은 $s이다. 주의할 점은, $s는 배열을 구성하는 어느 한 칸에 대한 이름이 아니며, 5 개의 데이터 묶음에 대한 이름이라는 것이다. 배열을 구성하는 각각의 칸은 하나의 변수와 똑같은 역할을 하는데, 이것을 배열의 아이템(Item, 원소)이라 한다. 또, "[ ]" 사이에 적힌 숫자는 묶음에 속한 각각의 칸에 대한 주소 역할을 하며, 흔히 인덱스

(Index, 첨자)라 부른다.

배열에 속한 한 아이템을 사용하는 방법은 일반 변수를 사용하는 것과 크게 다르지 않다. 즉, $s[1] 이나 $s[3]은 $a와 같은 하나의 변수처럼 사용될 수 있다. 예를 들어 $s[3]에 담긴 값을 화면에 출력하는 문장은 다음과 같다.

```
echo $s[3];
```

그럼 이제 의문이 하나 생길 것이다. 일반 변수를 만들어서 쓰는 것처럼 배열을 사용할 것이라면, 왜 괜히 "[ ]"를 타이핑하는데 힘만 더 뿐인 배열을 쓰는가? 사실 배열을 만들어 쓰는 것이 큰 장점을 가지는 것은 다음과 같은 사용이 가능하기 때문이다.

```
$i = 3;
echo $s[$i];
```

역시 바로 위의 코드와 마찬가지로 $s[3]에 들어 있는 값을 화면에 출력하는 코드이다. 그런데, $s[3]을 직접 쓰지 않고 일단 $i 에 3을 넣은 뒤 $s[$i]와 같은 형태로 사용했다. 배열의 "[ ]" 안에 써넣는 첨자는 상수 뿐 아니라, 변수 또는 수식도 사용할 수 있으며, 바로 이것이 배열의 편리한 점이다. 위의 코드에서는 한 줄로 써도 되는 것을 두 줄로 써서 오히려 불편해 보이는데, 무엇이 편하냐고? 이제부터 그 이유를 살펴보자.

## 7.2 배열의 활용

편의상 한반에 5명의 학생이 있다고 하고, 이 학생들의 성적처리를 하는 프로그램을 생각해 보자. 먼저 배열을 쓰지 않고 만들어 보도록 하겠다.

**예제 7-1** 배열을 이용하지 않은 성적처리 (7-1.php)

```
1: <?
2:     $s0 = 80;
3:     $s1 = 90;
4:     $s2 = 70;
5:     $s3 = 65;
```

```
 6:     $s4 = 85;
 7:
 8:     echo "각 학생들의 점수 : $s0, $s1, $s2, $s3, $s4, <br>";
 9:
10:     $sum = $s0 + $s1 + $s2 + $s3 + $s4;
11:     $avg = $sum / 5;
12:
13:     echo "총점 : $sum<br>";
14:     echo "평균 : $avg<br>";
15: ?>
```

**실행결과**

```
각 학생들의 점수 : 80, 90, 70, 65, 85,
총점 : 390
평균 : 78
```

$s0 부터 $s4 까지 5개의 변수는 각 학생의 점수를 위한 것이다. 이 프로그램은 먼저 이 변수들에 각각 학생들의 점수를 설정하고, $sum이라는 변수에 그 점수들의 합계를, $avg라는 변수에 평균 점수를 계산해 넣은 뒤, 이 값들을 화면에 출력한다.

이 프로그램을 한번 생각해보자. 5명의 데이터를 처리하기 위해서 5개의 변수 값을 일일이 설정하고, 합계를 구할 때도 그 변수들을 모두 일일이 적어서 덧셈을 해야 했다. 출력할 때도 마찬가지였다. 그나마 학생들 수가 5명이니 이 정도였지, 만약 이 프로그램을 고쳐서 40명의 점수를 처리하는 프로그램으로 바꾼다면 어떻게 해야 할까? 생각만 해도 끔찍하지 않은가?

자, 그럼 이제 배열을 사용해서 이 프로그램을 바꾸고, 얼마나 편하고 좋아지는지 확인해 보자. 2~6행에서 학생의 점수를 대입하는 부분을 배열을 사용하도록 바꾸면 다음과 같이 할 수 있다.

```
$s[0] = 80;
$s[1] = 90;
$s[2] = 70;
$s[3] = 65;
$s[4] = 85;
```

별로 더 나아진 점이 보이지 않는다. 그러나 PHP에서는 배열의 값을 초기화하는 더욱 간편한 방법을 제공하고 있다. array 함수를 이용하면 이 5줄의 코드를 다음과 같이 한 줄로 바꿀 수 있다.

```
$s = array(80, 90, 70, 65, 85);
```

이렇게 배열을 정의하게 되면, 우리가 원하는 대로 80은 $s[0], 90은 $s[1]과 같이 0번 칸부터 순서대로 배열 $s의 각 칸에 값들이 대입된다.

다음으로, 8행에서 각각의 점수를 화면에 출력하는 부분을 보자. 이 부분 역시 다음과 같이 단순하게 바꿀 수는 있다.

```
echo "각 학생들의 점수 : $s[0], $s[1], $s[2], $s[3], $s[4], <br>";
```

그러나 앞서 얘기했듯 큰 문제가 있다. 지금 우리가 하고 있는 예제는 단지 5명의 점수만을 처리하지만, 제대로 된 성적처리 프로그램이라면 수십 명 또는 수백 명 이상의 점수를 처리할 수 있어야 하는데, 이런 식으로 프로그램을 작성한다면 모든 배열의 항목을 출력하도록 일일이 손으로 써주어야 한다. 예를 들어 40명의 점수를 출력한다면 다음과 같을 것이다.

```
echo "각 학생들의 점수 : $s[0], $s[1], $s[2], ... , $s[38], $s[39], <br>";
```

이것은 해결하는 방법은 배열과 for를 같이 활용하는 것이다, 다음과 같이 바꿀 수 있다.

```
echo "각 학생들의 점수 : ";
for ($i = 0; $i < 5; $i++)
    echo "$s[$i], ";
echo "<br>";
```

물론 처음 제시한 예제보다 코드의 줄 수는 더 많다. 그러나 이렇게 프로그램을 짜두면 학생 수가 아무리 늘어도 for의 조건식에 있는 "5"만 해당하는 학생 수로 고쳐줌으로써 문제를 모두 해결할 수 있다. 학생수가 40명으로 늘면 4를 40으로, 80명으로 늘면 80으로 바꾸어 주면 그 뿐이다. 학생 수가 아무리 늘어도 프로그램에 큰 변화 없이 대응이 가능한 것이다.

이것은 배열의 인덱스에 상수가 아니라 변수도 사용할 수 있기 때문에 생기는 효과이며, 바로 이것이 배열을 이용하는 주된 이유이다. 사실 반복문과 함께 사용할 것이 아니라면 배열을 만들어서 쓰든, 일반 변수를 여러 개 만들어서 쓰든 별로 차이가 없다.

사실 여기서 한 가지 더 고쳐줄 것이 있다. 이 프로그램은 성적을 처리할 학생 수가 바뀌면 for 반복문의 조건식의 숫자를 직접 고쳐줘야 한다고 했었는데, 사실 그럴 필요가 없도록 프로그램을 짤 수 있다. PHP는 count()라는 함수를 제공하는데 이것이 배열의 크기, 즉 배열이 몇 칸으로 되어 있는지를 알려주는 함수이다. 이것을 사용해서 코드를 완성하면 다음과 같이 된다.

```
echo "각 학생들의 점수 : ";
for ($i = 0; $i < count($s); $i++)
    echo "$s[$i], ";
echo "<br>";
```

이제는 처리할 사람 수가 아무리 많아도 이 부분의 코드는 손을 댈 필요가 없다.

다음으로, 10행에서 총점을 계산하는 부분을 보자. 이 부분 역시 일반 변수를 단순히 배열로만 고치면 다음과 같이 된다.

```
$sum = $s[0] + $s[1] + $s[2] + $s[3] + $s[4];
```

역시 학생 수가 바뀌면 프로그램을 고치기 힘들어지니 좋은 방법이 아니다. 줄 수가 좀
늘더라도 for문을 사용해서 다음과 같이 하는 것이 좋겠다.

```
$sum = 0;
for ($i = 0; $i < count($s); $i++)
    $sum += $s[$i];
```

이 코드가 어떻게 동작하는지 생각해 보자. 먼저 $sum 은 0 으로 만들어 둔다. 그리고
$i의 값을 0부터 4까지 바꾸어 가면서 $sum += $s[$i];을 실행하는 것이다. 즉, 이 반복
문이 실제로 어떤 동작을 할지를 풀어서 쓰면 다음과 같다.

```
$sum = 0;
$sum += $s[0];
$sum += $s[1];
$sum += $s[2];
$sum += $s[3];
$sum += $s[4];
```

아마도 이렇게 풀어쓴 프로그램을 보면 이해가 갈 것이다. 처음에 $sum 은 0이었는데
여기에 $s[0]값을 더해서 다시 $sum에 넣는다. 즉, $sum 에는 0 + $s[0] 의 값이 들어있
는 것이다. 이제 여기에 $s[1]값을 더해서 $sum 에 넣는다. 그러면 $sum 에 들어있는 값
은 0 + $s[0] + $s[1] 이 되는 것이다. 이런 식으로 마지막 줄까지 실행하고 나면, $sum
에 들어있는 값은 0 + $s[0] + $s[1] + $s[2] + $s[3] + $s[4]이 된다. 우리가 원하는
총점 값이다.

그 다음, 11행의 **평균**을 구하는 부분은 간단하다. $sum에 담긴 총점을 사람 수, 즉 배
열의 칸 수로 나누어 주면 계산된다.

```
$avg = $sum / count($s);
```

마지막으로 총점과 **평균**을 찍는 부분은 달라질 것이 없다. 이렇게 배열을 사용하는 버
전으로 변경된 성적처리 프로그램을 정리하면 다음과 같다.

```php
$s = array(80, 90, 70, 65, 85);

echo "각 학생들의 점수 : ";
for ($i = 0; $i < count($s); $i++)
    echo "$s[0], ";
echo "<br>";

$sum = 0;
for ($i = 0; $i < count($s); $i++)
    $sum += $s[$i];

$avg = $sum / count($s);

echo "총점 : $sum<br>";
echo "평균 : $avg<br>";
```

　자, 이제 배열을 사용한 성적처리 프로그램이 만들어 졌다. 이 프로그램은 처리할 학생 수가 바뀌어도, 첫 줄의 배열 초기화 부분에 각 학생의 점수만 추가하면 다른 부분은 전혀 손을 대지 않아도 잘 동작한다.

　마지막으로 한 가지 더, 필수적인 것은 아니지만 프로그램을 좀 더 정리할 방법을 생각해보자. 위 프로그램을 가만히 보면 밑줄 친 부분들에서 똑같은 for 반복문을 연달아 두 번이나 쓰고 있는 것을 알 수 있는데, 이런 경우라면 그 두 반복문을 하나로 합쳐 한 번의 반복에서 점수를 출력하면서 합계를 계산하도록 해도 큰 문제가 없다. 따라서 성적처리 프로그램은 최종적으로 다음과 같이 정리될 수 있다.

**예제 7-2** 배열을 이용한 성적처리 (7-2.php)

```php
1: <?
2:     $s = array(80, 90, 70, 65, 85);
3:
4:     echo "각 학생들의 점수 : ";
5:     $sum = 0;
6:     for ($i = 0; $i < count($s); $i++)
7:     {
```

```
 8:        echo "$s[$i], ";
 9:        $sum += $s[$i];
10:    }
11:    echo "<br>";
12:    $avg = $sum / count($s);
13:
14:    echo "총점 : $sum<br>";
15:    echo "평균 : $avg<br>";
16: ?>
```



```
각 학생들의 점수 : 80, 90, 70, 65, 85,
총점 : 390
평균 : 78
```

배열을 사용하는 간단한 예를 하나 몇 가지 더 보자. 크기 5인 정수 배열에 1, 3, 5, 7, 9를 대입하려면 어떻게 해야 할까? 다음 프로그램을 보자.

**예제 7-3** 배열에 규칙적인 값 대입 (7-3.php)

```
1: <?
2:    for ($i = 0; $i < 5; $i++)
3:        $a[$i] = 2 * $i + 1;
4:
5:    for ($i = 0; $i < 5; $i++)
6:        echo "$a[$i] ";
7: ?>
```



```
1 3 5 7 9
```

2번 행의 반복문은 카운터 변수인 $i를 0, 1, 2, 3, 4로 바꾸면서 3번 행의 문장을 실행한다. 그리고 배열의 각 칸에 "2 * $i + 1" 값을 넣어 주면, 우리가 원하는 대로, 1, 3, 5, 7, 9가 순서대로 들어가게 된다.

다른 예로 배열에 임의의 값들이 들어있다고 할 때, 그 값들 중 최대값과 최소값을 출력하는 프로그램을 생각해 보자. 다음과 같이 작성할 수 있을 것이다.

**예제 7-4** 배열에서 최대값과 최소값 계산 (7-4.php)

```
 1: <?
 2:     $a = array(10, 74, 25, 47, 66, 29, 5);
 3:
 4:     $maxv = $a[0];
 5:     $minv = $a[0];
 6:
 7:     for ($i = 1; $i < count($a); $i++)
 8:     {
 9:         if ($a[$i] > $maxv)
10:             $maxv = $a[$i];
11:         if ($a[$i] < $minv)
12:             $minv = $a[$i];
13:     }
14:
15:     echo "최대값 : $maxv<br>";
16:     echo "최소값 : $minv<br>";
17: ?>
```

**실행결과**

```
최대값 : 74
최소값 : 5
```

이 프로그램에서 최종적으로 최대값은 $maxv에, 최소값은 $minv에 담기게 되는데, 4~5번 행에서 일단 배열의 0번째 칸의 값을 이 두 변수에 넣는다. 처음에는 0번째 칸에 담긴 값이 최대값이자 최소값이라고 놓고 시작하는 것이다.

그 다음 7~13행에 있는 for 반복문에서는 배열의 1번째 칸부터 마지막 칸까지 훑어가면서, $i번째 칸에 있는 값이 혹시 최대값보다 크다면 이것이 새로운 최대값이라고 설정하고, $i번째 칸에 있는 값이 혹시 최소값보다 작다면 이것이 새로운 최소값이라고 설정하게 된다. 이 작업을 배열의 마지막 칸까지 했을 때 $maxv와 $minv에 남아 있는 값이 최대값과 최소값이 되는 것이다.

이번에는 5명분의 학번과 전화번호를 기억하여두었다가 특정 학번을 입력하면 그 사람의 전화번호를 출력하는 간단한 전화번호부 프로그램을 작성해 보자. 실제로 사용할 수 있는 전화번호부라면 데이터베이스를 이용해야 할 테지만, 여기서는 학번과 전화번호들을 배열에 넣어두기로 한다.

**예제 7-5** 간단한 전화번호부 (7-5.php)

```php
 1: <?
 2:     $sid = $_GET[sid];
 3:
 4:     $id = array("201201", "201202", "201203", "201204", "201205");
 5:     $ph = array("111-2222", "234-5678", "346-3353", "223-4633",
 6:             "242-4532");
 7:
 8:     echo "찾는 사람 학번 : $sid<br>";
 9:
10:     for ($i = 0; $i < count($id); $i++)
11:         if ($sid == $id[$i])
12:         {
13:             echo "전화번호 : $ph[$i]";
14:             break;
15:         }
16:
17:     if ($i >= count($id))
18:         echo "찾는 사람이 없습니다.";
19: ?>
```

**실행결과**

```
찾는 사람 학번 : 201203
전화번호 : 346-3353
```

이 프로그램은 찾을 사람의 학번을 GET 방식으로 sid에 전달받는다. 4번 행은 5명분의 학번을 배열에 담는 문장이고, 5~6번 행은 이에 대응하는 각 학생의 전화번호를 배열에 담는 문장이다.

이 프로그램의 핵심 부분은 10~15 행이다. 카운터 변수를 0부터 배열의 마지막 칸 번호까지 변화 시켜 가면서 11행에 있는 조건식을 통해 입력받은 학번과 $id[$i]에 들어있는 학번이 같은지를 검사하는 것이다. 만약 같은 학번이 발견되었으면, $ph 배열의 $i 번째 칸에 있는 것이 그 학생의 전화번호이므로 이것을 출력한다.

여기서 한 가지 생각해 볼 점은 14번 행에서 군이 break를 써 준 점이다. 이 프로그램은 5명분의 데이터만 가지고 있지만, 만약 만 명분의 데이터를 가지고 있고, 제일 첫 번째 칸에서 그 학번을 발견했다고 가정해보자. 나머지 9,999명의 데이터는 사실 비교할 필요가 없다. 따라서 검색에 성공했을 때는 break를 통해 반복문에서 빠져나오도록 하는 것이 올바른 프로그래밍 방법이다. break가 없다고 해서 이 반복문이 실행되는데 큰 문제는 없겠지만, 쓸데없이 반복문을 실행하면서 시간과 자원을 낭비하게 된다.

마지막 부분의 17~18번 행은 찾는 사람이 배열에 없을 경우, 찾는 사람이 없다는 메시지를 출력하기 위한 것이다. 원하는 사람을 찾았을 경우 14번 행에서 break를 하기 때문에, 17번 행에서 $i 값을 찍어보면 찾은 사람의 학번이 위치한 칸의 번호를 그대로 가지고 있을 것이다. 하지만 배열의 마지막 칸까지 뒤져도 찾는 사람이 없었다면, $i 값이 배열의 크기와 같은 값까지 증가했을 것이고, 따라서 10번 행 for문의 조건식에 걸려서 반복문을 중단했을 것이다. 이러한 상황을 종합해보면, 17번 행에서 $i 값이 배열의 크기와 같거나 크다는 사실은 검색이 실패했을 것이라고 확신할 수 있다. 이러한 이유로 ($i >= count($id))라는 조건식으로 검색이 실패했는지를 검사한 것이다.

## 7.3 연관 배열과 활용

대부분의 프로그래밍 언어에서는 배열의 인덱스에 숫자를 사용한다. 그러나 PHP를 비롯한 몇몇 언어들은 인덱스로 문자열을 사용하는 배열을 지원한다. 이러한 형태의 배열을 연관 배열(associative array)라고 한다. 예를 들면 다음과 같다.

```
$user[id] = "hong";
$user[name] = "홍길동";
$user[addr] = "서울";
$user[phone] = "111-2222";
```

앞에서 얘기한 일반적인 배열을 잘 이해한 사람이라면, 이 예제만 보아도 연관 배열이 무엇인지 쉽게 이해할 수 있을 것이다. 앞서 말했듯 배열의 인덱스에 문자열을 쓴 것 말고는 큰 차이가 없다. 연관 배열이 숫자로 인덱스를 쓴 일반 배열에 비해 좋은 점은 그 이름만 보고도 의미를 쉽게 파악할 수 있다는 것이다. $user[1] 이라고 하면 그 안에 들어 있는 값이 무언지 잘 모르겠지만, $user[name] 이라고 하면 그 안에 이름이 있으리라는 것을 쉽게 짐작할 수 있게 된다.

사실 연관 배열을 초기화 하는 위의 코드는 다음과 같이 줄여 쓸 수 있다.

```
$user = array("id" => "hong",
              "name" => "홍길동",
              "addr" => "서울",
              "phone" => "111-2222");
```

인덱스가 숫자인 일반 배열을 그 값들만 줄줄이 써넣어 주면 간단하게 초기화가 되지만 연관 배열은 인덱스가 문자열이므로 위와 같이 일일이 인덱스 문자열을 써주어야 제대로 초기화를 할 수 있다.

연관 배열을 사용할 때 한 가지 주의할 점은 배열의 인덱스를 쓸 때 가급적 PHP 예약어를 사용하지 않는 것이 좋다는 것이다. 예를 들어 다음과 같은 문장은 오류를 발생시킨다.

```
$user[if] = "될까요?";
```

굳이 인덱스를 "if"로 사용하고 싶다면 인덱스에 홑 따옴표나 겹 따옴표를 붙여 이것이 PHP 예약어가 아니라 인덱스로 사용할 문자열이라는 사실을 알려주어야 한다. 즉 $user['if'] 또는 $user["if"]를 사용하면 문제없이 동작한다. 다음 세 문장은 같은 의미를 가진다.

```
$user[id] = "hong";
$user['id'] = "hong";
$user["id"] = "hong";
```

　연관 배열을 배웠으니 한 가지 더 이야기해야 하는 것이 있다. 외부로부터 값을 전달받을 때 사용하는 $_GET과 $_POST이다. 앞에서는 width라는 이름으로 GET 방식을 통해 전달된 값이 있다면 $_GET[width] 라는 변수에서 꺼내 쓰면 된다는 식으로 이해하고 넘어가고, 나중에 정확한 설명을 한다고 했었다. 이제 여러분은 이해할 수 있을 것이다.

　결론적으로 PHP 엔진은 GET 방식으로 전달된 값들은 $_GET이라는 이름의 연관 배열에, POST 방식으로 전달된 값들은 $_POST라는 이름의 연관 배열에 담아 프로그램에 전달해 준다. 그리고 전달되는 값들의 인덱스는 그 값의 이름으로 정해지는 것이다. 즉 $_GET[width]는 GET 방식으로 전달된 값들이 담겨있는 연관 배열인 $_GET에서 'width'라는 인덱스를 가진 칸의 값을 얻어내겠다는 의미가 된다. 이것을 그림으로 표시하면 다음과 같다.

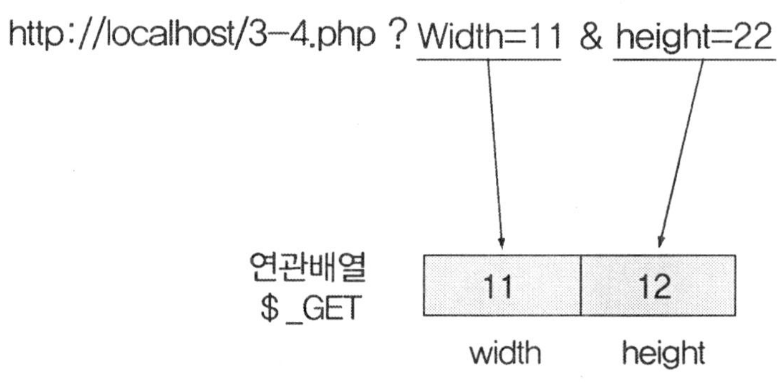


[그림 7-2] $_GET의 구성

　마지막으로 연관 배열과 관련 있는 extract라는 함수를 살펴보도록 하자. 이 함수는 연관 배열을 분석해서 한 무리의 일반 변수를 만든다. 이 때 만들어지는 변수의 이름은 배열의 인덱스 이름과 같아진다. 다음 예제를 보자.

```php
 1: <?
 2:     $user[id] = "hong";
 3:     $user[name] = "홍길동";
 4:     $user[addr] = "서울";
 5:     $user[phone] = "111-2222";
 6:
 7:     extract($user);
 8:
 9:     echo "$id<br>";
10:     echo "$name<br>";
11:     echo "$addr<br>";
12:     echo "$phone<br>";
13: ?>
```

실행결과

```
hong
홍길동
서울
111-2222
```

　주의해서 볼 부분은 extract 다음의 echo 문들(9~12행)이다. 특히 출력하는 변수를 유
심히 보자. $id, $name, $addr, $phone은 우리가 정의한 적 없는 변수들인데 값이 출력
이 되고 있다. 이것이 extract 함수가 한 일이다. 즉, extract 함수는 지정된 연관 배열인
$user를 분석하여 "id"라는 인덱스에 "hong"이라는 값이 들어 있는 것을 보면 "$id =
'hong';"을 실행하여 $id라는 변수를 만들어 준다. 이러한 작업은 모든 인덱스에 대해 똑
같이 수행되므로 4개의 새로운 변수가 만들어진 것이다.

　이제 원래 이야기로 돌아와서 $_GET과 $_POST 생각을 해 보자. 많은 프로그래머들
이 외부로부터 전달된 값을 꺼내 쓰기 위해 $_GET과 $_POST를 일일이 써주는 것을 귀
찮아한다. 그럴 경우 종종 사용되는 방법은 프로그램 선두에 다음과 같은 2 줄을 써 주
는 것이다.

```
extract($_GET);
extract($_POST);
```

이렇게 해 주면 그 아래쪽에서는 일일이 $_GET과 $_POST를 쓰지 않고, 전달된 값의 이름과 같은 변수를 바로 사용할 수 있게 된다. 즉, $_GET[width]라고 쓰지 않고 $width 라는 변수를 바로 사용할 수 있다.

하지만 이런 방법이 권장되지는 않는다는 점에 주의하기 바란다. exract를 쓰면 프로그 래밍을 간편하게 할 수는 있지만 프로그램에 보안상 취약점이 생길 수 있다. 따라서 이 책에서는 GET 또는 POST 방식으로 전달되는 값은 일일이 $_GET과 $_POST를 직접 써 서 값을 뽑아낼 것이다.

## 7.4 foreach 반복문

앞서 6장에서 우리는 while, for, do-while이라는 세 가지 형태의 반복문을 살펴보았 다. 사실 PHP에는 반복문의 형태가 하나 더 있는데, 그것이 foreach 반복문이다. 이 반 복문을 6장에서 다루지 않았던 것은 foreach 반복문은 배열에만 사용하기 때문에, 배열 을 먼저 배워야 설명이 가능하다는 점 때문이었다. 이제 배열을 모두 공부했으니, foreach 반복문에 대해서 공부해보도록 하자. foreach 반복문의 형태는 다음과 같다.

```
foreach (배열 as 변수)
{
    문장;
    ...
}
```

foreach는 지정된 배열의 첫 번째 아이템부터 마지막 것까지 차례차례 꺼내어 지정된 변수에 넣으면서 반복을 수행한다. 다음 예제를 보자.

```
1: <?
2:     $s = array(80, 90, 70, 65, 85);
3:
4:     foreach ($s as $d)
5:         echo "$d, ";
6: ?>
```

실행결과

```
80, 90, 70, 65, 85,
```

예제의 foreach 반복문은 배열 $에서 값들을 순서대로 꺼내어 $d에 넣고 echo문을 반복 수행한다. 즉, 처음에는 $s의 0번째 값인 80을 꺼내어 $d에 넣은 뒤 echo를 실행하고, 다음에는 $s의 1번째 값인 90을 꺼내어 $d에 넣은 뒤 echo를 실행하는 일을 마지막 아이템까지 반복하는 것이다. 즉, 이 프로그램은 다음 프로그램과 완전히 똑같은 작업을 수행한다.

예제 7-8  예제 7-7과 동일한 동작을 하는 for 반복문 (7-8.php)

```
1: <?
2:     $s = array(80, 90, 70, 65, 85);
3:
4:     for ($i = 0; $i < count($s); $i++)
5:     {
6:         $d = $s[$i];
7:         echo "$d,";
8:     }
9: ?>
```

실행결과

```
80, 90, 70, 65, 85,
```

예제 7-7의 프로그램이 더 간단하고 깔끔하다는 것을 알 수 있다. 이렇게 배열의 모든 아이템들을 순서대로, 빠짐없이 모두 훑어가면서 반복을 수행해야 하는 경우에 foreach 를 사용하면 프로그램을 좀 더 깔끔하게 작성할 수 있다.

## 7.5 다차원 배열

우리는 앞의 예제 7-2에서 5명의 성적을 처리하는 간단한 성적처리 프로그램을 작성하였다. 그런데, 5명 정원인 한 반의 성적처리 프로그램이고, 그런 학급이 3개가 있어서 3학급 모두의 성적을 처리해야 한다면 어떻게 프로그램을 작성해야 할까? 아마도 그 동안 우리가 배운 것만 가지고 프로그램을 작성한다면 다음과 같이 할 수밖에 없을 것이다.

예제 7-9  3 학급을 위한 성적처리 프로그램 (7-9.php)

```
 1: <?
 2:    $s0 = array(80, 90, 70, 65, 85);
 3:    $s1 = array(60, 80, 86, 96, 46);
 4:    $s2 = array(67, 56, 78, 85, 60);
 5:
 6:    echo "1반 학생들의 점수 : ";
 7:    $sum = 0;
 8:    for ($i = 0; $i < count($s0); $i++)
 9:    {
10:       echo "$s0[$i], ";
11:       $sum += $s0[$i];
12:    }
13:    echo "<br>";
14:    $avg = $sum / count($s0);
15:
16:    echo "총점 : $sum<br>";
17:    echo "평균 : $avg<br>";
18:
19:    echo "2반 학생들의 점수 : ";
20:    $sum = 0;
21:    for ($i = 0; $i < count($s1); $i++)
```

```
22:     {
23:         echo "$s1[$i], ";
24:         $sum += $s1[$i];
25:     }
26:     echo "<br>";
27:     $avg = $sum / count($s1);
28:
29:     echo "총점 : $sum<br>";
30:     echo "평균 : $avg<br>";
31:
32:     echo "3반 학생들의 점수 : ";
33:     $sum = 0;
34:     for ($i = 0; $i < count($s2); $i++)
35:     {
36:         echo "$s2[$i], ";
37:         $sum += $s2[$i];
38:     }
39:     echo "<br>";
40:     $avg = $sum / count($s2);
41:
42:     echo "총점 : $sum<br>";
43:     echo "평균 : $avg<br>";
44: ?>
```

**실행결과**

```
1반 학생들의 점수 : 80, 90, 70, 65, 85,
총점 : 390
평균 : 78
2반 학생들의 점수 : 60, 80, 86, 96, 46,
총점 : 368
평균 : 73.6
3반 학생들의 점수 : 67, 56, 78, 85, 60,
총점 : 346
평균 : 69.2
```

먼저, 2~4행을 보자. 한 학급의 점수는 하나의 배열로 처리 가능하지만, 그런 학급이 3개가 있기 때문에 3개의 배열을 정의하였다. 그런데 그렇게 배열을 만들어 놓고 나면,

우리가 배열이 아닌 일반 변수를 여러 개 정의하여 사용할 때와 똑같은 문제가 발생한다.

6~17행, 19~30행, 32~43행의 내용을 비교해 보자. 다른 내용은 모두 똑같은데 단지 배열의 이름만 $s0, $s1, $s2로 바뀌게 되는 문제가 있는 것이다. 이런 상황을 해결할 방법은 없는 걸까?

당연히 방법이 있다. PHP에서는 다른 언어와 마찬가지로 2차원 배열을 사용할 수 있다. 2차원 배열을 간단히 설명하면 "배열의 배열"이라고 할 수 있다. 즉, 그동안 우리가 보아온 배열은 "값들의 배열"인데, 2차원 배열은 각각의 칸에 값이 아니라 배열이 들어간 형태라고 생각할 수 있는 것이다. 이 상황에 맞는 2차원 배열은 다음과 같이 정의할 수 있다.

```php
$s = array(
        array(80, 90, 70, 65, 85),
        array(60, 80, 86, 96, 46),
        array(67, 56, 78, 85, 60)
    );
```

이 배열은 다음과 같은 형태로 메모리에 저장된다.

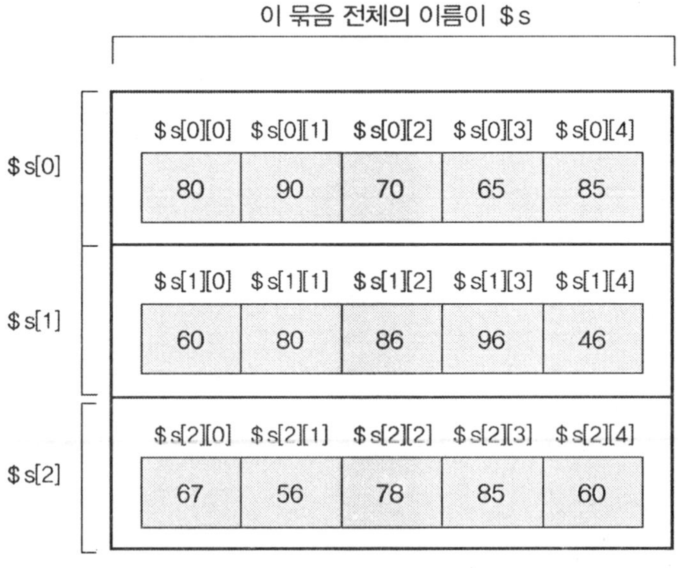


[그림 7-3] 2차원 배열의 구조

먼저, 큰 그림을 보자. 전체 덩어리의 이름은 $s이다. 그리고 배열 $s는 3개의 아이템을 가지고 있다. 그것은 각각 $s[0], $s[1], $s[2]이다. 여기까지는 우리가 그동안 보아오던 배열(정확히는 1차원 배열)과 같다. 그런데 각각의 칸에 들어가 보면 그곳에 하나의 값이 들어있는 것이 아니라, 다시 배열이 들어있는 것이다. 그렇다면 배열 안에 들어있는 배열은 어떻게 접근하면 될까?

우리가 배열의 한 칸에 들어 있는 값에 접근하려고 할 때에는 다음과 같이 했었다.

```
배열명[인덱스]
```

자 그렇다면 우리가 0번째 줄의 2번째 칸에 있는 값(현재는 70이다)을 꺼내려고 한다고 가정해 보자. 이렇게 접근할 수 있을 것이다.

```
배열명[2]
```

2번째 칸인 것은 분명하기 때문에 인덱스를 적었지만, 0번째 줄에 있는 배열의 이름은 무엇으로 적어야 할까? 이미 답을 앞에서 얘기했었다. 0번째 줄 전체의 이름은 $s[0]이다. 따라서 0번째 줄의 2번째 칸에 있는 값에 접근하려면 다음과 같이 적을 수 있다.

```
$s[0][2]
```

같은 방법으로, 1번째 줄의 3번째 칸에 있는 값에 접근하려면 다음과 같이 적어주면 된다.

```
$s[1][3]
```

이제는 왜 이런 배열을 2차원 배열이라고 부르는지 서서히 감이 올 것이다. 우리가 그동안 사용했었던 배열을 단지 값들이 한 줄로 죽 늘어서 있는 것이었다. 그러나 지금 공부하고 있는 경우는 바둑판 모양의 평면에 값들이 들어가 있는 구조이므로 2차원 배열이라고 부르는 것이다.

2차원 배열을 이용하여 예제 7-9를 고쳐보면 다음과 같다.

**예제 7-10** 2차원 배열을 이용한 3 학급 성적처리 프로그램 (7-10.php)

```php
 1: <?
 2:     $s = array(
 3:                 array(80, 90, 70, 65, 85),
 4:                 array(60, 80, 86, 96, 46),
 5:                 array(67, 56, 78, 85, 60)
 6:              );
 7:
 8:     for ($c = 0; $c < count($s); $c++)
 9:     {
10:         echo ($c + 1) . "반 학생들의 점수 : ";
11:         $sum = 0;
12:         for ($i = 0; $i < count($s[$c]); $i++)
13:         {
14:             echo $s[$c][$i] . ", ";
15:             $sum += $s[$c][$i];
16:         }
17:         echo "<br>";
18:         $avg = $sum / count($s[$c]);
19:
20:         echo "총점 : $sum<br>";
21:         echo "평균 : $avg<br>";
22:     }
23: ?>
```

**실행결과**

```
1반 학생들의 점수 : 80, 90, 70, 65, 85,
총점 : 390
평균 : 78
2반 학생들의 점수 : 60, 80, 86, 96, 46,
총점 : 368
평균 : 73.6
3반 학생들의 점수 : 67, 56, 78, 85, 60,
총점 : 346
평균 : 69.2
```

2~6행은 2차원 배열을 정의하는 부분이다. 8행은 반에 대한 카운터 변수를 $c로 설정하고 이 값을 0, 1, 2로 바꾸어가면서 10~21행을 반복하여 실행하도록 한다.

10~21행은 한 반의 성적을 처리하는 부분이다. 10행에서는 현재 처리 중인 반이 몇 반인지를 출력한다. 이 때 배열의 인덱스는 0부터 시작하고, 학급 번호는 1부터 시작하므로 $c + 1이 학급 번호가 된다.

나머지 부분은 이전에 작성했던 성적처리 프로그램과 특별히 다른 점이 없다. 현재 처리 중인 학급의 점수들이 담겨있는 배열의 이름은 $s[$c]가 되고, 그 중 한 학생의 점수는 $s[$c][$i]로 접근한다는 점만 수정되었을 뿐이다.

2차원 배열은 이상과 같은 방법으로 사용할 수 있다. 그런데 만약 이것은 한 학년의 성적이고, 우리가 1, 2, 3 학년의 성적을 모두 이 프로그램을 처리하고 싶다면 어떻게 해야 할까?

이제 짐작할 수 있겠지만 그럴 경우에는 3차원 배열을 정의해서 사용하면 된다. 3차원 배열 역시 배열의 일종인데, 그 각각의 칸에 들어가 보면 2차원 배열이 들어있는 구조로 생각하면 된다. 2차원 이상의 배열은 통칭해서 다차원 배열이라고 부른다.

## 확인학습

**1.** $r이라는 이름을 가진 한 칸짜리 배열의 첫 칸에 15를 넣고, 이 값을 출력하는 PHP 코드를 써 보시오.

**2-1.** array 함수를 이용하여 $addr이라는 이름의 배열을 만드는 PHP 코드를 써 보시오. 이 배열은 "서울", "부산", "대전", "대구", 이렇게 4개의 값을 가지고 있다.

**2-2.** count 함수는 어떤 동작을 하는가?

**3-1.** 연관 배열이란 무엇인지 설명해 보시오.

**3-2.** extract 함수는 어떤 동작을 하는가?

**1.**
```
$r[0] = 15;
   echo $r[0];
```

**2-1.** $addr = array("서울", "부산", "대전", "대구");

**2-2.** 배열의 크기를 알려준다.

**3-1.** 인덱스에 숫자 대신 문자열을 사용하는 배열

**3-2.** 연관 배열을 분석하여 한 무리의 일반 변수들을 생성한다. 이 때 생성되는 변수의 이름은 연관 배열의 인덱스 문자열이 된다.

**4.** foreach 반복문의 형식을 적어보시오.

**5.** 다음과 같은 값들이 들어있는 2차원 배열 $a를 정의하여 보시오.

| 1 | 3 | 5 |
|---|---|---|
| 2 | 4 | 6 |

확인학습 정답

**4.** foreach (배열 as 변수)
```
{
    문장;
    …
}
```

**5.** $a = array(
            array(1, 3, 5),
            array(2, 4, 6)
         );

## 연습문제

**1.** 크기 3인 배열 $test가 있다고 하자. 이 배열을 그림 7-1과 같은 형태로 그려 보시오.

**2.** 예제 7-2의 성적처리 프로그램에 코드를 추가하여 최고점과 최저점도 출력하도록 해 보시오.

**3.** 예제 7-6에서 array( ) 함수를 이용하여 연관 배열을 초기화하도록 수정하여 보시오.

**4.** 예제 7-2의 성적처리 프로그램에는 for 반복문이 사용되고 있다. 이것을 foreach 반복문으로 바꾸어 보시오.

**5.** 예제 7-5의 전화번호부 프로그램을 수정하여 2차원 배열에 학번과 전화번호가 모두 담기도록 만들어 보시오.

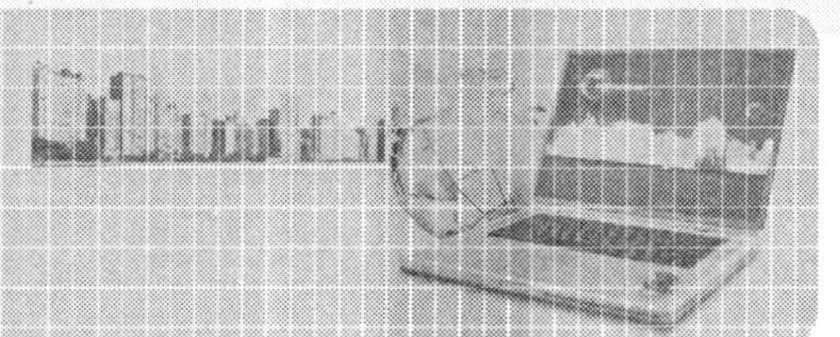

# 함 수

우리는 중학교나 고등학교 때 함수라는 것을 배웠다. 나중에 함수를 다 배우고 나면 알 겠지만, 프로그래밍 언어에서의 함수도 수학시간에 배웠던 함수의 개념과 기본적으로는 비슷하다. 단지 프로그래밍 언어에 맞게 개념이 좀 변경되거나 확장된 것뿐이다.

프로그래머의 입장에서 함수는 "별도의 이름을 가지는 코드 블록"이라고 보는 것이 가 장 명료하다. 일반적으로 프로그래밍 언어에서는 함수를 다음과 같이 두 부류로 나눈다.

### ⊛ 사용자 정의 함수(User Defined Function)

여기에서 "사용자"란 웹 프로그램의 최종 사용자가 아니라 프로그래머를 의미한다. 따 라서 사용자 정의 함수는 프로그래머가 직접 정의해서 사용하는 함수를 의미한다.

### ⊛ 내장 함수(Built-in Function)

PHP 엔진에 처음부터 만들어져 있는 함수를 의미한다. 따라서 내장 함수는 우리들이 직접 정의할 필요 없으며, 그냥 불러서 사용만 하면 된다. 우리는 배열을 공부하면서 배 열을 생성하는 array( ), 배열의 크기를 알려주는 count( ), 그리고 연관 배열을 분석하여 일반 변수들을 생성하는 extract( ) 라는 함수들 사용한 적이 있는데, 이것들이 바로 PHP 의 내장 함수들이다.

PHP의 내장 함수는 매우 많으므로 그것들을 한 번에 몰아놓고 공부하려면 그 분량도 만만치 않을뿐더러 혼동이 오기 쉽다. 따라서 이 장에서는 사용자 정의 함수를 사용하는 방법에 대해서만 설명하고, 내장 함수들은 다른 내용들을 공부하다가 필요한 순간이 될 때 하나씩 얘기해 나갈 것이다. 이 장에서 다루는 내용은 다음과 같다.

### ⊕ 가장 간단한 함수의 형태

함수의 개념을 이해하고 매개변수와 반환 값이 없는 가장 기본적인 형태의 함수를 정의하고 사용해 본다.

### ⊕ 매개변수를 취하는 함수

매개변수를 취하여 좀 더 융통성 있는 동작을 하는 함수를 작성해 본다.

### ⊕ 반환 값이 있는 함수

반환 값이 있는 함수의 형태를 살펴보고 PHP 함수의 완전한 형태를 이해한다.


# 8.1 가장 간단한 함수의 형태

먼저, 우리가 어떤 프로그램을 작성하고 있는데, 이 프로그램은 화면에 다음과 같은 출력을 여러 번 반복해서 해야 한다고 가정해 보자.

```
*******************
*   계산 결과 출력   *
*******************
```

매번 이런 출력을 만들고 싶을 때마다 echo 문을 사용한다면 아마 전체 프로그램은 다음과 같은 형태가 될 것이다.

예제 8-1 함수를 사용하지 않고 같은 내용 반복 출력 (8-1.php)

```
<?
  1:    echo "*******************<br>";
  2:    echo "* 계산 결과 출력 *<br>";
  3:    echo "*******************<br>";
  4:    echo "첫 번째 계산 결과<br><br>";
  5:
  6:    echo "*******************<br>";
  7:    echo "* 계산 결과 출력 *<br>";
```

```
 8:        echo "*****************<br>";
 9:        echo "두 번째 계산 결과<br><br>";
10:
11:        echo "*****************<br>";
12:        echo "* 계산 결과 출력 *<br>";
13:        echo "*****************<br>";
14:        echo "세 번째 계산 결과<br><br>";
15: ?>
```



```
*****************
*   계산 결과 출력   *
*****************
첫 번째 계산 결과

*****************
*   계산 결과 출력   *
*****************
두 번째 계산 결과

*****************
*   계산 결과 출력   *
*****************
세 번째 계산 결과
```

어떤가? 같은 내용을 계속 복사해서 붙여 넣다 보니, 프로그램의 양도 많아지고, 보기도 좋지 않다. 이렇게 같은 내용을 반복해서 실행해야 할 경우에 함수를 사용하면 한결 깔끔하게 정리할 수 있다. 위의 프로그램을 함수를 이용하도록 바꾸어 보면 다음과 같이 된다.

**예제 8-2** 함수를 사용하여 같은 내용 반복 출력 (8-2.php)

```
<?
 1:        function title()
 2:        {
 3:            echo "*****************<br>";
 4:            echo "* 계산 결과 출력 *<br>";
```

```
 5:        echo "******************<br>";
 6:    }
 7:
 8:    title();
 9:    echo "첫 번째 계산 결과<br><br>";
10:
11:    title();
12:    echo "두 번째 계산 결과<br><br>";
13:
14:    title();
15:    echo "세 번째 계산 결과<br><br>";
16: ?>
```

**실행결과**

```
******************
*   계산 결과 출력   *
******************
첫 번째 계산 결과

******************
*   계산 결과 출력   *
******************
두 번째 계산 결과

******************
*   계산 결과 출력   *
******************
세 번째 계산 결과
```

프로그램의 줄 수도 적어졌을 뿐 아니라, 알아보기도 쉽다. 그러면 함수를 어떻게 사용하는 것이기에 프로그램이 이렇게 바뀌었는지 생각해 보자.

앞서 말했듯 함수는 "별도의 이름을 가지는 코드 블록"이라고 할 수 있다. 코드 블록이란 몇 줄의 코드를 대괄호로 묶어 놓은 것을 의미한다. 위 예제의 2~6번 행에서 3줄의 echo 문을 하나의 덩어리로 묶어 놓은 것을 볼 수 있다. 이 부분을 함수의 바디(body)라고 한다. 자 그럼 코드 블록이 만들어 졌으니 이름을 붙여 줘야 한다. 이름은 function

과 () 사이에 붙여 주면 된다. 이 예제에서는 title이라는 이름을 붙여 줬다. 이렇게 하면 함수를 정의(definition)한 것이다. 함수를 정의하는 형태를 다시 정리하면 다음과 같다.

```
function 함수이름()
{
    한 덩어리로 묶을 PHP 문장들;
    ...
}
```

여기에서 함수의 바디 앞에 있는, 함수 이름을 적어준 행을 함수의 헤더(header)라고 한다.

그런데, 이것은 방금 말했듯 함수를 단지 정의만 한 것이지, 함수 안에 적혀있는 문장들을 실행하겠다고 PHP 엔진에게 얘기를 한 것이 아니다. 즉, "앞으로 title이라는 함수를 사용할 건데, 그걸 실행하겠다고 말하면 바로 아래에 { } 로 묶여있는 문장들을 실행해 줘"라고 PHP 엔진에게 얘기한 것뿐이다. 그래서 함수 정의 부분만 하나의 PHP 파일로 만들어서 실행해 보면, 실제로 아무 것도 실행되지 않는다. PHP 엔진은 그저 "앞으로 title 실행요청이 들어오면 이걸 실행해하지"라고 생각만 하다가 프로그램이 끝나게 된다.

실제로 title 함수를 실행해달라는 요청은 다음과 같이 한다.

```
title();
```

그래서 위의 예제에서도 이러한 문장이 3번 나온 것이다. 이렇게 특정한 함수를 실행해 달라고 요청을 하는 것을 "함수를 호출 한다"고 한다.

다시 정리해보자. 함수를 사용하려면 먼저 정의를 해야 한다. 정의 자체로는 아무 것도 실행되지 않으며 PHP 엔진이 그런 함수가 있다는 것을 알고만 있게 된다. 나중에 함수를 호출하게 되면 그때 함수의 바디를 실행하게 된다.

함수를 이용한 예를 하나 더 보도록 하자. 다음 프로그램은 1부터 10까지 더한 값을 계산하여 화면에 출력하는 함수 sum을 정의하고 이것을 이용하는 프로그램이다. 사실 이 프로그램만으로는 함수를 사용하는 의미가 별로 없긴 하지만, 함수를 어떻게 사용하는지 확인하는 의미에서 살펴보기 바란다.

**예제 8-3** 1부터 10까지의 합을 구하는 함수 (8-3.php)

```
 1: <?
 2:     function sum()
 3:     {
 4:         $sum = 0;
 5:
 6:         for ($i = 1; $i <= 10; $i++)
 7:             $sum += $i;
 8:
 9:         echo "$sum<br>";
10:     }
11:
12:     echo "1부터 10까지의 합 : ";
13:     sum();
14: ?>
```

**실행결과**

```
1부터 10까지의 합 : 55
```

## 8.2  매개변수를 취하는 함수

위에서는 가장 간단한 함수의 예를 보인 것이며, 사실 함수는 자신이 처리해야 할 일에 필요한 정보를 매개변수를 통해 받아와 이용할 수 있다. 위의 예제를 보면서 함수 이름 뒤에 왜 괜히 빈 괄호( )가 있는지 의아해 한 사람도 있을 텐데, 사실 이것이 매개변수를 적어주기 위한 자리이다. 매개변수를 쉽게 이해하기 위해서 다음의 예제를 보자.

**예제 8-4** 하나의 매개변수를 취하는 함수 (8-4.php)

```
 1: <?
 2:     function test($a)
 3:     {
 4:         echo $a;
```

```
5:    }
6:
7:    test(5);
8: ?>
```



```
5
```

위의 프로그램은 화면에 5를 출력한다. 자세히 보면 test함수를 호출할 때, test()가 아니라 test(5)로 호출한 것을 볼 수 있을 것이다 이렇게 호출할 때 괄호 안에 적은 값은 함수의 바디가 실행되기 전에 해당 함수로 전달된다. 즉, 5라는 값이 test 함수에 전달되면서 이것이 헤더의 괄호 안에 적은 $a라는 변수에 담기는 것이다. 눈에는 보이지 않지만 함수의 헤더 부분에서 "$a = 5;"가 실행되고 나서 함수의 바디부분을 실행하는 것이라고 생각할 수 있다. 따라서 $a의 값을 화면에 찍으면 5가 나타나게 된다.

그렇다면 test(10)을 실행하면 어떻게 될까. 역시 화면에는 10이 나타나게 될 것이다. 이렇게 함수를 호출하는 부분에서 함수에게 실행에 필요한 값을 넘겨줄 수 있는데 이렇게 함수 호출 시 넘겨주는 값을 "인자"라고 하고, 함수 쪽에서 그 값을 받아두는 변수를 "매개변수"라고 한다.

함수의 매개변수는 여러 개를 쓸 수도 있다. 다음 프로그램을 보자.

**예제 8-5** 세 개의 매개변수를 취하는 함수 (8-5.php)

```
1: <?
2:    function test($a, $b, $c)
3:    {
4:       echo $a + $b + $c;
5:    }
6:
7:    test(3, 4, 5);
8: ?>
```

```
12
```

이 프로그램을 실행하면 test함수의 매개변수인 $a, $b, $c에 3, 4, 5라는 세 개의 값이 전달된다. 그리고 함수의 바디에서는 이 값들을 모두 더한 값을 출력하므로 화면에는 12가 출력된다.

이 예제들에서 매개변수의 의미와 역할을 파악할 수는 있지만, 실제로 왜 굳이 매개변수를 만들어서 사용하는지 이해하기는 부족할 수 있다. 다른 예제를 생각해 보자. 함수를 쓰지 않고 화면에 조금씩 다른 길이의 줄을 출력하기 위해 다음과 같이 프로그램을 작성했다고 가정하자.

```
echo "**********<br>";              // 별표 10개로 이루어진 줄
echo "********************<br>";     // 별표 20개로 이루어진 줄
echo "***************<br>";          // 별표 15개로 이루어진 줄
```

line이라는 이름의 함수를 정의해서 사용하되, 이렇게 매번 다른 길이의 줄을 출력하도록 할 수는 없을까? 다음과 같은 형태로 프로그램을 작성한다면 가능하다.

```
function line($n)
{
    $n 개만큼의 별을 출력;
    줄 넘김;
}
line(10);
line(20);
line(15);
```

이제 우리가 할 일은 한글로 적은 부분을 PHP 코드로 바꾸는 것이다. 즉, $n개의 별을 출력하는 함수를 작성해야 한다. 반복문을 잘 공부한 사람이라면 echo "*"을 $n번 반복하면 원하는 결과를 얻을 수 있다는 것을 생각했을 것이다. 다음과 같이 하면 된다.

**예제 8-6** 길이가 서로 다른 줄을 출력 (8-6.php)

```
 1: <?
 2:    function line($n)
 3:    {
 4:        for ($i = 0; $i < $n; $i++)
 5:            echo "*";
 6:        echo "<br>";
 7:    }
 8:
 9:    line(10);
10:    line(20);
11:    line(15);
12: ?>
```

**실행결과**

```
**********
********************
***************
```

이렇게 정의된 line 함수가 있다면, 인자 값만 바꿔주면 이 3가지 뿐 아니라 얼마든지 원하는 길이의 선을 출력할 수 있게 된다. 이러한 융통성이 매개변수를 가지는 함수를 사용하는 이유이다.

이제 앞에서 다루었던 예제 8-3을 다시 생각해 보자. 예제에서 정의했던 sum이라는 함수는 항상 1부터 10까지의 합만 출력하는 함수였다. 하지만 인자를 이용하는 함수로 만든다면 우리가 원하는 범위의 숫자들의 합계를 계산할 수 있을 것이다.

**예제 8-7** 지정된 범위의 정수 값들의 합을 출력 (8-7.php)

```
 1: <?
 2:    function sum($start, $end)
 3:    {
 4:        $sum = 0;
 5:
```

```
 6:          for ($i = $start; $i <= $end; $i++)
 7:              $sum += $i;
 8:
 9:          echo "$sum<br>";
10:      }
11:
12:      echo "1부터 10까지의 합 : ";
13:      sum(1, 10);
14:
15:      echo "20부터 85까지의 합 : ";
16:      sum(20, 85);
17:
18:      echo "15부터 50까지의 합 : ";
19:      sum(15, 50);
20: ?>
```

**실행결과**

```
1부터 10까지의 합 : 55
20부터 85까지의 합 : 3465
15부터 50까지의 합 : 1170
```

함수의 헤더에 $start, $end라는 두 개의 매개변수가 추가되었고, 6번 행의 for 문에서 "1"이 있던 자리에 $start를, "10"이 있던 자리에 "$end"를 써 준 것만으로 훨씬 융통성 있는 함수가 된 것을 확인할 수 있다.


# 8.3 반환 값이 있는 함수

매개변수가 있고 반환 값이 있는 함수는 우리가 수학시간에 배웠던 함수와 같은 것이라고 생각하면 된다. 즉, 값들을 받아서 안에서 뭔가 계산을 한 후 그 답을 돌려주는 형태이다. 예를 들어 "3 * x + 5 * y"를 프로그램에서 자주 계산해야 한다고 생각해보자. 여기서 x와 y값은 그 때 그 때 달라질 수 있고, 그 값들을 이 식에 넣어서 뭔가 값을 계산해내야 하는 상황이다. 지금까지 배운 것만 가지고 해보면 다음과 같이 할 수 있다.

**예제 8-8** 계산 값을 직접 출력하는 함수 (8-8.php)

```php
1: <?
2:     function func($x, $y)
3:     {
4:         echo (3 * $x + 5 * $y) . "<br>";
5:     }
6:
7:     func(5, 6);
8:     func(12, 7);
9: ?>
```

**실행결과**

```
45
71
```

자, 원하는 대로 된 것 같다. 그런데, 이 프로그램은 값을 계산하고 나면 그냥 화면에 출력한다. 만약 각각 두 번의 연산 결과를 그냥 화면에 출력하지 않고 어떤 변수에 담아 두었다가 나중에 사용하고 싶다면 어떻게 해야 할까? 이럴 때 반환 값이 있는 함수를 사용하게 된다. 프로그램은 다음과 같이 바뀐다.

**예제 8-9** 계산 값을 반환하는 함수 (8-9.php)

```php
 1: <?
 2:     function func($x, $y)
 3:     {
 4:         return 3 * $x + 5 * $y;
 5:     }
 6:
 7:     $a = func(5, 6);
 8:     $b = func(12, 7);
 9:
10:     echo "첫 번째 계산 결과 : $a<br>";
11:     echo "두 번째 계산 결과 : $b<br>";
12: ?>
```

```
첫 번째 계산 결과 : 45
두 번째 계산 결과 : 71
```

프로그램의 실행을 따라가 보자. 먼저 7번 행에서 "$a = " 부분을 잠시 잊고 그 문장을 보면, "func(5, 6);"을 실행하는 문장이 있다. 그래서 5, 6 값을 $x 와 $y에 넣고 func 함수를 실행하고 그 계산 결과로 45를 얻는다. 그런데 45를 echo 하는 것이 아니라 return 한다고 적혀 있다. 이럴 때 PHP 엔진은 계산된 결과 값 45를 들고 원래 함수를 호출한 자리에 놓아준다. 즉 다음과 같은 동작이 실행되는 것이다.

```
$a = func(5, 6);
        ↓
$a = 45;
```

이렇게 되면 우리가 원래 원했던 대로 변수에 계산 결과를 저장할 수 있다. 다음 문장도 마찬가지로 방법으로 실행된다.

이제 앞에서 만들었던 지정된 범위의 정수 합을 구하는 함수를 다시 생각해보자. 이것도 반환 값을 가질 수 있는 형태로 만들 수 있다.

**예제 8-10** 지정된 범위의 정수 합을 반환하는 함수 (8-10.php)

```php
1: <?
2:    function sum($start, $end)
3:    {
4:       $sum = 0;
5:
6:       for ($i = $start; $i <= $end; $i++)
7:          $sum += $i;
8:
9:       return $sum;
10:   }
11:
12:   echo "1부터 10까지의 합 : " . sum(1, 10) . "<br>";
```

```
13:     echo "20부터 85까지의 합 : " . sum(20, 85) . "<br>";
14:     echo "15부터 50까지의 합 : " . sum(15, 50) . "<br>";
15: ?>
```



```
1부터 10까지의 합 : 55
20부터 85까지의 합 : 3465
15부터 50까지의 합 : 1170
```

이제까지 배운 함수의 형태를 정리해 보면 다음과 같다.

```
function 함수이름(매개변수들)
{
    함수에서 실행할 문장들;
    ...
    return 반환 값;              // 반환 값이 없을 경우 생략
}

변수 = 함수이름(전달할 인자들);   // 반환 값이 없을 경우 밑줄부분만 필요
```

주석에 적어놓은 것처럼 반환 값이 필요 없는 경우에는 반환 값 및 return을 생략할 수 있으며, 매개변수가 필요 없는 경우에는 매개변수와 인자를 생략할 수 있다.

## 확인학습

**1.** 호출하면 화면에 "*" 하나를 출력하는 함수 star( )를 정의하여 보시오.

**2.** 매개변수로 전달된 문자열을 그대로 화면에 출력하는 함수 speak( )를 정의하여 보시오.

**3.** 매개변수로 전달된 값을 그대로 반환하는 함수 just( )를 정의하여 보시오.

**1.**
```php
function star()
{
    echo "*";
}
```
**2.**
```php
function speak($s)
{
    echo $s;
}
```
**3.**
```php
function just($s)
{
    return $s;
}
```

1. 화면에 1부터 30까지의 홀수를 화면에 출력하는 함수를 작성하고 이것을 이
   용하는 프로그램을 완성해 보시오.

2. 6장의 연습문제 2-2는 화면에 별표로 만들어진 삼각형을 출력하는 문제였다.
   그 프로그램을 이장의 예제 8-6에 나온 line 함수를 이용하도록 고쳐보시오.
   그렇게 하면 이중 for문을 사용할 필요가 없어진다.

3. 두 값 중 큰 값을 반환하는 함수 max_value를 작성하고, 이것을 이용하여 두
   값을 입력받고 그 중 큰 값을 알려주는 프로그램을 완성하여 보라.

# 쿠키와 세션

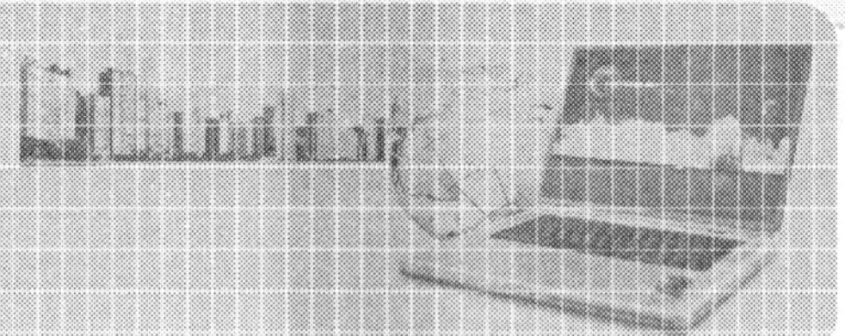

웹 사이트에서는 종종 사용자가 어느 페이지로 옮겨가더라도 특정한 정보를 계속해서 유지시켜줄 필요가 있다. 예를 들어 쇼핑몰에서 카드에 담은 물품들은 사용자가 브라우저 창을 닫을 때까지, 또는 카트를 일부러 비우기 전까지는 계속 어딘가에 기록되어 있어야 한다. 이러한 상황에 사용할 수 있는 것이 쿠키와 세션이다.

이 장에서는 쿠키와 세션의 개념을 이해하고 이것들을 이용하여 프로그래밍 하는 방법을 공부한다. 이 장에서 다루는 내용은 다음과 같다.

### ⊕ 쿠키

쿠키의 개념과 활용 방법을 공부한다.

### ⊕ 세션 변수

세션 변수의 개념과 활용 방법을 공부한다.

### ⊕ 세션 변수를 만드는 다른 방법

세션 변수를 사용하기 위해 과거 버전의 PHP에서 사용하던 방법들을 살펴본다.

### ⊕ 로그인 프로그램

간단한 로그인 프로그램을 만들어 보면서 쿠키와 세션 변수의 활용 방법을 익힌다.


## 9.1 쿠 키

우리는 앞에서 다른 페이지로 데이터를 넘겨주고 싶을 때, GET또는 POST 방식을 사용하는 방법을 배웠다. 즉, 한 페이지에서 폼을 사용하여 필요한 데이터를 입력받고, 다른 페이지로 전환하면서 이들 데이터를 전달해주는 방법이다. 이 때 데이터를 받아야 하는 페이지에서는 $_GET 또는 $_POST 배열을 사용해서 전달된 값을 뽑아낼 수 있었다.

그런데, 이렇게 두 페이지 사이에서 데이터를 전달하는 경우에는 GET 또는 POST방식을 사용하면 되지만, 하나의 웹 사이트에 속한 수십 또는 수백 개의 페이지들이 하나의 데이터를 공유(읽거나 쓰기)해야 하는 경우가 종종 발생하게 된다.

예를 들어 쇼핑몰 같은 것이 대표적인 예인데, 상품을 검색하다가 마음에 드는 물건이 있으면 사용자는 이것을 장바구니에 담는다. 그리고 사용자가 현재 어떤 페이지를 보고 있더라도 장바구니에 담겨있는 물건에 관한 정보는 항상 유지되고 있어야 장바구니 페이지로 옮겨가서 그 동안 담은 물건이 무엇이었는지 확인을 하거나, 구매 페이지로 가서 장바구니에 담긴 물건들을 구매할 수 있게 된다. 이럴 때 사용할 수 있는 방법 중 하나가 쿠키이다.

쿠키는 특정한 한 사용자의 사이트 동작에 필요한 데이터를 그 사람의 컴퓨터에 저장해 놓은 것이라고 볼 수 있다. 이렇게 저장된 데이터는 해당 사이트의 어떤 페이지에서도 원하면 쉽게 접근할 수 있게 된다.

프로그램을 만드는 입장에서 쿠키는 특별한 형태의 변수라고 보는 것이 편하다. 예를 들어 변수를 하나 선언하는 예를 생각해보자.

```
$userid = "kim";
```

$userid라는 이름의 변수를 만들고 그 값을 "kim"으로 셋팅한 것이다. 다만, 이렇게 만든 변수는 다른 페이지, 즉 다른 PHP 프로그램 파일에서는 사용할 수 없다. 따라서 이것을 쿠키로 만들면 여러 페이지에서 그 값을 사용할 수 있는데, 이를 위해서 PHP에서는 setcookie( )라는 함수를 제공하고 있다. setcookie( ) 함수의 사용법은 다음과 같다.

```
setcookie("쿠키이름", "쿠키 값", 만료시간);
```

예를 들어 보는 것이 이해가 빠를 것이다. userid라는 이름을 가진 쿠키를 만드는 PHP 코드는 다음과 같다.

**예제 9-1** 쿠키 생성 예제 (9-1.php)

```
1: <?
2:    $result = setcookie("userid", "kim", time() + 60 * 60 * 8);
3:    if ($result)
4:        echo "쿠키 생성이 잘 되었습니다.<br>";
5:    else
6:        echo "쿠키 생성에 문제가 있습니다.<br>";
7: ?>
8: <a href="9-2.php">쿠키 값 확인</a>
```

**실행결과**

쿠키 생성이 잘 되었습니다.
쿠키 값 확인　　　　　　　🖅 9-2.php로 이동하는 링크임

위의 예제를 아직은 실행하지 말기 바란다. 맨 아랫줄에 〈a〉 태그를 보면 생성된 쿠키 값을 읽어 확인하는 9-2.php로 이동할 수 있도록 되어 있는데, 아직 우리는 9-2.php를 작성하지 않았기 때문이다.

위의 코드는 userid 라는 이름을 가진 쿠키를 만드는데, 그 값은 kim 으로 세팅하며, 이 쿠키는 현재 시간으로부터 60 * 60 * 8 초 동안 컴퓨터에 남아있게 된다.

여기에서 time( )은 초 단위의 현재 시간을 얻는 함수이다. 정확히 말하면 1970년 1월 1일 0시 0분 0초일 때 값이 0이고, 그 시간부터 1초 지날 때마다 1씩 큰 값을 가지게 된다. 따라서 이 값에 60(초) * 60(분) * 8(시간)을 더한 값을 마지막 인자로 주면, 8시간 동안 쿠키가 남아있게 된다.

한편, setcookie( ) 함수는 참 또는 거짓을 반환하는데, 쿠키가 잘 생성되었으면 참 값을, 생성이 제대로 되지 않았으면 거짓을 반환한다. 그래서 쿠키 생성 후에 그 반환 값을 가지고 쿠키 생성이 잘 되었는지를 확인해서 결과를 화면에 출력하는 것이다.

생성된 쿠키 값을 읽는 방법은 GET 또는 POST로 넘겨진 값을 읽는 것과 비슷하다. 다만 $_REQUEST 배열이 아니라 $_COOKIE 배열을 사용하는 깃이 다르다. 방금 생성한 userid 쿠키의 값을 읽어서 화면에 출력하는 코드는 다음과 같다. 이 프로그램을 작성한 뒤에는 직접 실행시키지 말고 먼저 9-1.php를 실행한 뒤 "쿠키 값 확인" 링크를 눌러서

이 프로그램이 실행되도록 한다. 만약 9-1.php가 실행되기 전에 9-2.php를 실행한다면 쿠키 값이 생성되지 않은 상태이므로 아무 값도 출력하지 않을 것이다.

**예제 9-2** 쿠키 값 읽기 예제 (9-2.php)

```
1: <?
2:    $userid = $_COOKIE[userid];
3:    echo "생성된 userid 쿠키의 값 : $userid<br>";
4: ?>
```

**실행결과**

생성된 userid 쿠키의 값 : kim

쿠키를 삭제할 때는 다시 setcookie 함수를 이용한다. 좀 전에 만든 userid 쿠키를 삭제하려면 다음과 같이 한다.

**예제 9-3** 쿠키 삭제 예제 (9-3.php)

```
1: <?
2:    setcookie("userid", "", time() - 3600);
3:    echo "userid 쿠키가 삭제되었습니다.<br>";
4: ?>
5: <a href="9-2.php">쿠키 값 확인</a>
```

**실행결과**

userid 쿠키가 삭제되었습니다.
쿠키 값 확인              ☞ 9-2.php로 이동하는 링크임

이 프로그램을 실행시키고, "쿠키 값 확인" 링크를 눌러보면 쿠키 값이 삭제되었음을 확인할 수 있을 것이다. 사실, 2번 행과 같이 길게 문장을 적지 않고 다음과 같이 하여도 쿠키는 삭제된다.

```
setcookie("userid");
```

하지만, 확실히 쿠키를 삭제하기 위해서는 쿠키 만료시간을 한 시간(3600초) 전으로 세팅하도록 PHP 공식 사이트에서 권장하고 있으므로, 이를 따르는 것이 좋겠다.

# 9.2 세션 변수

앞에서는 한 사이트에 있는 여러 페이지에서 데이터를 공유하기 위해서 쿠키를 사용할 수 있다고 했다. 그런데, 쿠키는 큰 문제를 가지고 있다. 바로 보안 문제이다. 쿠키는 사용자의 컴퓨터에 저장되고, 실제로 파일 형태로 저장되기 때문에 그 파일의 위치를 아는 사람은 얼마든지 쿠키의 내용을 열어 볼 수 있다. 만약 사용자의 신상정보가 쿠키 형태로 저장되는 사이트를 PC 방에서 접속했었다고 해보자. 그러면 나중에 그 PC에 앉은 다른 사람이 그 정보를 쉽게 알아낼 수 있게 될 것이다.

따라서 이러한 보안 문제를 해결하기 위해서 PHP 4부터는 세션변수를 사용할 수 있도록 하고 있다. 세션변수를 사용할 경우, 서버에 접속하면 서버는 각 사용자마다 세션 아이디라고 부르는 유일한 아이디를 부여하고, 이 이름을 가진 폴더를 만들어 세션 변수 값들을 저장한다. 즉, 데이터가 클라이언트의 컴퓨터에 저장되는 것이 아니라 서버에 저장되므로 쿠키에서 나타났던 보안 문제를 해결할 수 있다. 이러한 이유로 인해 최근의 웹 사이트는 반드시 쿠키를 사용해야 하는 상황이 아니라면 대부분 세션변수로 데이터를 저장한다.

세션을 사용하는 방법은 쿠키보다 더 간단하고 일관성이 있다. 일단 세션 변수를 사용(생성, 읽기, 삭제)하려면 그 전에 세션을 시작하여야 한다. 이것은 다음과 같이 가능하다.

```
session_start();
```

세션 시작은 세션 변수를 얼마나 사용하든, 프로그램 선두에서 한번만 해주면 된다. 세션 변수를 만드는 법은 다음과 같다.

```
$_SESSION[세션변수명] = 값;
```

따라서 쿠키에서와 같이 userid라는 이름의 세션 변수에 "kim"이라는 값을 넣으려면 다음과 같이 한다. 역시 이 프로그램을 작성한 후 바로 실행시키지 말고, 세션변수 값을 확인하는 9-5.php를 작성하고 나서 실행해 보기 바란다.

**예제 9-4** 세션변수 생성 예제 (9-4.php)

```
1: <?
2:     session_start();
3:
4:     $_SESSION[userid] = "kim";
5:     echo "세션변수 userid가 생성되었습니다.<br>";
6: ?>
7: <a href="9-5.php">세션변수 값 확인</a>
```

**실행결과**

세션변수 userid가 생성되었습니다.
세션변수 값 확인         ☜ 9-5.php로 이동하는 링크임

이렇게 세션 변수를 만들고 나면, 다음과 같이 읽을 수 있다.

```
$_SESSION[세션변수명]
```

방금 생성한 세션변수 값을 확인하는 예제는 다음과 같다. 쿠키 예제와 마찬가지로 이 프로그램을 바로 실행하지 말고 9-4.php를 실행하고 "세션변수 값 확인" 링크를 눌러서 이 프로그램이 실행되도록 하기 바란다.

**예제 9-5** 세션변수 값 읽기 예제 (9-5.php)

```
1: <?
2:     session_start();
3:
4:     $userid = $_SESSION[userid];
5:     echo "세션 변수 userid 값 : $userid";
6: ?>
```

**실행결과**

> 세션 변수 userid 값 : kim

세션 변수를 삭제하는 방법도 다음과 같이 간단하다.

```
unset($_SESSION[세션변수명]);
```

원래 unset 함수는 세션 변수만을 위한 것이 아니라 변수들의 값을 없애 주는 함수이다. 예를 들어 다음과 같은 프로그램을 생각해 보자.

```
$a = 5;
echo $a;    // 화면에 5 출력

unset($a);
echo $a;    // 화면에 아무 것도 출력되지 않음
```

unset 함수의 용도를 알 수 있을 것이다. 세션 변수 $_SESSION[userid]도 하나의 일반 변수처럼 보고 똑같은 방법으로 없애주면 된다. 세션 변수를 삭제하는 예제는 다음과 같다.

**예제 9-6** 세션변수 값 삭제 예제 (9-6.php)

```
1: <?
2:    session_start();
3:
4:    unset($_SESSION[userid]);
5:    echo "세션 변수 userid를 삭제하였습니다.<br>";
6: ?>
7: <a href="9-5.php">세션변수 값 확인</a>
```

**실행결과**

> 세션 변수 userid를 삭제하였습니다.
> 세션변수 값 확인                    ☞ 9-5.php로 이동하는 링크임

이 프로그램을 실행시킨 후 "세션변수 값 확인" 링크를 눌러 9-5.php를 실행해보면,
세션 변수의 값이 지워졌음을 확인할 수 있을 것이다.


## 9.3 세션 변수를 만드는 다른 방법

세션 변수를 만드는 가장 일반적이고 간단한 방법은 앞에서 이미 얘기했다. 그러나 과
거에 작성된 PHP 프로그램들은 다른 방법을 사용했었는데, 이 방법을 알고는 있어야 할
것이다. 여러분이 새로 작성하는 프로그램은 앞에서 일러 준대로 하면 그만이지만, 이미
만들어진 사이트를 유지보수 해야 한다면, 이 코드가 원래 세션 변수를 만들려고 한 것이
었음은 알아야할 테니 말이다.

과거에 사용하면 방법 한 가지는 다음과 같다.

```
$userid = "kim";
session_register("userid");
```

세션 변수와 똑같은 이름을 가진 일반 변수를 먼저 만들고, 이 변수를 session_register( )
함수를 이용하여 세션 변수로 등록하는 것이다. 또 다른 방법은 다음과 같다.

```
$HTTP_SESSION_VARS["userid"] = "kim";
```

$_SESSION 대신에 $HTTP_SESSION_VARS를 사용한다는 점만 다르다.

사실 이 두 가지 방법은 서버의 세팅에 따라 에러를 낼 수도 있고, 잘 동작할 수도 있
다. 중요한 것은 여러분들이 다른 사람들이 작성한 코드를 읽을 때, 이들 코드가 세션 변
수를 생성하는 동작을 위한 것임을 알고 있는 것이다.


## 9.4 로그인 프로그램

이 절에서는 쿠키를 활용하여 로그인을 받는 프로그램을 작성해 보기로 하자. 원래 로
그인 프로그램은 아이디와 비밀번호를 입력받고, 이것이 데이터베이스에 있는 계정 정보

와 맞는지 찾아보고 로그인 처리를 해주어야 하지만, 아직 우리가 PHP에서 데이터베이스를 다루는 방법을 공부하지 않았으므로, 아이디는 "admin", 비밀번호는 "1234"인 하나의 계정만 존재한다고 가정하고 프로그램을 작성해보기로 한다. 또한 한 번에 완벽한 로그인 프로그램을 작성하려면 그 흐름이 눈에 잘 들어오지 않으므로 몇 단계를 거쳐서 차근차근 프로그램을 구성해 나갈 것이다.

먼저, 가장 기본적인 로그인 프로그램을 생각해 보자. 화면에 아이디와 비밀번호를 입력받는 폼을 보여주고, 사용자가 그것들을 입력한 뒤 로그인 버튼을 누르면, 아이디와 비밀번호를 체크하여 맞으면 "로그인 성공", 틀리면 "로그인 실패"를 출력하는 프로그램 정도면 좋은 시작점이 될 것이다. 이 기능을 구현하기 위해서는 다음과 같이 두 개의 프로그램이 필요하다.

**예제 9-7** 간단한 로그인 정보 입력 폼 (login_main.php)

```
1: <form action=login.php method=post>
2:    아이디: <input type=text name=id><br>
3:    비밀번호: <input type=password name=pw><br>
4:    <input type=submit value=로그인>
5: </form>
```

**예제 9-8** 간단한 로그인 처리 프로그램 (login.php)

```
1: <?
2:    $id = $_POST[id];
3:    $pw = $_POST[pw];
4:
5:    if ($id == "admin" && $pw == "1234")
6:    {
7:       setcookie("id", $id);
8:       echo "로그인 성공";
9:    }
10:   else
11:      echo "로그인 실패";
12: ?>
```

두 프로그램 모두 간단하므로 긴 설명은 필요 없을 것이다. 예제 9-7의 login_main.php는 현재로서는 PHP 코드가 한 줄도 없고 HTML 폼만을 담고 있다. 이 폼은 id와 pw라는 이름의 컨트롤에 텍스트를 입력받은 뒤 로그인 버튼이 눌리면 이 값들을 POST 방식으로 login.php에 전달한다. 여기에서 GET 방식을 쓰지 않고 POST 방식을 사용한 것은, GET 방식을 사용하게 되면 입력된 비밀번호가 주소창에 보이게 되기 때문이다.

예제 9-8의 login.php에서는 전달된 아이디와 비밀번호 값을 $id와 $pw라는 변수에 일단 담은 뒤, 그 값들이 맞게 입력되었는지 확인하고, 맞으면 아이디가 담긴 "id"라는 이름의 쿠키를 생성하고 "로그인 성공"을 출력하며, 틀리면 "로그인 실패"를 출력한다. 이때 쿠키를 생성하면서 setcookie 함수에 세 번째 인자인 만료시간을 생략한 것이 주목하기 바란다. 이렇게 하면 쿠키가 현재 브라우저 창이 떠 있는 동안에만 유지된다. 즉 브라우저 창을 닫으면 쿠키가 삭제되므로 로그인을 쿠키로 처리하기에 적당하다.

이제, 로그인이 실패하는 경우를 생각해 보자. 로그인 정보가 잘 못 입력되어 로그인이 실패하면 지금과 같이 실패했다는 메시지만 화면에 출력하고 말 것이 아니라, 로그인이 실패했다는 메시지를 별도의 다이얼로그 박스에 띄워주고, 사용자가 확인 버튼을 누르면, 원래의 로그인 화면으로 돌아가는 것이 제대로 된 로그인 실패 처리이다. 이러한 동작은 PHP만으로는 어렵고 자바스크립트의 힘을 빌려야 한다. 이것을 위해 수정된 login.php는 다음과 같다.

**예제 9-9** 로그인 실패 처리가 추가된 프로그램 (login.php)

```
 1: <?
 2:     $id = $_POST[id];
 3:     $pw = $_POST[pw];
 4:
 5:     if ($id == "admin" && $pw == "1234")
 6:     {
 7:         setcookie("id", $id);
 8:         echo "로그인 성공";
 9:     }
10:     else
11:         echo "<script>
```

```
12:                 window.alert('아이디 또는 비밀번호가 잘못 입력되었습니다.')
13:                 history.go(-1)
14:          </script>";
15: ?>
```

위 프로그램에서 11~14행이 변경된 부분이다. "로그인 실패"라는 메시지를 출력하던 echo 문이 자바스크립트를 출력하도록 바뀐 것을 확인할 수 있다.

window.alert( )는 화면에 지정된 메시지를 담은 다이얼로그 박스를 띄우는 자바스크립트 함수이며, history.go(-1)은 이전화면, 즉 로그인 화면으로 돌아가게 해주는 자바스크립트 함수이다. 여기서 주의할 점은 echo 뒤에 문자열을 적을 때, 행이 바뀌어도 PHP에서는 아무 문제없다는 점이다. 8, 9, 10행에서 엔터를 쳐서 줄을 바꾸었음에도 불구하고 문자열을 끝맺는 따옴표가 11행의 끝에 나오기 전까지는 계속해서 하나의 문자열로 인식이 된다. PHP에서는 여러 줄의 HTML 코드를 한 번에 출력해야 할 일이 종종 생기는데, 그럴 때 각각의 줄마다 echo를 쓰지 않고, 하나의 문자열로 처리할 수 있다.

이제 로그인이 제대로 처리되도록 수정을 해 보자. 여기서 생각해 볼 점은 login.php에서 직접 로그인된 화면을 출력해버리면, 이 프로그램을 활용하기 어려운 상황이 발생한다는 점이다. 로그인 프로그램은 이 프로그램 혼자만 실행되는 것이 아니라, 전체 화면의 일부로 실행된다. 보통은 하나의 프레임 안에 이 프로그램이 들어가게 될 것이다. 다음 그림을 보자.

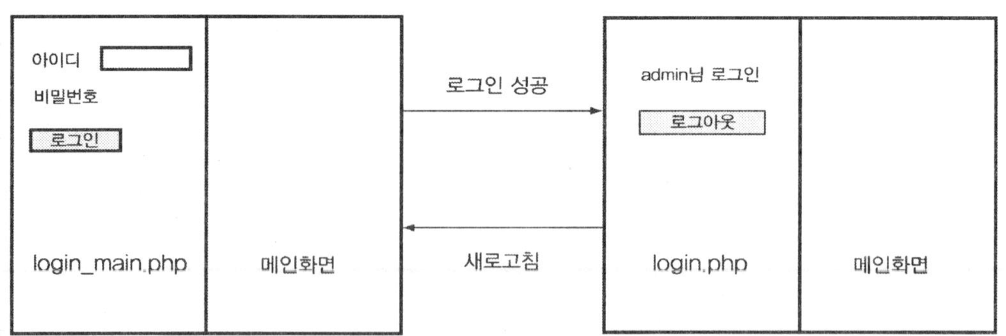


[그림 9-1] 로그인 프로그램 구성이 잘못된 예

로그인 프로그램이 전체 화면 중 하나의 프레임으로 사용되었다면, 그림의 좌측과 같은 화면이 나타날 것이다. 그리고 여기에 아이디와 비밀번호를 입력하고 로그인이 성공하였으며, 로그인이 된 화면을 login.php가 직접 출력했다고 가정하면 그림의 오른쪽과 같은 상태가 되어있을 것이다. 문제는 이제부터 발생한다. 만약 로그인이 된 상태에서 사용자가 새로고침 버튼을 눌렀다면, 화면의 좌측에는 login_main.php가 다시 나타나버리게 된다. 즉, 이미 로그인된 상태임에도 불구하고 아이디와 비밀번호를 입력받는 화면으로 돌아가 버리게 되는 것이다.

이러한 문제를 해결하기 위해서는 login_main.php에서 현재 로그인된 상태인지 아닌지를 판단한 뒤, 로그인 전이라면 좌측의 화면을, 로그인 후라면 우측의 화면을 보여주어야 한다. 즉, 우측의 화면도 login.php가 아니라 login_main.php가 출력해야 하는 것이다. 따라서 최종적으로 완성된 login_main.php는 다음과 같은 형태를 가진다.

**예제 9-10** 완성된 로그인 초기 화면 프로그램 (login_main.php)

```
 1: <?
 2:     $id = $_COOKIE[id];
 3:
 4:     if ($id)
 5:     {
 6:         echo "$id 님이 로그인하셨습니다<br>";
 7:         echo "<a href=logout.php>로그아웃</a>";
 8:     }
 9:     else
10:         echo "<form action=login.php method=post>
11:             아이디: <input type=text name=id><br>
12:             비밀번호 : <input type=password name=pw><br>
13:             <input type=submit value=로그인>
14:             </form>";
15: ?>
```

이 프로그램은 제일 먼저 2번 행에서 "id"라는 이름의 쿠키 값을 꺼내 $id라는 변수에 넣는다. 이 값은 로그인이 된 상태라면 로그인 한 사람의 아이디를 가지고 있고, 로그인이 되지 않은 상태라면 아무 값도 없을 것이다.

따라서 4번 행과 같이 변수 $id를 체크하여 무언가 값을 담고 있다면 로그인된 상태로 보고 로그인 된 화면을 출력한다. 로그인 된 화면은 로그인 한 사람의 아이디와 로그아웃을 처리할 프로그램의 링크를 출력하는 것이다.

만약 변수 $id에 아무 값도 들어있지 않다면 if 문은 조건이 거짓이라고 판정한다. 따라서 아이디와 비밀번호를 입력받는 화면을 출력하는 것이다.

이렇게 대부분의 처리를 login_main.php에서 한다면, login.php는 한 줄만 수정하면 완성된다. 다음과 같다.

**예제 9-11** 완성된 로그인 처리 프로그램 (login.php)

```
 1: <?
 2:     $id = $_POST[id];
 3:     $pw = $_POST[pw];
 4:
 5:     if ($id == "admin" && $pw == "1234")
 6:     {
 7:         setcookie("id", $id);
 8:         header("Location:login_main.php");
 9:     }
10:     else
11:         echo "<script>
12:                 window.alert('아이디 또는 비밀번호가 잘못 입력되었습니다.')
13:                 history.go(-1)
14:             </script>";
15:
16: ?>
17:
```

수정된 곳은 밑줄 친 8번 행뿐이다. 로그인 처리라는 것이, 쿠키를 생성하고, 단순히 login_main.php 프로그램으로 화면을 전환하면 완료되기 때문이다. header 함수는 HTML에 지시된 내용을 기록해 넣는 함수인데, 헤더 중에 "Location" 이라는 항목에 URL을 적어주면 브라우저의 화면이 지정된 URL로 포워딩(forwarding)되는 효과를 보이게 된다. 결과적으로 다음과 같은 사용법만을 기억하면 되겠다.

```
header("Location:이동할URL");
```

이 문장은 지정된 URL로 화면을 전환해 준다.

이제 남은 것은 로그아웃 링크를 눌렀을 때, 로그아웃 처리를 해주는 것뿐이다. 로그아웃을 처리하는 프로그램은 다음과 같다.

**예제 9-12** 로그아웃 처리 프로그램 (logout.php)

```
1: <?
2:     setcookie("id", "", time() - 3600);
3:     header("Location:login_main.php");
4: ?>
```

로그인할 때 처리한 것이 쿠키를 하나 만들고, login_main.php로 전환한 것뿐이니, 로그아웃 처리도 마찬가지이다. 로그인할 때 만들었던 "id" 쿠키를 삭제하고 login_main.php로 돌아가면 모든 작업이 완료된다.

## 확인학습

**1-1.** 쿠키를 생성하거나 삭제할 때 사용하는 함수는 무엇인가?


**1-2.** 쿠키 값을 읽을 때 사용하는 연관 배열의 이름은?


**2-1.** 쿠키와 세션의 차이점은 무엇인가?


**2-2.** 세션변수를 생성, 읽기, 삭제할 때 사용하는 연관 배열의 이름은?


**3.** 세션변수를 생성하는 다른 방법은 함수를 사용하는 것과 $_SESSION이 아닌 연관 배열을 사용하는 것이 있다. 첫 번째 방법에서 사용하는 함수는 무엇인가? 또 두 번째 방법에서 사용하는 연관 배열의 이름은 무엇인가?

확인학습 정답

**1-1.** setcookie()

**1-2.** $_COOKIE

**2-1.** 쿠키는 사용자의 PC에 저장되고, 세션 변수는 서버에 저장된다.

**2-2.** $_SESSION

**3.** session_register(),
$HTTP_SESSION_VARS

1. 다음은 이름이 "name", 값이 "value"인 쿠키를 생성하고, 그 값을 읽고, 삭제하는 문장을 정리한 표이다. 빈 칸을 채워 표를 완성해 보아라.

| 동 작 | 문 장 | 조 건 |
|---|---|---|
| 생 성 | | 생성 후 한 시간 동안 유지 |
| 읽 기 | | 변수 $cv에 값을 넣음 |
| 삭 제 | | |

2-1. 다음은 이름이 "name", 값이 "value"인 세션 변수를 생성하고, 그 값을 읽고, 삭제하는 문장을 정리한 표이다. 빈 칸을 채워 표를 완성해 보아라.

| 동작 | 문장 | 조건 |
|---|---|---|
| 세션 시작 | | |
| 생 성 | | |
| 읽 기 | | 변수 $cv에 값을 넣음 |
| 삭 제 | | |

2-2. 9.4절에서 작성한 로그인 프로그램을, 세션 변수를 이용하도록 고쳐보시오.

3. 다음 코드를 $_SESSION을 사용하여 세션 변수를 생성하도록 고쳐보시오.

```php
$name = "이순신";
session_register("name");

$HTTP_SESSION_VARS["addr"] = "부산";
```

# MySQL 기초

　　PHP는 다른 데이터베이스와도 연동되어 이용될 수 있지만, 실제 PHP로 웹 사이트를 만들 때 가장 많이 사용하는 것이 MySQL 데이터베이스이다. 또 그런 이유 때문에 APM 이라는 패키지가 만들어지기도 했을 것이다.

　　이 책에서는 기본적으로 여러분들이 MySQL 데이터베이스의 기초는 이미 공부한 상태라고 가정한다. 대부분의 학교에서는 실제로 PHP를 공부하기 이전에 MySQL을 공부하는 것이 일반적이기도 해서, 굳이 PHP 책에서 MySQL의 소소한 사용법까지 모두 다 다시 다루는 것이 낭비가 될 수 있기 때문이다. 그러나 간혹 MySQL을 전혀 다루어 본 적이 없는 학습자도 있을 수 있고, 또 오래 전에 배웠다면 기억이 잘 나지 않을 수도 있겠다.

　　따라서 이 장에서는 앞으로 PHP 프로그래밍을 하는 데 필수적인 수준의 MySQL 사용법을 다루도록 한다. 좀 더 상세한 내용이 필요하면 MySQL만을 별도로 다룬 다른 책을 찾아보거나 인터넷을 검색해서 쉽게 원하는 것을 얻을 수 있을 것이다. 이 장에서 다루는 내용은 다음과 같다.

### ✪ MySQL 개요

관계형 데이터베이스의 개념과 MySQL의 구조를 살펴본다.

### ✪ MySQL 클라이언트 시작과 종료

MySQL 클라이언트를 이용하여 데이터베이스에 접속하는 방법과 접속을 종료하는 방법을 공부한다.

### ✪ 기본적인 관리 기능

사용자 계정을 생성하고 비밀번호를 변경하는 기본적인 데이터베이스 관리 방법을 살펴본다.

### ⊕ 데이터베이스 관련 명령어

데이터베이스를 생성, 확인, 삭제하는 방법을 공부한다.

### ⊕ 테이블 관련 명령어

테이블을 생성하고 구조를 확인하며 삭제하는 방법을 공부한다.

### ⊕ 데이터 조작 명령어

데이터를 추가, 조회, 삭제, 수정하는 방법을 공부한다.

### ⊕ 배치 파일을 통한 명령 실행

SQL 명령들이 미리 입력되어 있는 배치 파일을 이용하여 데이터베이스 명령을 실행하는 방법을 살펴본다.

## 10.1 MySQL 개요

MySQL 이야기를 하기에 앞서, 먼저 관계형 데이터베이스가 무엇인지 짚고 가보자. 간단히 말하자면 관계형 데이터베이스는 데이터들을 테이블 형태로 저장하는 데이터베이스를 의미한다. 아마도 여러분들이 무슨 데이터베이스든 한번은 사용해 보았다면, 십중팔구는 관계형 데이터베이스였을 것이다.

관계형 데이터베이스는 데이터를 테이블 형태로 저장하는 데이터베이스이다. 예를 들어 여러분이 여러분 학급의 주소록을 데이터베이스로 관리한다고 하자. 그러면 아마도 그 테이블은 다음과 같이 만들어질 것이다.

| 번 호 | 이 름 | 주 소 | 전화번호 |
|---|---|---|---|
| 1 | 이순신 | 서울 | 111-2222 |
| 2 | 강감찬 | 부산 | 222-3333 |
| 3 | 을지문덕 | 대구 | 444-5555 |
| 4 | 권율 | 대전 | 333-6666 |

관계형 데이터베이스에서는 이렇게 만들어진 테이블의 한 줄을 레코드(record) 또는 로우(row ; 말 그대로 행이라는 뜻)라고 부르며, 세로 열을 필드(field) 또는 컬럼(column ; 열이라는 뜻)이라고 부른다.

그런데 하나의 일에 필요한 테이블이 단지 한 개뿐이지는 않을 것이다. 그래서 서로 관련 있는 테이블들을 하나의 덩어리로 묶어서 취급하는데, 이렇게 관련 있는 테이블들이 묶여있는 덩어리를 데이터베이스라고 부른다. 관련 있다고 하는 기준은 절대적인 것이 아니라 사람이 판단해서 정하는 것이다. 예를 들어 어떤 회사에서는 프로젝트 별로 데이터베이스를 만들 수 있고, 학교에서는 각각의 학생별로 그 학생 혼자 사용할 수 있는 데이터베이스를 만들 수 있다. 따라서 하나의 컴퓨터에 여러 개의 데이터베이스가 있을 수 있게 된다.

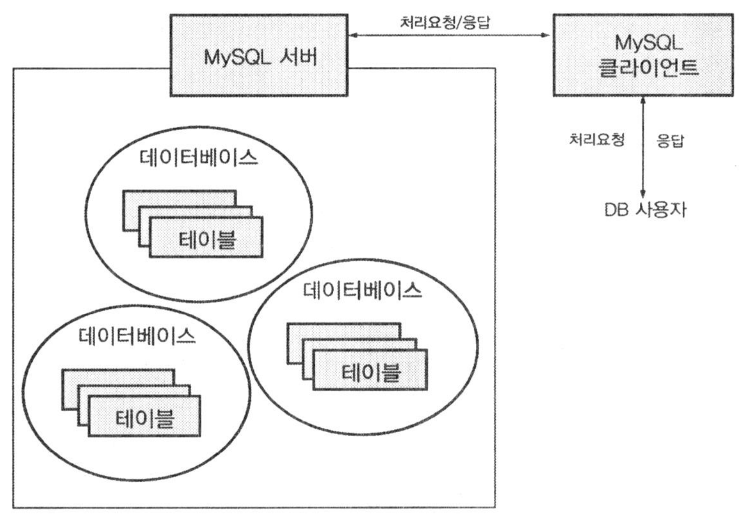


[그림 10-1] MySQL 데이터베이스의 구조 및 동작

이렇게 많은 데이터베이스들을 서로 문제가 생기지 않게 관리해주는 소프트웨어가 필요하게 되는데, 이것을 DBMS(DataBase Management System ; 데이터베이스관리시스템)라고 부른다. 따라서 데이터베이스에 관련된 모든 동작, 즉 데이터베이스를 만들고 지우는 동작, 테이블을 만들고 지우는 동작, 테이블에 데이터를 추가하거나, 삭제하거나, 수정하는 동작들을 할 때에는 사용자가 직접 데이터베이스를 건드리는 것이 아니라, 모두 DBMS에게 요청하고, DBMS가 이 요청을 받아들여 실제 동작을 수행하는 방식으로 진행된다.

실제로 많이 사용되고 있는 DBMS는 여러분이 한번은 다뤄 보았을 법한 마이크로소프트 액세스부터, 중/대형 사이트에 사용되는 오라클, 마이크로소프트 SQL 서버, 그리고 우리가 이제부터 공부할 MySQL 등이 있다. MySQL이 PHP 프로그래머들에게 자주 사용되는 이유는, 이것이 공개 소프트웨어여서 누구나 무료로 다운로드 받아 사용할 수 있다는 점, 다른 DBMS에 비교해 볼 때 소프트웨어 자체가 가벼워 처리 속도가 **빠른** 편에 속한 다는 점 등이 있겠다.

이제 위의 그림으로 돌아가 보자. 그림에서 MySQL 서버라고 적힌 것이 바로 DBMS라고 볼 수 있다. 그러면 MySQL 클라이언트라고 적힌 것은 무엇일까? 방금 우리는 DB에 뭔가 작업을 하고 싶을 때는 직접 DB에 관련된 파일을 건드리는 것이 아니라 DBMS에게 요청해서 실행한다고 배웠다. 그리고 MySQL 서버가 바로 그 DBMS라고 했을 때, 여러분이 MySQL 서버에게 "이 데이터를 어떤 DB의 어떤 테이블에 추가해줘"와 같이 MySQL 서버에게 요청을 할 수 있는 수단이 필요하다. 이 때 사용되는 것이 바로 MySQL 클라이언트이다.

정리하면, MySQL 클라이언트에 DB에 어떤 동작을 해달라는 명령을 적어주면, 이것이 MySQL 서버에게 전달되고 실행되며, 혹시 결과로 돌려주어야 할 값들이 있다면 이것이 다시 MySQL 클라이언트에게 전달되어 사용자가 확인할 수 있게 된다.

## 10.2 MySQL 클라이언트 시작과 종료

APM-SETUP을 설치했다면 여러분의 컴퓨터에는 이미 MySQL 서버와 클라이언트가 모두 설치되어 있을 것이다. 만약을 위해 MySQL 클라이언트가 잘 동작하는지 확인해 보자. 윈도우즈의 시작 → 프로그램 → 보조 프로그램 → 명령 프롬프트를 실행하면 검은색의 명령 프롬프트 창이 뜬다. 여기에 mysql을 입력하고 엔터를 쳐보자. MySQL 클라이언트 프로그램의 이름은 mysql.exe 이므로 mysql을 치고 엔터를 치면 이 프로그램이 실행되어야 한다. 그러면 다음 그림과 같은 화면을 볼 수 있다.

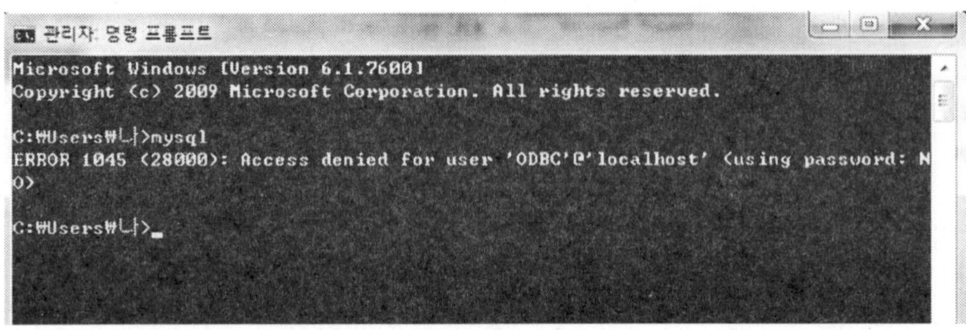

무언가 에러가 나온 것으로 보이지만, 이것은 mysql 뒤에 옵션을 몇 가지 적어 주어야
제대로 동작을 하는데, mysql 만 적고 엔터를 쳤기 때문에 MySQL 클라이언트가 주는 에
러 메시지이다. 하지만 이것만으로도 MySQL 클라이언트가 문제없이 설치되었다는 것은
확인할 수 있다.

MySQL 클라이언트는 MySQL 서버에 접속되어야 그 다음부터 사용자의 명령을 서버에
게 전달할 수 있다. 접속을 위해서는 다음과 같은 정보들을 미리 알고 있어야 한다.

### ⊕ 서버 주소

접속을 원하는 MySQL 서버가 있는 컴퓨터의 주소이다. 내 컴퓨터에 있는 MySQL 클
라이언트라고 해서 내 컴퓨터에 있는 서버에만 접속하는 것은 아니다. 다른 컴퓨터에 있
는 MySQL 서버에 접속해서 그 DB를 사용할 경우도 많이 있다. 따라서 내가 접속하고자
하는 MySQL 서버가 있는 컴퓨터의 주소를 알고 있어야 한다.

### ⊕ 계 정

MySQL 서버 접속을 위한 계정의 아이디와 비밀번호를 알고 있어야 한다. 공용으로 사
용되는 MySQL 서버에 접속하려고 하는 경우에는 관리자에게 요청해서 계정 정보를 미리
받아 두어야 한다. 내 컴퓨터에 깔아서 혼자만 사용하는 MySQL의 경우에는 일단 관리자
계정인 root로 접속해서 직접 사용자 계정을 만들 수 있다. APM-SETUP으로 MySQL을
설치했을 경우, root의 비밀번호는 apmsetup으로 처음 설정되어 있다.

## ✦ 사용할 데이터베이스

내가 사용할 수 있는 DB가 어떤 것인지 알고 있어야 한다. 자신에게 허용된 DB가 없을 경우, 접속을 하더라도 아무런 작업도 할 수 없게 된다. 따라서 공용 DB라면 관리자에게 계정 생성을 요청할 때 자신의 작업용 DB도 같이 요청하여야 한다. 역시 혼자 사용하는 컴퓨터라면 root로 접속해서 작업용 DB를 생성할 수 있다.

필요한 정보가 다 준비되었으면 다음과 같은 형식으로 mysql 클라이언트를 실행한다.

```
C:\> mysql -h호스트 주소 -u사용자 ID -p비밀번호 DB명
```

혹시 접속을 하면서 마지막에 DB이름을 지정하지 않았다면 use 명령으로 사용할 DB를 지정할 수 있다. 즉, 아래 두 줄의 명령은 위의 명령 한 줄과 완전히 동일한 역할을 한다.

```
C:\> mysql -h호스트 주소 -u사용자 ID -p비밀번호
mysql> use DB명
```

예를 들어, "DB서버 : php.net,  계정 : kim,  비밀번호 : 1234,  DB명 : kim_db"라면, 다음과 같이 접속을 하면 된다.

```
C:\> mysql -hphp.net -ukim -p1234 kim_db
```

다른 것은 모두 동일한 상태에서, 내 컴퓨터에 있는 mysql 서버에 접속하려고 한다면 단순히 -h 옵션 없이 실행하면 된다.

```
C:\> mysql -ukim -p1234 kim_db
```

use 명령에 대해 다시 한 번 생각해 보자. use 명령은 이제부터 내리는 명령이 어떤 DB에 적용될 명령인지를 정해주는 명령이다. 예를 들어 내가 어떤 MySQL 서버에서 사용할 수 있는 DB가 aa, bb 이렇게 두 개라고 가정하자. 그리고 MySQL에 접속한 뒤 다음과 같은 명령을 주었다고 생각하자.

```
mysql> use aa
mysql> show tables
mysql> use bb
mysql> show tables
```

나중에 다시 얘기하겠지만, show tables는 DB에 들어있는 테이블 이름들을 나열해주는 명령이다. 첫 번째 줄에서 use aa로 하였으므로, 앞으로 내리는 명령은 aa라는 이름을 가진 데이터베이스에 적용하는 명령이 된다. 그리고 show tables를 하면 aa 데이터베이스 안에 있는 테이블들의 이름이 출력된다. 그리고 다음 줄에서 use bb를 하고 똑같은 명령을 주게 되면, 명령 자체는 똑같지만, 이것은 bb 데이터베이스에 대해 준 명령이므로 bb 안에 있는 테이블들의 리스트를 출력하게 되는 것이다.

한 가지 더, 프롬프트를 눈여겨봐야 한다. "C:₩>"가 화면에 나온 것은 이것이 윈도우즈 명령 프롬프트에 주는 명령이 될 것이라는 의미이다. 즉 이 상태에서 명령을 주면 이것은 윈도우즈가 해석해서 실행하게 된다. 그러나 일단 MySQL 접속이 이루어지고 나면 프롬프트가 "mysql>"로 바뀐다. 이 프롬프트는 MySQL 클라이언트가 출력하는 프롬프트이며, 이때 입력하는 명령은 MySQL 클라이언트가 해석해서 클라이언트로 전달하게 되는 명령이다.

실제로 데이터베이스를 다루는 명령은 아래에서 다루기로 하고, MySQL 클라이언트를 종료해 보자. 종료하는 명령은 quit이다. 다음과 같이 하면 된다.

```
mysql> quit
```

## 10.3 기본적인 관리 기능

### 10.3.1 사용자 계정 생성

여러분이 자신의 컴퓨터에 MySQL을 설치하여 사용한다거나, MySQL 서버의 관리자라면 사용자 계정을 생성할 수 있어야 한다. 그러려면 일단 관리자 계정으로 로그인해야 한다.

```
C:\> mysql -uroot -papmsetup mysql
```

아까 얘기했지만, root의 초기 비밀번호는 apmsetup이다. 나중에 비밀번호를 바꾼다면, 당연히 바뀐 비밀번호를 넣어야 한다. 그리고 마지막에 DB명에 mysql 이라고 했는데, mysql 데이터베이스를 설치하면 기본적으로 생기는 데이터베이스 중 하나가 mysql이다. 이곳에는 사용자 계정 등의 중요한 시스템 관련 정보들이 저장된다.

이제 계정을 생성해보자. id는 phpuser, 비밀번호는 1234 그리고 DB이름은 phpuser_db로 한다고 가정한다.

먼저, DB를 먼저 생성한다. 명령어 사용법과 예를 보이면 다음과 같다.

- **사용법** : create database DB명;
- **예**　　 : create database phpuser_db;

이제 사용자 계정을 생성하고, 이 계정으로 로그인 한 사용자가 방금 만든 DB를 사용할 수 있도록 사용 권한을 셋팅한다. 이것은 다음과 같은 하나의 명령으로 가능하다.

- **사용법** : grant all privileges on <u>DB명</u>.* to <u>ID</u> identified by '<u>비밀번호</u>'
　　　　　with grant option;
- **예**　　 : grant all privileges on phpuser_db.* to phpuser identified by
　　　　　'1234' with grant option;

계정을 생성한 직후에는 이 내용이 DB에 바로 반영되도록 다음과 같은 명령을 내려준다.

```
mysql> flush privileges;
```

계정 생성이 모두 끝났다. root 로그인에서 **빠져 나와도 좋다.**

```
mysql> quit
```

이제 새로 만든 계정으로 접속이 잘 되는지 다음과 같이 확인한다.

```
C:\> mysql -uphpuser -p1234 phpuser_db
```

## 10.3.2 비밀번호 변경

mysql을 사용하다 보면, 비밀번호를 변경할 일이 종종 있게 된다. 여러분이 일반 사용자로 로그인 했을 때는 자신의 비밀번호만 바꿀 수 있다. 그럴 때는 다음과 같은 명령을 사용한다.

```
mysql> set password = password('새 비밀번호');
```

그러나 관리자 계정으로 접속했을 때는 모든 사용자들의 비밀번호를 다 바꿀 수 있다. root로 로그인하여 비밀번호를 변경한 뒤 종료하는 과정까지 모두 적어보면 다음과 같다.

```
C:\> mysql -uroot -papmsetup mysql
mysql> update user set password = password('새 비밀번호') where user = 'ID';
mysql> flush privileges;
mysql> quit
```

만약 root 계정의 비밀번호를 1234로 바꿨다면, 바뀐 비밀번호로 로그인을 해봄으로써 변경이 잘 되었는지 확인해 볼 수 있다.

```
C:\> mysql -uroot -p1234 mysql
```

## 10.4 데이터베이스 관련 명령어

데이터베이스 관련 명령어 중 데이터베이스를 생성하는 명령은 이미 앞에서 배웠다. 다음과 같다.

```
• 사용법 : create database DB명;
• 예     : create database sample1;
```

현재 접속한 MySQL 서버가 관리하고 있는 모든 데이터베이스의 목록을 보는 명령은 다음과 같다.

```
mysql > show databases;
```

마지막으로, 데이터베이스를 삭제하는 명령은 다음과 같다.

```
• 사용법 : drop database DB명;
• 예     : drop database sample1;
```

## 10.5 테이블 관련 명령어

테이블을 생성하는 명령어는 create table 이다. 이 명령은 테이블을 만드는 것이기 때
문에 테이블의 구조도 지정해주어야 하므로 약간 형식이 복잡하다.

```
mysql> create table 테이블명(
        필드명1          타입,
        필드명2          타입,
        필드명3          타입,
        ..........
        primary key(필드명)
     );
```

실제 사용한 예는 다음과 같다.

```
mysql> create table addrbook(
        num          int              not null,
        name         char(10),
        address      char(80),
        tel          char(20),
        primary key(num)
     );
```

위의 예제에서는 4개의 필드가 있는 테이블을 만들고 있다. num 필드는 정수 값이 들
어가고, 반드시 값이 입력되어야 하는 필드(not null)이며, name, address, tel은 문자열
이 들어가고 각각의 최대 길이는 10, 80, 20이다. 그리고 프라이머리 키는 num 필드로

지정되었다.

현재 사용 중인 데이터베이스 안에 있는 테이블들의 목록을 보는 명령은 다음과 같다.

```
mysql> show tables;
```

특정한 한 테이블의 구조, 즉 어떤 필드가 어떤 타입들을 가지고 있는지를 보는 명령은
다음과 같다.

```
• 사용법 : desc 테이블명;
• 예      : desc addrbook;
```

테이블을 삭제하는 명령은 다음과 같다.

```
• 사용법 : drop table 테이블명;
• 예      : drop table addrbook;
```

그 외에 필드 삭제, 수정, 테이블 명 수정에 사용하는 alter 명령이 있으나, 지금까지
다룬 기본 명령들만으로도 PHP 프로그래밍에는 큰 지장이 없으므로 여기서는 다루지 않
는다. 필요한 사람들은 웹에서 alter 명령의 사용법을 검색하면 손쉽게 찾아서 활용할 수
있을 것이다.

## 10.6 데이터 조작 명령어

테이블 안에 데이터를 추가하는 데에는 insert 쿼리를 사용한다. 사용법은 다음과 같다.

```
mysql> insert into 테이블명 (필드명1, 필드명2, ....)
                    values (필드값1, 필드값2, ...);
```

기본적으로 insert 쿼리는 새로운 레코드를 생성하는 명령이라고 할 수 있다. 새로운
레코드의 "필드명1"에는 "필드값1"이 들어가고 "필드명2"에는 "필드값2"가 들어가는 형식
으로 동작하게 된다. 예를 보자.

```
mysql> insert into addrbook (num, name, address, tel)
    -> values (1, '이순신', '서울', '111-2222');
```

위에서 주의할 것은, "->" 표시는 여러분이 입력하는 것이 아니라는 점이다. 하나의 쿼리가 끝나지 않은 상태에서 여러분이 엔터키를 치면 MySQL 클라이언트는 아직 입력할 것이 남아 있으니, 윗줄에 이어서 계속 여러분들이 타이핑을 하라는 의미로 -> 라는 프롬프트를 보여준다.

이렇게 각각의 필드이름을 다 써주는 것이 귀찮을 때도 있다. 한 레코드에서 한 두 필드를 비워두고 값을 줄 경우에는 어떤 필드에 어떤 값이 들어가야 하는지 명확하게 얘기해줘야 하기 때문에 일일이 필드명을 다 적지만, 사실 모든 필드에 빠짐없이 값을 다 넣는 경우는 굳이 그럴 필요가 없다. 다음과 같이 할 수 있다.

```
mysql> insert into addrbook values (2, '강감찬', '부산', '222-3333');
```

위와 같이 필드명 부분은 생략하고 데이터 값만 써주면 create table 할 때 적었던 필드들의 순서대로 값이 들어간다.

레코드가 잘 추가되었는지 데이터를 확인해보기 위해서는 다음의 명령을 사용할 수 있다.

```
mysql> select * from addrbook;
```

이 명령은 addrbook 라는 테이블에서 모든 레코드와 모든 필드값, 즉 모든 데이터를 다 가져와 보여 달라는 의미이다.

만약 특정한 필드만 보고 싶다면 다음과 같이 하면 된다.

```
• 사용법 : select 필드명1, 필드명2, ... from 테이블명;
• 예     : select name, address from addrbook;
```

이 명령은 addrbook 라는 테이블에서 모든 레코드를 다 꺼내 오지만, 모든 필드가 아니라 name과 address라는 필드들의 값만을 꺼내 와서 화면에 보여준다.

만약 모든 레코드가 아니라 특정한 조건을 만족하는 레코드만 꺼내오고 싶다면 다음과 같이 한다.

```
• 사용법 : select 필드명1, 필드명2, … from 테이블명 where 조건식;
• 예     : select name, address from addrbook where tel='222-3333';
```

사실 이것이 select 의 완전한 형태이다. 위의 예에서는 tel 필드의 값이 222-3333 인 레코드만 찾아서 꺼내는데, 그중에서도 name, address 필드의 값만 꺼내온다.

데이터 수정을 위해서는 update 명령을 사용한다. 사용법은 다음과 같다.

```
• 사용법 : update 테이블명 set 필드명=필드값 [where 조건식]
• 예     : update addrbook set tel='123-4567' where num=1;
```

"테이블명"으로 지정된 테이블의 "필드명"에 해당하는 필드의 값을 바꿔준다. 위의 형식에서는 where 조건식 부분이 옵션인 것으로 표시했지만, 사실 옵션이 아니라 거의 필수적이다. 예를 들어 위의 예에서 맨 뒤의 where 부분을 떼고 명령을 다음과 같이 준다면 어떤 일이 벌어질까?

```
mysql> update addrbook set tel='123-4567';
```

이 쿼리는 addrbook 라는 이름의 테이블에서 모든 레코드의 tel 필드값을 123-4567로 바꾸어 버린다. 어떤 레코드의 tel 값이라고 따로 지정해 주지 않았으니 모든 레코드의 tel 필드값을 바꾸는 것이다. 따라서 update 명령을 사용할 때에는 where 절을 제대로 잘 사용했는지 반드시 확인하고 해야 한다.

레코드를 삭제하는 명령은 delete 이다 . 사용 형식은 다음과 같다.

```
• 사용법 : delete from 테이블명 [where 조건식]
• 예     : delete from addrbook where num=2;
```

"테이블명"으로 주어진 테이블에서 조건식을 만족하는 레코드를 삭제한다. 예에서는 addrbook 테이블에서 num 필드의 값이 2인 레코드를 삭제한다. 역시 update 와 마찬가지로 조건식은 필수적이라고 할 수 있다. 예를 들어 다음 명령은 addrbook 테이블의 모든 레코드를 삭제한다. 즉, 테이블에 저장된 데이터가 하나도 없이 텅텅 비게 된다.

```
mysql> delete from addrbook;
```

## 10.7 배치 파일을 통한 명령 실행

mysql을 사용하다보면 비교적 길이가 긴 명령어를 여러 번 사용할 경우가 있다. 예를 들어 게시판 프로그램을 작성했다고 하자. 그런데 게시판에서 사용하는 테이블을 직접 손으로 MySQL 클라이언트에 입력해서 생성했다고 하자. 혹시 다른 컴퓨터에 이 게시판을 이용하려면 어떻게 해야 할까? 또다시 긴 테이블 생성 쿼리를 입력해서 실행해야 할 것이다.

이 때 PHP 프로그램으로 테이블을 생성하는 코드를 짜는 것도 한 방법이지만, MySQL 자체적으로도 해결할 수 있는 방법이 있다. 바로 배치(batch) 파일을 작성하는 것이다. 배치 파일이란 손으로 타이핑해서 한 단계씩 실행할 여러 명령을 미리 하나의 파일에 적어둔 것이다. 이렇게 파일에 적어둔 명령들은 MySQL에게 "이 파일에 적힌 명령을 지금 내가 손으로 치는 것처럼 생각하고 실행해 달라"고 요청하면 실행된다. 예를 들어 앞서 보았던 addrbook 테이블을 생각해 보자. 테이블 생성명령을 직접 MySQL 클라이언트에 입력하지 말고 텍스트 에디터에 입력을 한다.

```
create table addrbook(
    num     int                 not null,
    name    char(10),
    address         char(80),
    tel             char(20),
    primary key(num)
);
```

그리고 이 파일을 addrbook.sql 이라는 이름으로 저장해 보자. 저장할 폴더는 어느 곳이든 가능하겠지만, 나중에 명령 프롬프트에서 MySQL 클라이언트를 실행할 폴더여야 한다. 헷갈린다면 간단히 "C:\" 에 저장하도록 하자. 확장자는 꼭 sql 로 할 필요는 없지만 일반적으로 sql 문장이 담긴 파일은 확장자를 sql 로 하니 그렇게 저장하도록 한다.

자, 이제 미리 입력해서 파일에 담아둔 명령을 실행해달라고 MySQL 클라이언트에게
요청해야 한다. 명령 프롬프트를 띄우고 sql 파일을 저장한 폴더로 이동한다. 예를 들어
"C:₩"에 sql 파일을 저장했는데 현재 폴더가 "C:₩"가 아니라면 먼저 "cd ₩" 명령을 실행
해서 "C:₩" 로 이동한다. 그 다음 다음과 같은 명령을 준다.

```
C:\> mysql  - uphpuser -p1234 phpuser_db < addrbook.sql
```

앞쪽은 우리가 그동안 보았던 mysql 접속 명령을 그대로 쓴 것이다. 다만 뒤쪽에 "〈
addrbook.sql"이 붙었다는 점이 다르다. 이 명령은 "phpuser 계정으로 로그인을 하는데,
내가 클라이언트에 따로 타이핑해서 명령을 줄게 아니라 addrbook.sql 에 미리 다 적어
두었으니까 거기 적힌 것을 내 명령으로 알고 실행하고 끝내면 된다."라는 의미이다.

이 명령을 실행해보면, 나는 quit 명령을 주지도 않았는데, 로그인이 되었던 것인지 의
심스러울 정도로 빨리 "C:₩〉" 프롬프트로 돌아와 있다. 하지만, 별 에러 메시지가 없었다
면 잘 실행된 것이다. 테이블이 정말 잘 만들어졌는지 확인해보자.

```
C:\> mysql  - uphpuser -p1234 phpuser_db
mysql> show tables;
mysql> desc addrbook;
```

테이블 정보가 올바르게 보이면 테이블이 잘 만들어진 것이다.

배치 모드는 데이터베이스를 백업한 뒤 복원할 때에도 사용할 수 있다. 예를 들어 한
서버에 게시판을 운영하다가 서버를 교체한 경우, 그동안 올라왔던 글들이 다 DB에 들어
있으니 그것도 같이 이동해야 한다. 이럴 때 DB를 sql 형태로 백업한 뒤 다른 서버에서
다시 복원하면 원래의 글들을 모두 살릴 수 있다.

데이터베이스를 백업하는 유틸리티는 mysqldump 이며, 이것은 mysql 이 설치될 때
같이 설치되는 프로그램이다. 실행은 다음과 같이 한다.

```
• 사용법 : mysqldump -h서버 -uID -p비밀번호 DB명 > 백업파일명
• 예      : mysqldump - uphpuser -p1234 phpuser_db > backup.sql
```

mysqldump의 명령행 옵션은 mysql 과 똑같다. 그리고 맨 뒤에 "〉 백업파일명"이 붙었을 뿐이다. 백업 파일의 이름은 본인이 마음대로 정해주면 된다. 위의 예에 제시된 명령을 실행하면 DB의 내용이 backup.sql 이라는 파일이름으로 저장되는데, 중요한 것은 이 파일의 내용이 create table과 insert 쿼리들로 구성된다는 점이다. 즉 이것을 실행만 하면 원래의 DB 형태와 내용이 그대로 복원될 수 있는 형태로 저장되는 것이다.

따라서 DB를 복원할 때는 배치 실행 명령을 사용하면 그만이다.

```
• 사용법 : mysql -h서버 -uID -p비밀번호 DB명 < 백업파일명
• 예      : mysql  -uphpuser -p1234 phpuser_db < backup.sql
```

이것만으로 원래의 DB 내용이 완벽히 복구된다.

## 확인학습

**1.** DBMS란 무엇인가?

**2-1.** MySQL 클라이언트 프로그램의 이름은 무엇인가?

**2-2.** MySQL 클라이언트를 이용하여 서버에 접속할 때 사용하는 옵션은 h, u, p가 있다. 각 옵션의 의미를 설명해보라.

**2-3.** 사용할 DB를 지정하는 MySQL 명령은?

**2-4.** MySQL 접속을 해제하는 명령은?

**3-1.** 사용자 계정을 생성하기 위해 사용하는 명령을 순서대로 적어보시오.

**3-2.** 일반 사용자가 비밀번호를 변경하기 위해 사용하는 MySQL 명령을 적어보시오.

**1.** DataBase Management System의 약자로 데이터베이스들을 관리하여 주는 시스템을 의미한다.

**2-1.** mysql.exe

**2-2.** h : 호스트 명
u : 사용자 ID
p : 비밀번호

**2-3.** use

**2-4.** quit

**3-1.** create database DB명;
grant all privileges on DB명.* to ID identified by '비밀번호' with grant option;
flush privileges;

**3-2.** set password = password('새 비밀번호');

**3**-3. root 계정으로 로그인했을 때 다른 일반 사용자의 비밀번호를 변경하는 명령을 적어보시오.

**4.** 데이터베이스를 생성, 삭제하는 쿼리는 각각 무엇인가?

**5**-1. 테이블을 생성하고 삭제하는 쿼리는 각각 무엇인가?

**5**-2. 현재 DB 안에 있는 테이블의 리스트를 보는 명령은 무엇인가? 또 특정 테이블의 구조를 보는 명령은 무엇인가?

**6**-1. 테이블에 레코드를 추가, 수정, 삭제하는 명령은 각각 무엇인가?

**6**-2. select 쿼리의 사용법을 적어보시오.

**7.** DB를 백업 받을 때 사용하는 프로그램의 이름은 무엇인가?

**3**-3. update user set password = password('새 비밀번호') where user = 'ID';

**4.** create database, drop database

**5**-1. create table, drop table

**5**-2. show tables;
    desc 테이블 명;

**6**-1. insert, update, delete

**6**-2. select 필드명1, 필드명2, … from 테이블명 where 조건식;

**7.** mysqldump.exe

## 연습문제

**1.** 테이블, 레코드, 필드의 의미가 무엇인지 설명하시오.

**2.** 다음과 같은 조건에서 MySQL 서버에 접속할 때 사용하는 명령을 적어보시오.

- 서버 주소 : www.abc.com
- 사용자 ID : park
- 비밀번호 : 7890
- DB명 : park_db

**3**-1. 다음과 같은 MySQL 계정을 생성해보시오.

- 사용자 ID : kang
- 비밀번호 : 4567
- DB명 : kang_db

**3**-2. 위 연습문제 3–1에서 만든 계정의 비밀번호를 "abcd"로 바꿔 보시오.

**4.** "test"라는 이름의 DB를 만들었다가 삭제하여 보시오.

**5.** 다음과 같은 필드들을 가지는 테이블 "test"를 생성하여 보시오. 또 생성한 후 "show tables"와 "desc" 명령을 사용하여 생성된 테이블을 확인해 보시오.

```
• id : char(20), primary key
• name : char(20)
• age : int
```

**6-1.** 연습문제 5에서 만든 테이블에 임의의 데이터를 넣은 레코드를 3개 이상 추가해보시오.

**6-2.** 추가한 레코드 중 한 레코드의 age를 25로 변경해 보시오.

**6-3.** age 값을 변경한 레코드를 삭제해 보시오.

**7.** 여러분이 이번 장 실습을 하면서 사용한 데이터베이스의 내용을 백업받고, 생성된 sql 파일의 내용을 확인해 보시오.

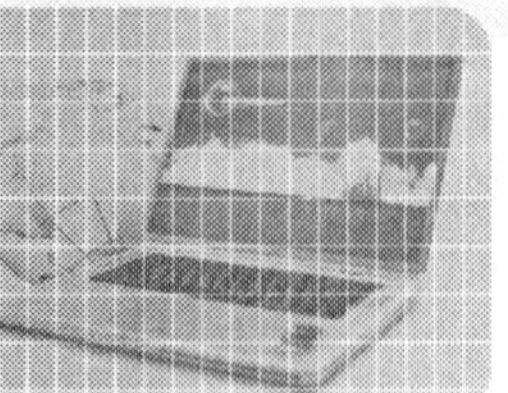

# PHP와 MySQL 연동

우리가 지난 장에서 MySQL의 사용법을 살펴본 것은 결국 PHP 프로그램을 사용해서 MySQL에 연결하고 데이터베이스에 데이터를 넣거나 꺼내오기 위한 것이었다. PHP는 이를 위하여 많은 함수들을 제공하고 있다. 이 장에서는 그 중에서 데이터베이스 연동에 필수적인 함수들을 공부한다. 이 장에서 다루는 내용은 다음과 같다.

### ⊕ MySQL 접속 및 종료

PHP 프로그램에서 MySQL 데이터베이스에 접속을 하고, 그 접속을 종료하는 방법을 살펴본다.

### ⊕ 데이터를 조작하는 쿼리 실행

데이터베이스에 데이터를 추가, 삭제, 수정하는 쿼리를 실행하는 방법을 공부한다.

### ⊕ 데이터를 꺼내오는 쿼리 실행

데이터베이스에 저장된 데이터를 꺼내오는 쿼리를 실행하는 방법을 공부한다.

## 11.1 MySQL 접속 및 종료

MySQL 클라이언트를 이용하여 데이터베이스에 데이터를 넣거나 빼내기 위해서는 먼저 MySQL 서버에 접속을 하고, 사용이 끝나면 접속을 끊어주었다. PHP 프로그램도 마찬가지로 MySQL을 사용하기 위해서는 먼저 서버에 접속을 하고, 사용이 끝나면 접속을 끊어주는 작업이 필요하다. MySQL 서버에 접속하기 위한 함수는 다음과 같다.

```
mysql_connect("서버 주소", "사용자 ID", "비밀번호");
```

함수의 이름은 mysql_connect 이고 3개의 인자를 받도록 되어있다. MySQL 서버의 주소, 사용자 ID, 그리고 비밀번호가 그것이다. 비교를 위하여, MySQL 클라이언트를 이용하여 서버에 접속할 때의 명령을 생각해보자. 설명의 편의상 데이터베이스까지는 선택하지 않고, 단지 접속만 한다고 가정하면 접속 명령의 형식은 다음과 같았다.

```
mysql -h서버 주소  -u사용자 ID  -p비밀번호
```

모양이 비슷하다. 이 명령 역시 똑같이 서버의 주소, 사용자 ID, 그리고 비밀번호, 이렇게 3개의 정보를 필요로 한다. 예를 들어 호스트명이 "db.abc.com"이고 ID는 "kim", 비밀번호는 "1234"인 MySQL 계정으로 서버에 접속하려고 한다고 생각해 보자. 손으로 접속할 때의 명령은 다음과 같을 것이다.

```
mysql -hdb.abc.com -ukim -p1234
```

PHP 프로그램 안에서 msyql 서버에 접속하기 위한 코드는 다음과 같다.

```
mysql_connect("db.abc.com", "kim", "1234");
```

다만, 한 가지 생각해 볼 점은 mysql_connent() 함수를 사용할 경우에는 서버의 이름을 생략할 수 없다는 것이다. 손으로 접속할 때에는 MySQL 서버와 접속을 시도하는 컴퓨터가 같은 컴퓨터일 경우, 다음과 같이 -h 옵션을 쓰지 않아도 문제가 없었다.

```
mysql -ukim -p1234
```

하지만 mysql_connect은 함수이므로 인자의 순서에 따라 그것이 무슨 정보인지를 판단하기 때문에 이것을 그냥 비워둘 수가 없다. 따라서 이런 경우에는 다음과 같이 하게 된다.

```
$connect = mysql_connect("localhost", "kim", "1234");
```

네트워크에 대한 기본지식이 있는 사람이라면 무슨 뜻인지 알 것이다. localhost는 현재 이 명령 또는 프로그램이 동작하고 있는 컴퓨터를 의미하는 단어이다.

여기서 한 가지 생각을 더 해보아야 하는 것이, mysql_connect는 리턴 값이 있다는 점이다. 만약 명령 프롬프트에서 클라이언트를 실행하고 접속을 하고 나서, 동시에 다른 서버에도 접속하고 싶다면 명령 프롬프트를 하나 더 띄워주고 거기에서 접속 명령을 실행하면 될 것이다. 이 때 우리는 당연히 어느 쪽 창이 어느 서버에 대한 접속인지를 알고 있기 때문에 원하는 서버에 명령을 줄 수 있다.

그런데, PHP 프로그램에서 똑같은 상황이 생긴다면 어떻게 해야 할까? mysq_connect 함수를 두 번 사용하면 두 개의 DB 연결을 만들 수는 있다. 그런데 그 뒤가 문제가 된다. 어떤 명령을 줄 때, 이것이 어느 서버로 보내는 명령인지 지정해 줄 수단이 필요하게 된다.

이럴 때 mysql_connect 함수의 리턴 값을 이용한다. mysql_connect 리턴 값의 데이터 타입은 "리소스(resource)"이다. 리소스라는 것은 어떤 특정한 대상에 관련된 정보들을 PHP 엔진이 묶어준 정보의 꾸러미라고 생각하면 된다. 예를 들어, 위와 같이 DB 접속을 했다고 할 때, localhost에 있는 MySQL 서버에 대해 접속이 이루어지고 나면, 이 접속에 관련된 각종 정보들을 PHP 엔진이 하나의 리소스로 묶어주고 이것을 $connect라는 변수에 넣어주는 것이다.

이렇게 하고 하면 그 다음부터는 데이터베이스 명령을 주려고 할 때 $connect에 적혀 있는 DB 연결을 통해 작업을 수행하라는 식으로 하면 되는 것이다. 이것은 마치 많은 프로그램 언어에서 파일 처리를 할 때, 파일을 일단 오픈하고 나면 그 다음부터는 일일이 파일 이름을 적어주지 않고 파일 핸들 또는 파일 포인터만 적어주면 동작하는 것과 같은 개념이다.

우리가 하나 더 생각해야 할 것은 에러가 발생했을 경우의 처리이다. MySQL 클라이언트를 이용하는 경우에는 혹시 오류가 발생했으면 클라이언트가 에러 메시지를 출력해주므로 무슨 에러가 발생했는지 알 수 있다. 하지만 PHP에서 접속을 시도할 경우는 이 상태를 사람이 아니라 프로그램에게 알려주어야 하므로, 에러가 난 경우 리소스 변수 대신에 FALSE 값을 리턴 한다. 따라서 mysql_connect의 리턴 값을 체크해보면 접속이 원활히 이루어졌는지를 파악할 수 있다. 이 같은 내용들을 감안하여 보편적으로 많이 사용되는 DB 접속 코드는 다음과 같다.

```php
$connect = mysql_connect("서버 주소", "사용자 ID", "비밀번호");
if (!$connect)
    die("DB 접속 실패 : " . mysql_error());
```

위 소스에서 die 명령은 메시지를 화면에 출력하고 프로그램 실행을 종료하는 명령으로서 더 이상 프로그램 실행을 지속할 수 없는 치명적인 오류가 나왔을 때 사용된다. mysql_error()은 가장 최근에 발생된 MySQL 에러를 설명하는 문자열을 리턴 하는 함수이다. 따라서 이 프로그램은 DB 접속을 시도하고, 만약 접속 시 에러가 나면 에러 메시지를 출력한 뒤 프로그램을 종료하게 된다.

접속이 정상적으로 되었다면 DB를 사용할 수 있다. 그리고 그 첫 단계는 사용할 DB를 지정하는 것이다. PHP에서는 use 명령에 해당하는 함수가 mysql_select_db()이다. 사용법은 다음과 같다.

```php
mysql_select_db("DB명", DB 리소스 변수);
```

예를 들어 kim_db를 선택한다면 다음과 같이 한다.

```php
mysql_select_db("kim_db", $connect);
```

$connect은 아까 접속할 때 mysql_connect의 리턴 값으로 받아왔던 리소스 변수라는 것을 기억할 것이다. 사실 하나의 프로그램에서 사용하는 DB 접속이 딱 하나 뿐이라면 $connect은 생략할 수도 있다.

mysql_select_db 함수도 리턴 값이 있다. DB 선택이 잘 되었으면 TRUE를, 실패했으면 FALSE를 리턴 한다. 그래서 제대로 프로그램을 작성하려면 다음과 같이 하는 것이 맞다.

```php
$db_selected = mysql_select_db("DB명", $connect);
if (!$db_selected)
    die ("DB 선택 실패 : " . mysql_error());
```

하지만, 일반적으로 DB 생성이 제대로 되어 있고, 접속이 문제없이 잘 되었다면, DB 선택은 보통 큰 문제없이 넘어가기 때문에 if ~ die 부분은 종종 생략하기도 한다.

이상과 같은 DB 접속과 DB 선택 과정을 거치면 쿼리를 주고 DB를 사용할 수 있다. DB를 사용하는 명령은 그 형태가 다소 복잡하므로 뒤에서 다루기로 하고, 먼저 DB 사용이 모두 끝난 후 접속을 끊는 방법을 보자. 다음과 같다.

```
mysql_close(DB 리소스 변수);
```

예를 들어 위의 예제에서와 같이 DB 리소스 변수명이 $connect라면 다음과 같이 할 수 있다.

```
mysql_close($connect);
```

역시 DB 리소스 변수는 생략할 수도 있다. 생략할 경우, 가장 최근에 접속된 DB 연결을 끊어주게 된다. 하지만, 가급적 문제의 여지를 남겨두지 않고 적어주는 것이 올바른 프로그래밍 습관일 것이다.

이상의 내용을 모두 정리해서 DB를 이용하는 PHP 프로그램이 보편적으로 가지는 골격을 만들면 다음과 같다.

```
<?
    $connect = mysql_connect("서버 주소", "사용자 ID", "비밀번호");
    if (!$connect)
        die("DB 접속 실패 : " . mysql_error());
    mysql_select_db("DB명", $connect);

    // 이곳에 쿼리를 실행(DB 사용)하는 코드가 들어감

    mysql_close($connect);
?>
```

## 11.2 데이터를 조작하는 쿼리 실행

우리가 클라이언트에서 쿼리를 실행하기 위해서는 "mysql〉" 프롬프트에 원하는 쿼리를 입력하고 엔터만 치면 됐었다. PHP 프로그램 안에서도 쿼리를 실행하는 것 자체는 그다

지 복잡하지는 않다. 다음과 같은 함수를 사용하면 된다.

```
mysql_query("쿼리", DB 리소스 변수);
```

이렇게 함수 자체는 간단하지만, 한 가지 기억해야 하는 것이 있다. 사실 쿼리는 크게 나누어보면 두 가지가 있다는 점이다. DB에 뭔가 조작을 하는 (테이블 구조 및 테이블 속의 데이터를 추가, 삭제, 수정 등) 쿼리와, 이미 넣어둔 데이터를 꺼내오는 쿼리가 그것이다. 조작을 하는데 사용하는 쿼리는 여러 가지가 있고, 꺼내오는 쿼리는 단지 select 하나만 있는 것 같은데 왜 그렇게 나누느냐고 할지 모르겠지만 이유가 있다.

우리가 PHP에서 프로그래밍을 하는 입장에서 보면, 조작을 하는 쿼리는 실행 후에 별다르게 받아올게 없다. 그저 동작이 잘 되었는지 아닌지만 전달 받으면 되는 것이다. 그러나 select 쿼리로 데이터를 꺼내올 경우에는, 테이블이 통째로 올 수도 있는 것이므로, 받아온 테이블 속에서 내가 원하는 데이터를 뽑아 쓰기 위해 추가적인 함수들이 필요하게 된다. 일단은 두 타입 중 상대적으로 간단한 데이터 조작 쿼리의 경우를 보도록 하자.

이를 위해서 DB에 테이블을 하나 만드는 PHP 프로그램을 작성해 보자. 테이블을 만들려면 create table 쿼리를 사용하여야 한다.

**예제 11-1** 테이블 생성 예제 (11-1.php)

```
 1: <?
 2:     $connect = mysql_connect("localhost", "phpuser", "1234");
 3:     if (!$connect)
 4:         die("DB 접속 실패 : " . mysql_error());
 5:     mysql_select_db("phpuser_db", $connect);
 6:
 7:     $sql  = "create table contacts (";
 8:     $sql .= "    num    int          not null auto_increment,";
 9:     $sql .= "    name  char(12),";
10:     $sql .= "    addr   varchar(80),";
11:     $sql .= "    phone varchar(20),";
12:     $sql .= "    primary key(num)";
13:     $sql .= ")";
14:
```

```
15:    $result = mysql_query($sql, $connect);
16:    if (!$result)
17:        die("주소록 테이블 생성 실패!<br>");
18:
19:    echo("주소록 테이블 생성 성공!<br>");
20:    mysql_close($connect);
21: ?>
```

**실행결과**

주소록 테이블 생성 성공!

이 프로그램은 contacts 라는 이름의 테이블을 생성해 준다. mysql_query가 있는 15번 행이 핵심이고, 쿼리가 들어갈 자리에는 쿼리가 길어서 프로그램이 지저분해지는 것을 막으려고 $sql 이라는 이름의 변수를 써넣었다. 당연히 그 앞에 7~13행에서는 $sql 변수에 우리가 실행하기 원하는 쿼리를 적어 넣었을 것이다. $sql에 쿼리 문자열은 사실 다음과 같이 넣을 수도 있었다.

```
$sql  = "create table contacts ( num int not null auto_increment, name
char(12) not null, addr varchar(80), phone varchar(20), primary key(num)
)";
```

하지만 이렇게 할 경우, 프로그램을 읽을 때 테이블의 구조가 잘 눈에 들어오지 않는다. 그래서 일단 $sql 에는 쿼리의 첫줄만 넣고 그 다음 줄부터 .= 연산자를 이용하여 $sql의 뒤쪽에 추가할 문자열을 붙이는 식으로 작성한 것이다. 실제로 많은 PHP 프로그래머들이 코드를 보기 좋게 하기 위해서 이러한 형태로 쿼리 문장을 작성한다.

앞서 말했듯 이 쿼리는 테이블을 생성하는 쿼리이므로, 성공/실패 말고는 별다르게 받아올 데이터가 없다. 따라서 리턴 값은 TRUE/FALSE 형태가 된다. 그래서 이 값을 바로 뒤에서 if로 체크하여 이 작업이 성공했는지 실패했는지를 알려준 것이다.

데이터 조작 쿼리의 예를 하나만 더 보도록 하자. 방금 만든 테이블에 레코드 5개를 추가하는 프로그램이다.

**예제 11-2** 레코드 추가 예제 (11-2.php)

```php
 1: <?
 2:    $connect = mysql_connect("localhost", "phpuser", "1234");
 3:    if (!$connect)
 4:        die("DB 접속 실패 : " . mysql_error());
 5:    mysql_select_db("phpuser_db", $connect);
 6:
 7:    $name = array("홍길동", "이순신", "강감찬", "을지문덕", "권율");
 8:    $addr = array("서울", "부산", "춘천", "대구", "대전");
 9:    $phone = array("123-4567", "245-5325", "854-3674", "346-6433",
"633-3453");
10:
11:    for ($i = 0; $i < count($name); $i++)
12:    {
13:       $sql = "insert into contacts (name, addr, phone)";
14:       $sql .= "values ('$name[$i]', '$addr[$i]', '$phone[$i]')";
15:
16:       $result = mysql_query($sql, $connect);
17:       if (!$result)
18:           die("$i 번째 레코드에서 데이터 추가 실패!<br>");
19:    }
20:
21:    echo "데이터 추가 성공!<br>";
22:    mysql_close($connect);
23: ?>
```

**실행결과**

데이터 추가 성공!

이 프로그램은 방금 생성한 contacts 테이블에 5명분의 데이터를 추가한다. 이 프로그램에서의 mysql_query역시 별다르게 받아올 값이 없으므로 성공 여부만 체크하면 된다. 진짜로 성공했는지는 MySQL 클라이언트로 접속한 뒤 "select * from contacts"를 실행해서 확인해보기 바란다.

# 11.3 데이터를 꺼내오는 쿼리 실행

자, 이제 데이터를 DB에서 꺼내오는 프로그램을 작성해 보자. select 도 결국은 쿼리이 므로 앞에서와 같은 방법으로 실행할 수 있다. 예를 들어 앞에서 만든 contacts 테이블로 부터 모든 데이터를 읽어오는 코드는 다음과 같다.

```
$result = mysql_query("select * from contacts", $connect);
```

그러나 이번에는 주의할 점이 있는데, 쿼리가 실패할 경우 $result 변수에 FALSE 값이 들어간다는 점은 아까와 같지만, 쿼리가 성공할 경우 $result 변수에는 select 쿼리의 결 과로 얻어진 테이블 데이터, 그리고 관련된 정보가 묶인 리소스가 들어간다는 것이다. 따 라서 일단 쿼리가 끝나고 나면 $result 안에서 내가 원하는 정보나 데이터를 끄집어내서 사용해야 하는데, 이를 위해서 추가적으로 다른 함수들을 사용한다.

## 11.3.1 레코드와 필드의 수 알아내기

가장 먼저 살펴보아야 하는 함수는 테이블에 관한 정보 중 중요한 두 가지, 즉 레코드 의 개수와 필드의 개수를 알아내는데 사용하는 함수이다. 다음과 같다.

```
mysql_num_rows(쿼리 결과 리소스 변수);
mysql_num_fields(쿼리 결과 리소스 변수);
```

함수 이름 자체가 무슨 동작을 하는지 잘 알려주므로 별다른 설명은 필요 없을 것이다. 이 함수들은 테이블의 레코드 개수와 필드의 개수를 알려준다. 이 함수를 실행할 때에는 쿼리의 결과로 돌아온 리소스 변수를 인자로 주어야 하고, 리턴 값은 숫자이므로 정수이 다. 다음 예제를 보자.

예제 11-3 레코드 수와 필드 수 구하기 (11-3.php)

```
1: <?
2:     $connect = mysql_connect("localhost", "phpuser", "1234");
3:     if (!$connect)
```

```
 4:          die("DB 접속 실패 : " . mysql_error());
 5:     mysql_select_db("phpuser_db", $connect);
 6:
 7:     $sql = "select * from contacts";
 8:     $result = mysql_query($sql, $connect);
 9:
10:     $num_records = mysql_num_rows($result);
11:     $num_fields = mysql_num_fields($result);
12:
13:     echo "mysql_query() 함수의 반환 값 : $result<br>";
14:     echo "쿼리 결과의 레코드 수 : $num_records<br>";
15:     echo "쿼리 결과의 필드 수 : $num_fields";
16:
17:     mysql_close($connect);
18: ?>
```



```
mysql_query() 함수의 반환 값 : Resource id #3
쿼리 결과의 레코드 수 : 5
쿼리 결과의 필드 수 : 4
```

이 프로그램은 세 가지 값을 찍는데, 가장 먼저 select 쿼리의 결과로 돌아온 리소스 변수를 그대로 찍는다. 사실 이 출력은 별 의미는 없지만 굳이 출력하려고 하면 어떤 값이 나오는지 한번 보아두어도 좋겠기에 넣은 것이다. 앞에서 말했듯 쿼리의 결과로 받은 리소스는 쿼리의 결과 및 그에 관련된 정보들이 묶여 있는 꾸러미라고 했다. 이것을 그냥 echo 문에 넣는다고 그 모든 값을 다 찍을 수는 없다. 따라서 이 때 PHP는 리소스들을 구분하기 위해 내부적으로 붙여둔 리소스의 번호를 찍어 준다. 그 다음에는 mysql_num_rows의 결과를 레코드 수로, 그리고 mysql_num_fields의 결과를 필드의 수로 찍어준다.

## 11.3.2 데이터 읽어오기

이제 본격적으로 데이터 값을 하나씩 꺼내어 찍는 일을 해보자. 리소스에서 원하는 데이터를 꺼내는 함수는 다음과 같이 3가지가 있다.

```
mysql_fetch_row(쿼리 결과 리소스 변수);
mysql_fetch_array(쿼리 결과 리소스 변수);
mysql_result(쿼리 결과 리소스 변수, 레코드 번호, 필드 번호);
```

세 함수 중 mysql_fetch_row와 mysql_fetch_array는 사용법이 어느 정도 비슷하고, mysql_result가 약간 다르다. 각 함수의 차이점을 차례대로 살펴보도록 하자.

### 11.3.2.1 mysql_fetch_row 함수

먼저 mysql_fetch_row를 이용해서 데이터를 출력하는 프로그램을 보자.

**예제 11-4** mysql_fetch_row를 이용한 데이터 출력 (11-4.php)

```php
 1: <?
 2:     $connect = mysql_connect("localhost", "phpuser", "1234");
 3:     if (!$connect)
 4:         die("DB 접속 실패 : " . mysql_error());
 5:     mysql_select_db("phpuser_db", $connect);
 6:
 7:     $sql = "select * from contacts";
 8:     $result = mysql_query($sql, $connect);
 9:
10:     $num_fields = mysql_num_fields($result);
11: ?>
12:
13: <h2> 주소록</h2>
14: <table width=400>
15:     <tr>
16:         <td>번호</td><td>이름</td><td>주소</td><td>전화번호</td>
17:     </tr>
18: <?
19:     while ($row = mysql_fetch_row($result))
20:     {
21:         echo "<tr>";
22:         for ($i = 0; $i < $num_fields; $i++)
23:           echo "<td>$row[$i]</td>";
24:         echo "</tr>";
```

```
25:     }
26:     mysql_close($connect);
27: ?>
28: </table>
```



## 주소록

| 번호 | 이름 | 주소 | 전화번호 |
|------|------|------|----------|
| 1 | 홍길동 | 서울 | 123-4567 |
| 2 | 이순신 | 부산 | 245-5325 |
| 3 | 강감찬 | 춘천 | 854-3674 |
| 4 | 을지문덕 | 대구 | 346-6433 |
| 5 | 권율 | 대전 | 633-3453 |

데이터베이스에 접속하고 쿼리를 실행하는 부분까지는 레코드나 필드 정보를 얻어올 때와 다르지 않다. 실제 값을 찍는 부분인 while 반복문 부분(19~25행)이 중요한데, 19행의 while을 보면, 조건식 부분에서 mysql_fetch_row를 실행한 결과를 $row에 대입하고 이 값이 참인지 거짓인지 판단한다.

myswl_fetch_row 함수는 쿼리의 결과 값에서 한 레코드를 뜯어내서 배열로 만들어 리턴 하는 함수이다. 제일 처음에 호출될 때는 제일 첫 번째 레코드를 뜯어내고, 다시 불릴 때마다 그 다음, 그 다음 레코드를 순서대로 꺼내주게 된다. 만약 마지막 레코드까지 다 뜯어서 돌려준 상태여서 더 이상 줄 레코드가 없으면, FALSE를 리턴 하는 것이다. 따라서 이 반복문은 모든 레코드에 대해서 실행되고 나서 종료된다.

이렇게 해서 반복문에 진입했다면 $row에는 한 레코드에서 만들어진 배열이 들어있을 것이다. 따라서 필드의 개수만큼 반복하면서 각각의 필드를 찍어주면 한 레코드에 있는 모든 필드들의 값을 출력할 수 있게 된다.

## 11.3.2.2 mysql_fetch_array 함수

리소스에서 원하는 데이터를 뽑아내는 두 번째 방법은 mysql_fetch_array 함수를 이용하는 것이다. 이 함수는 모든 것이 mysql_fetch_row와 같은데 만들어지는 배열이 연관배열이라는 점만 다르다. 즉, $row는 각각의 칸에 번호가 붙어있는 일반 배열이 아니라 이름이 붙어있는 연관 배열이 되며, 각 칸의 이름은 필드명이 된다. 위의 예제를 mysql_fetch_array를 사용하도록 고치면 다음과 같다.

**예제 11-5** mysql_fetch_array를 이용한 데이터 출력 (11-5.php)

```
 1: <?
 2:    $connect = mysql_connect("localhost", "phpuser", "1234");
 3:    if (!$connect)
 4:       die("DB 접속 실패 : " . mysql_error());
 5:    mysql_select_db("phpuser_db", $connect);
 6:
 7:    $sql = "select * from contacts";
 8:    $result = mysql_query($sql, $connect);
 9: ?>
10:
11: <h2> 주소록</h2>
12: <table width=400>
13:    <tr>
14:       <td>번호</td><td>이름</td><td>주소</td><td>전화번호</td>
15:    </tr>
16: <?
17:    while ($row = mysql_fetch_array($result))
18:    {
19:       echo "<tr>";
20:       echo "<td>$row[num]</td>";
21:       echo "<td>$row[name]</td>";
22:       echo "<td>$row[addr]</td>";
23:       echo "<td>$row[phone]</td>";
24:       echo "</tr>";
25:    }
26:    mysql_close($connect);
27: ?>
28: </table>
```

## 주소록

| 번호 | 이름 | 주소 | 전화번호 |
|------|------|------|----------|
| 1 | 홍길동 | 서울 | 123-4567 |
| 2 | 이순신 | 부산 | 245-5325 |
| 3 | 강감찬 | 춘천 | 854-3674 |
| 4 | 을지문덕 | 대구 | 346-6433 |
| 5 | 권율 | 대전 | 633-3453 |

앞의 프로그램과 비교해 볼 때, mysql_fetch_array를 사용할 때에는 필드의 개수를 따로 구할 필요가 없으므로, mysql_num_fields를 사용하는 행은 지워졌다. 그러나 필드 이름을 일일이 써주어야 하기 때문에 for 반복문을 쓰지 못하고, 각 필드에 대응되는 배열 요소 명을 직접 적어주었다. 따라서 이 방법은 괜히 프로그램의 길이만 길게 한다고 생각하는 사람도 있을 텐데, 실제로 이 상황에서는 그렇다.

하지만 화면 구성상 각각의 필드를, 하나는 이곳에, 하나는 저곳에 찍느라 어차피 반복문을 못 쓰는 상황에서는 $row[1] 보다는 $row[name]이 프로그램을 작성하거나 읽기에 쉬울 것이다. mysql_fetch_array는 그런 때에 사용한다.

### 11.3.2.3 mysql_result 함수

마지막으로 mysql_result는 사용법이 조금 다르다. 함수의 형식은 다음과 같다.

```
mysql_result(쿼리 결과 리소스 변수, 레코드 번호, 필드 번호);
```

이것을 보면 알겠지만, 몇 번째 레코드의 몇 번째 필드 값을 뽑아올 것인지 함수의 인자로 직접 적어주므로 레코드를 하나의 배열로 만드는 과정이 필요 없다. 사용한 예는 다음과 같다.

**예제 11-6** mysql_result를 이용한 데이터 출력 (11-6.php)

```
 1: <?
 2:     $connect = mysql_connect("localhost", "phpuser", "1234");
 3:     if (!$connect)
 4:        die("DB 접속 실패 : " . mysql_error());
 5:     mysql_select_db("phpuser_db", $connect);
 6:
 7:     $sql = "select * from contacts";
 8:     $result = mysql_query($sql, $connect);
 9:
10:     $num_records = mysql_num_rows($result);
11:     $num_fields = mysql_num_fields($result);
12:
13: ?>
14:
15: <h2> 주소록</h2>
16: <table width=400>
17:     <tr>
18:         <td>번호</td><td>이름</td><td>주소</td><td>전화번호</td>
19:     </tr>
20: <?
21:     for ($i = 0; $i < $num_records; $i++)
22:     {
23:        echo "<tr>";
24:        for ($j = 0; $j < $num_fields; $j++)
25:        {
26:            $data = mysql_result($result, $i, $j);
27:            echo "<td>$data</td>";
28:        }
29:        echo "</tr>";
30:     }
31:     mysql_close($connect);
32: ?>
33: </table>
```

## 주소록

| 번호 | 이름 | 주소 | 전화번호 |
|---|---|---|---|
| 1 | 홍길동 | 서울 | 123-4567 |
| 2 | 이순신 | 부산 | 245-5325 |
| 3 | 강감찬 | 춘천 | 854-3674 |
| 4 | 을지문덕 | 대구 | 346-6433 |
| 5 | 권율 | 대전 | 633-3453 |

21~30행의 내용에 주목하기 바란다. 이 부분은 전체적으로 이중 for문으로 구성되어 있다. 즉, 21번 행에서 $i를 카운터 변수로 하여 레코드의 개수만큼 반복 수행되는 반복문과, 24번 행에서 $j를 카운터 변수로 하여 필드의 개수만큼 반복 수행되는 두 개의 반복문이 존재한다. 그리고 26번 행에서는 mysql_result 함수에 $i와 $j 값을 넣어주고 각각의 필드 값을 얻어와 27번 행에서 echo문을 이용해 출력하게 되는 것이다.

## 확인학습

**1**-1. MySQL 서버에 접속하는 함수의 사용 형식을 쓰시오.

**1**-2. DB를 선택하는 함수의 사용 형식을 쓰시오.

**1**-3. MySQL 접속을 끊는 함수의 사용 형식을 쓰시오.

**2**-1. 쿼리를 실행하는 함수의 사용 형식을 쓰시오.

**2**-2. 쿼리를 실행하는 함수가 돌려주는 리턴 값이 FALSE 일 때의 의미는 무엇인가?

**3**-1. 레코드의 개수와 필드의 개수를 알려주는 함수의 사용 형식을 쓰시오.

**3**-2. select 쿼리를 통해 얻어진 테이블 데이터에서 각각의 필드 값을 뽑아낼 때
사용할 수 있는 3가지 함수의 사용 형식을 쓰시오.

**1**-1. mysql_connect("서버 주소", "사용자 ID", "비밀번호");

**1**-2. mysql_select_db("DB명", DB 리소스 변수);

**1**-3. mysql_close(DB 리소스 변수);

**2**-1. mysql_query("쿼리", DB 리소스 변수);

**2**-2. 쿼리 실행이 실패한 상황임

**3**-1. mysql_num_rows(쿼리 결과 리소스 변수);
mysql_num_fields(쿼리 결과 리소스 변수);

**3**-2. mysql_fetch_row(쿼리 결과 리소스 변수);
mysql_fetch_array(쿼리 결과 리소스 변수);
mysql_result(쿼리 결과 리소스 변수, 레코드 번호, 필드 번호);

**1.** 다음과 같은 DB 계정이 있을 때, DB에 접속하여 사용할 DB를 선택한 뒤 그 냥 종료되는 프로그램을 작성하시오.

> • 서버 주소 : localhost
> • 사용자 ID : phpuser
> • 비밀번호 : 1234
> • DB명 : phpuser_db

**2.** 한 반 학생을 위한 성적처리 프로그램을 작성하려고 한다. 과목은 국어, 영어, 수학, 이렇게 3과목이 있다고 가정하고 모든 학생의 성적 데이터를 저장할 테이블을 생성하고 생성한 테이블에 5개 이상의 레코드를 추가하는 프로그램을 작성하시오.

**3-1.** 연습문제 2번에서 만들어진 테이블로부터 데이터를 읽어서 각 학생의 국어, 영어, 수학 점수, 총점과 평균을 출력하는 프로그램을 작성하시오. 값을 읽을 때는 mysql_fetch_row 함수를 이용하시오.

**3-2.** 연습문제 3-1에서 작성된 프로그램을 mysql_fetch_array 함수를 이용하도록 수정하시오.

**3-3.** 연습문제 3-1에서 작성된 프로그램을 mysql_result 함수를 이용하도록 수정 하시오.

# MySQL 응용

우리는 지난 장에서 PHP와 MySQL의 연동을 살펴보았지만, 그 과정에서 우리가 작성한 것은 데이터베이스에 기록된 인명정보를 출력하는 간단한 예제뿐이었다. 이 장에서는 PHP에서 MySQL을 이용하는 몇 가지 응용 프로그램을 작성하여 보도록 하자. 이 장에서 다루는 내용은 다음과 같다.

### ⊕ 방문 카운터

웹 페이지 방문자 수를 출력해주는 간단한 방문 카운터를 작성해 본다.

### ⊕ 설문조사 프로그램

설문 조사를 하고, 조사 결과를 출력해 주는 프로그램을 작성해 본다.

### ⊕ 주소록 프로그램

인명정보를 추가하고, 삭제할 수 있는 간단한 주소록을 구현한다.

### ⊕ 간이 웹하드

하나의 폴더만 제공하는 간단한 웹 하드를 작성한다.


## 12.1 방문 카운터

방문 카운터가 무엇인지는 모두가 알고 있을 것이다. 웹 페이지가 열릴 때마다 그 값이 증가하여, 현재 몇 번이나 이 페이지가 방문되었는지를 출력하는 프로그램이다. 방문 카운터를 간단하게 만드는 경우에는 파일에 방문 횟수를 적어 놓도록 작성하지만, 여기에서는 MySQL의 활용을 연습해 보는 의미에서 MySQL을 이용한 카운터를 구현할 것이다.

먼저 방문 횟수를 기록해둘 테이블이 필요하다. 테이블을 생성하는 sql 파일은 다음과
같다.

 방문 카운터를 위한 테이블 생성 (12-1.sql)

```
1: create table counter (
2:     count int
3: );
4: insert into counter values ( 0 );
```

테이블의 이름은 counter로 했으며, 방문 횟수 하나만 기록해 두면 되기 때문에 count
라는 이름의 필드 하나뿐이다. 그리고 처음에는 방문 횟수가 0이어야 하므로 count 필드
값이 0인 레코드를 하나 생성한다.

그리고 사실 이런 상황에서는 레코드도 4번 행에서 추가한 레코드 하나뿐이면 된다. 하
지만 만약 이 사이트의 여러 페이지에 대한 방문 횟수를 따로 따로 계산할 필요가 있다면,
그 때는 페이지의 이름이 들어가는 필드도 하나 추가되고, 각 페이지마다 하나씩의 레코
드가 필요할 것이다.

테이블이 만들어졌으니 방문 카운터 프로그램을 작성해야 한다. 프로그램은 다음과 같다.

 방문 카운터 프로그램 (12-2.php)

```
1: <?
2:     $connect = mysql_connect("localhost", "phpuser", "1234");
3:     if (!$connect)
4:         die("DB 접속 실패 : " . mysql_error());
5:     mysql_select_db("phpuser_db", $connect);
6:
7:     mysql_query("update counter set count=count+1", $connect);
8:     $result = mysql_query("select count from counter", $connect);
9:
10:     echo " 방문횟수 : " . mysql_result($result, 0, 0);
11:
12:     mysql_close($connect);
13: ?>
```

실행결과

```
방문횟수 : 1
```

프로그램의 2~5행은 데이터베이스에 접속하는 코드이고, 12번 행은 접속을 종료하는 코드이므로 다시 설명할 필요가 없을 것이다. 실제 이 방문 카운터를 위한 동작은 7~10행이 전부이다.

7행은 update 쿼리를 이용하여 count 필드의 값을 1 증가시키는 동작을 한다. 그리고 8행은 저장된 count 값을 읽는 쿼리를 실행하는 것이다. 쿼리의 결과는 값 하나 뿐이지만 $result라는 이름의 리소스 변수에 담겨있으므로 $result를 직접 출력한다고 해서 그 값을 얻어낼 수는 없다는 것은 이제 모두들 알고 있을 것이다. 따라서 10행에서는 mysql_result 함수를 이용하여 방문 횟수 값 하나를 뽑아낸다. $result에 담긴 쿼리 결과는 하나의 값뿐이므로 0번 레코드의 0번 필드 값이 우리가 원하는 값일 것이다.

자, 이것으로 일단 방문 카운터 프로그램은 완성되었다. 그런데 아무래도 이 프로그램을 사용하기 전에 mysql에 접속하여 테이블을 만드는 것이 귀찮아 보인다. 다른 서버로 이 프로그램을 옮기더라도 따로 mysql 클라이언트를 실행하여 테이블을 만들지 않고, 테이블이 없을 경우 이 프로그램이 알아서 테이블을 만들도록 할 수는 없을까? 당연히 가능하다. 아래 프로그램을 보자. 이것이 필요한 경우 테이블을 생성까지 해주는 완성된 버전의 카운터 프로그램이다.

**예제 12-3** 테이블이 없을 때 생성해주는 방문 카운터 프로그램 (12-3.php)

```php
1: <?
2:    $connect = mysql_connect("localhost", "phpuser", "1234");
3:    if (!$connect)
4:        die("DB 접속 실패 : " . mysql_error());
5:    mysql_select_db("phpuser_db", $connect);
6:
7:    $result = mysql_query("show tables like 'counter'", $connect);
8:    if (mysql_num_rows($result) == 0)
9:    {
```

```
10:        mysql_query("create table counter ( count int )", $connect);
11:        mysql_query("insert into counter values ( 0 )", $connect);
12:    }
13:
14:    mysql_query("update counter set count=count+1", $connect);
15:    $result = mysql_query("select count from counter", $connect);
16:
17:    echo " 방문횟수 : " . mysql_result($result, 0, 0);
18:
19:    mysql_close($connect);
20: ?>
```

이 프로그램은 예제 12-2와 비교해 볼 때 다른 것은 달라진 것이 없고, 음영 처리된
7~12행의 내용이 추가된 것뿐이다.

7번 행은 counter라는 이름의 테이블이 이미 존재하는지를 알아보기 위한 쿼리이다.
이 문장이 실행하는 쿼리를 mysql 클라이언트에 직접 쳐 넣어 보면 다음과 같은 결과를
얻는다.

```
mysql> show tables like 'counter';
+----------------------------+
| Tables_in_phpuser_db (counter) |
+----------------------------+
| counter                    |
+----------------------------+
1 row in set (0.00 sec)

mysql> show tables like 'a';
Empty set (0.00 sec)

mysql>
```

본래 show tables 쿼리는 현재 데이터베이스에 존재하는 모든 테이블들의 이름을 출력
한다. 그런데 그 뒤에 "like 테이블명"을 붙여서 실행하면 지정된 테이블명을 가지는 테이
블 하나만을 결과로 돌려주게 된다. 물론 그런 테이블이 없다면 아무 값도 돌려주지 않는
다. 따라서 show tables like 쿼리를 실행하여 얻는 결과의 레코드 수가 1이라면, 그런
이름을 가진 테이블이 있어서 그 이름을 담고 있는 것이고, 레코드 수가 0이라면 그런 테
이블이 존재하지 않음을 의미하게 된다.

따라서 8행에서는 mysql_num_rows 함수를 이용하여 레코드 수가 0이라면 counter 테이블이 존재하지 않는다고 판단하고 10행과 11행을 실행하여 테이블을 생성하고 레코드 하나를 추가하는 것이다.

이제 프로그램을 한 번 실행해보고, 아무 문제없이 실행된다면 mysql 클라이언트를 이용하여 counter 테이블을 삭제해보자. "drop table counter"라고 명령을 주면 될 것이다. 그리고 이 프로그램을 다시 실행해보라. 방문횟수가 1이라고 나오는가? 그렇다면 성공이다. 테이블을 삭제하고 나서 이 프로그램을 실행시키면 다시 테이블을 생성하고 카운터 값도 0으로 초기화되므로 방문횟수가 1로 돌아간 것이다.

## 12.2 설문조사 프로그램

이 절에서는 우리가 종종 인터넷에서 볼 수 있는 설문조사 프로그램을 만들어보도록 하자. 제대로 된 설문조사 프로그램을 만들려면 설문의 내용이나 선택항목을 웹에서 입력하거나 수정할 수 있어야 하지만, 그렇게 하다보면 프로그램이 너무 커지므로, 여기에서는 설문 내용은 고정되어 있다고 가정하고 간단하게 프로그램을 만들어 보도록 한다.

먼저 해야 할 일은 역시 설문조사 결과를 담을 테이블을 만드는 것이다. 다음에 제시된 sql 파일을 배치 실행하면 테이블이 생성될 것이다.

**예제 12-4** 설문조사 프로그램을 위한 테이블 생성 (12-4.sql)

```
1: create table poll (
2:     num int,
3:     count int
4: );
5: insert into poll values ( 1, 123456 );
6: insert into poll values ( 2, 135621 );
7: insert into poll values ( 3, 332113 );
```

이 테이블은 선택항목의 번호를 담는 num 필드와, 해당 선택 항목이 얼마나 선택되었는지를 담는 count, 이렇게 두 개의 필드로 구성되어 있다. 테이블을 생성하고 나면, 샘플 데이터 레코드를 생성한다. 선택 항목은 1, 2, 3번 이렇게 세 개로 구성되어 있다고 가정했고, 각 항목이 선택된 숫자는 0으로 하지 않고, 한참 설문이 진행 중인 것으로 가정하고 임의의 값으로 채워두었다.

이제 설문조사 페이지를 작성한다. 내용은 다음과 같다.

**예제 12-5** 설문조사 페이지 (12-5.php)

```php
 1: <?
 2:     $connect = mysql_connect("localhost", "phpuser", "1234");
 3:     if (!$connect)
 4:         die("DB 접속 실패 : " . mysql_error());
 5:     mysql_select_db("phpuser_db", $connect);
 6:
 7:     $sql = "select * from poll order by num";
 8:     $result = mysql_query($sql, $connect);
 9:
10:     echo "현재 투표 상황<br><br>";
11:     while ($row = mysql_fetch_array($result))
12:         echo $row[num] . "번 : " . number_format($row[count]) . "<br>";
13:
14:     mysql_close($connect);
15: ?>
16:
17: <br><br><br>
18: 가장 선호하는 웹 프로그래밍 언어는?
19: <form action="12-6.php" method="post">
20:     <input type="radio" name="poll" value=1>ASP
21:     <input type="radio" name="poll" value=2>PHP
22:     <input type="radio" name="poll" value=3>JSP
23:     <br><br>
24:     <input type=submit value="투표">
25: </form>
```

**실행결과**

현재 투표 상황

1번 : 123,460
2번 : 135,623
3번 : 332,118

가장 선호하는 웹 프로그래밍 언어는?

○ ASP ○ PHP ○ JSP

투표

DB 접속 및 종료를 위한 코드는 이제 익숙해졌을 것이다. 접속 후 가장 먼저 실행하는 코드는 다음과 같다.

```
 7:     $sql = "select * from poll order by num";
 8:     $result = mysql_query($sql, $connect);
 9:
10:     echo "현재 투표 상황<br><br>";
11:     while ($row = mysql_fetch_array($result))
12:       echo $row[num] . "번 : " . number_format($row[count]) . "<br>";
```

이 코드는 poll 테이블에 저장된 데이터를 읽어 와서 현재까지의 투표 결과를 출력하는 부분이다. 7번 행의 select 쿼리를 보면 뒤에 "order by num"이라는 옵션이 붙어있는데, 이는 데이터를 가져올 때 num 필드의 값을 기준으로 오름차순으로 정렬해서 가지고 오라는 의미이다. 사실 별다르게 레코드를 삭제하거나 추가하지 않는다면 데이터를 insert 한 순서대로 들어있겠지만, 혹시라도 레코드를 직접 조작한다면 문제가 될 수 있으므로 안전장치 삼아 정렬 옵션을 사용한 것이다.

그 뒤의 11~12번 행은 가져온 레코드들을 순서대로 출력한다. $row[count] 값을 직접 출력하지 않고 number_format이라는 함수를 사용한 것은, 이 함수가 세 자리마다 쉼표 (,)를 넣어 숫자를 보기 좋게 만든 문자열을 리턴하기 때문이다.

19~25번 행은 설문 조사를 하는 폼이다. 내용은 다음과 같다.

```
19: <form action="12-6.php" method="post">
20:     <input type="radio" name="poll" value=1>ASP
21:     <input type="radio" name="poll" value=2>PHP
22:     <input type="radio" name="poll" value=3>JSP
23:     <br><br>
24:     <input type=submit value="투표">
25: </form>
```

특이한 사항은 없으며, 단순히 선택 사항을 라디오 버튼으로 나열한 폼이다.

셋 중 하나를 선택한 뒤 "투표" 버튼을 누르면 이 선택을 poll 테이블에 반영하기 위해 다음에 나오는 12-6.php를 실행한다.

**예제 12-6** 설문조사 결과 저장 프로그램 (12-6.php)

```
 1: <?
 2:     $poll = $_POST[poll];
 3:
 4:     if ($poll)
 5:     {
 6:         $connect = mysql_connect("localhost", "phpuser", "1234");
 7:         if (!$connect)
 8:             die("DB 접속 실패 : " . mysql_error());
 9:         mysql_select_db("phpuser_db", $connect);
10:
11:         $sql = "update poll set count=count+1 where num=$poll";
12:         mysql_query($sql, $connect);
13:
14:         mysql_close($connect);
15:     }
16:     header("Location:12-5.php");
17: ?>
```

2~4번 행은 post 형식으로 전달된 선택 값이 있는지를 확인하는 부분이다. 만약 전달된 값이 있다면 지정된 번호를 가지는 레코드의 count 값을 하나 증가시키는데, 11~12행

에서 이 작업이 이루어진다. 모든 작업이 종료되면 16행의 header 함수를 통해 설문조사 페이지로 돌아가게 된다.

## 12.3 주소록 프로그램

우리는 지난 장에서 데이터베이스에 저장된 인명정보를 출력하는 예제를 작성했었다. 여기에서는 그 주소록 프로그램을 수정해서 데이터를 추가, 삭제하는 등의 기능을 가진 간단한 주소록 프로그램을 완성해보도록 하자. PHP에 집중하고 잡스런 HTML 코딩에 시선을 빼앗기지 않도록 하기 위해 최대한 단순한 화면 구성을 가지도록 만들기는 하겠지만, 기본적인 기능은 갖추어진 주소록이 되도록 할 것이다

### 12.3.1 인명정보 추가

지난 장에서 여러분이 만든 세 가지 버전의 주소록 중, 연관 배열을 사용하는 버전인 예제 11-5를 가지고 시작하도록 하자. 다시 코드를 보여주면 다음과 같다.

**예제 12-7** mysql_fetch_array를 이용한 데이터 출력 (12-7.php)

```
 1: <?
 2:    $connect = mysql_connect("localhost", "phpuser", "1234");
 3:    if (!$connect)
 4:       die("DB 접속 실패 : " . mysql_error());
 5:    mysql_select_db("phpuser_db", $connect);
 6:
 7:    $sql = "select * from contacts";
 8:    $result = mysql_query($sql, $connect);
 9: ?>
10:
11: <h2> 주소록</h2>
12: <table width=400>
13:    <tr>
14:       <td>번호</td><td>이름</td><td>주소</td><td>전화번호</td>
15:    </tr>
```

```
16: <?
17:     while ($row = mysql_fetch_array($result))
18:     {
19:         echo "<tr>";
20:         echo "<td>$row[num]</td>";
21:         echo "<td>$row[name]</td>";
22:         echo "<td>$row[addr]</td>";
23:         echo "<td>$row[phone]</td>";
24:         echo "</tr>";
25:     }
26:     mysql_close($connect);
27: ?>
28: </table>
```

　　주소록에 사람을 추가하는 기능을 넣으려면 폼을 이용하여 인명정보를 입력받고, 이것을 데이터베이스에 추가하여야 한다. 먼저 "주소록"이라는 출력 바로 다음에 추가될 사람의 정보를 입력하는 폼을 만들어 넣자. 이를 위해서는 11행과 12행 사이에 폼 태그를 추가하면 될 것이다. 수정된 프로그램은 다음과 같으며, 음영 처리된 13~18행이 추가된 부분이다.

**예제 12-8** 인명정보 입력 폼이 추가된 주소록 (contacts.php)

```
 1: <?
 2:     $connect = mysql_connect("localhost", "phpuser", "1234");
 3:     if (!$connect)
 4:         die("DB 접속 실패 : " . mysql_error());
 5:     mysql_select_db("phpuser_db", $connect);
 6:
 7:     $sql = "select * from contacts";
 8:     $result = mysql_query($sql, $connect);
 9: ?>
10:
11: <h2> 주소록</h2>
12:
13: <form action="add_person.php" method="post">
14:     이름 : <input type=text size=12 name=name><br>
```

```
15:    주소 : <input type=text size=40 name=addr><br>
16:    전화 : <input type=text size=20 name=phone><br>
17:    <input type=submit value="추가">
18: </form>
19:
20: <table width=400>
21:    <tr>
22:        <td>번호</td><td>이름</td><td>주소</td><td>전화번호</td>
23:    </tr>
24: <?
25:    while ($row = mysql_fetch_array($result))
26:    {
27:        echo "<tr>";
28:        echo "<td>$row[num]</td>";
29:        echo "<td>$row[name]</td>";
30:        echo "<td>$row[addr]</td>";
31:        echo "<td>$row[phone]</td>";
32:        echo "</tr>";
33:    }
34:    mysql_close($connect);
35: ?>
36: </table>
```

실행결과

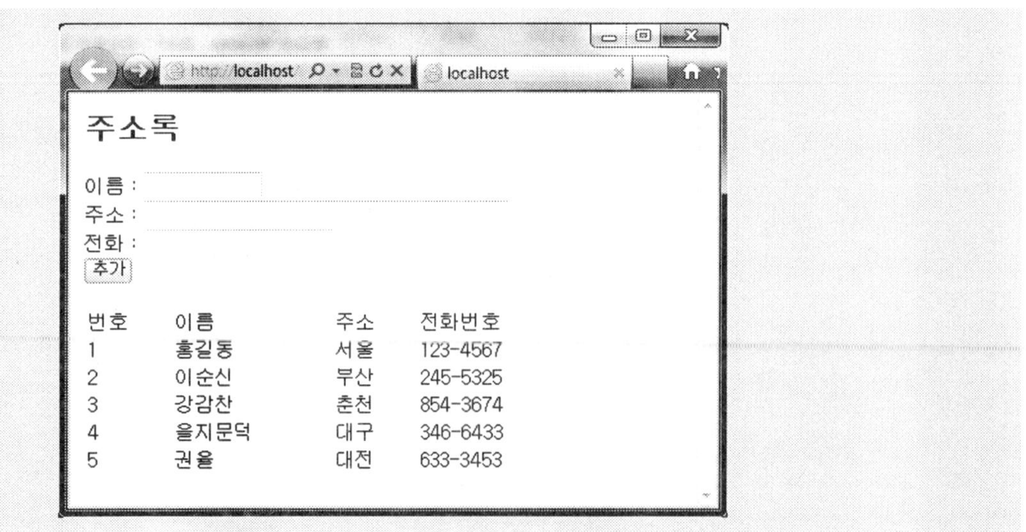

추가된 폼은 이름, 주소, 전화번호를 입력한 뒤 "추가" 버튼을 누르면, add_person.php
라는 프로그램을 실행시키면서 입력된 정보를 넘겨준다. 그렇다면 이제 add_person.php
프로그램에서는 전달받은 정보를 가지고 실제로 데이터베이스에 추가하면 될 것이다.
add_person.php는 다음과 같이 작성하면 된다.

예제 12-9 인명정보 추가 프로그램 (add_person.php)

```php
 1: <?
 2:    $connect = mysql_connect("localhost", "phpuser", "1234");
 3:    if (!$connect)
 4:        die("DB 접속 실패 : " . mysql_error());
 5:    mysql_select_db("phpuser_db", $connect);
 6:
 7:    $sql = "insert into contacts (name, addr, phone)";
 8:    $sql .="values ('$_POST[name]', '$_POST[addr]',
   '$_POST[phone]')";
 9:    mysql_query($sql, $connect);
10:
11:    mysql_close($connect);
12:
13:    header("Location:contacts.php");
14: ?>
```

이 프로그램은 전달 받은 세 값을 가지고 쿼리 문자열을 구성하여 쿼리를 실행하는 간
단한 프로그램이다.

2~5행은 데이터베이스에 접속하고 사용할 데이터베이스를 선택하는 코드이다. 그 뒤
의 7~9행에서는 insert 쿼리를 사용하여 폼에 입력되었던 데이터를 contacts 테이블에
저장하며, 11행에서는 데이터베이스 접속을 종료한다.

마지막으로, 13행에서는 contacts.php로 페이지를 전환한다. 만약 이 문장이 없다면
데이터 추가가 끝난 후 아무 것도 표시하지 않은 하얀 페이지를 보게 될 것이다.

## 12.3.2 인명정보 삭제

주소록에서 인명정보를 삭제하는 것은 기본적으로는 추가하는 것과 큰 차이가 없다. insert 대신에 delete 쿼리를 사용하면 된다. 다만, 삭제할 때에는 정확하게 어느 레코드를 삭제할 것인지를 알아야 한다. 삭제할 사람을 선택할 수 있도록 각각의 인명정보 행 뒤에 "X"표가 표시된 링크를 만들고, 이것을 클릭하면 해당 사람의 정보를 삭제하도록 해보자.

삭제 링크를 추가한 프로그램은 다음과 같다. 역시 음영 처리된 부분이 추가된 부분이며, 예제 12-7의 프로그램에 아주 약간의 수정만 가하면 된다.

**예제 12-10** 삭제 링크가 추가된 주소록 (contacts.php)

```
 1: <?
 2:     $connect = mysql_connect("localhost", "phpuser", "1234");
 3:     if (!$connect)
 4:         die("DB 접속 실패 : " . mysql_error());
 5:     mysql_select_db("phpuser_db", $connect);
 6:
 7:     $sql = "select * from contacts";
 8:     $result = mysql_query($sql, $connect);
 9: ?>
10:
11: <h2> 주소록</h2>
12:
13: <form action="add_person.php" method="post">
14:    이름 : <input type=text size=12 name=name><br>
15:    주소 : <input type=text size=40 name=addr><br>
16:    전화 : <input type=text size=20 name=phone><br>
17:    <input type=submit value="추가">
18: </form>
19:
20: <table width=400>
21:    <tr>
22:      <td>번호</td><td>이름</td><td>주소</td><td>전화번호</td><td>삭제</td>
23:    </tr>
24: <?
```

```
25:     while ($row = mysql_fetch_array($result))
26:     {
27:        echo "<tr>";
28:        echo "<td>$row[num]</td>";
29:        echo "<td>$row[name]</td>";
30:        echo "<td>$row[addr]</td>";
31:        echo "<td>$row[phone]</td>";
32:        echo "<td><a href=del_person.php?num=$row[num]>X</a></td>";
33:        echo "</tr>";
34:     }
35:
36:     mysql_close($connect);
37: ?>
38: </table>
```



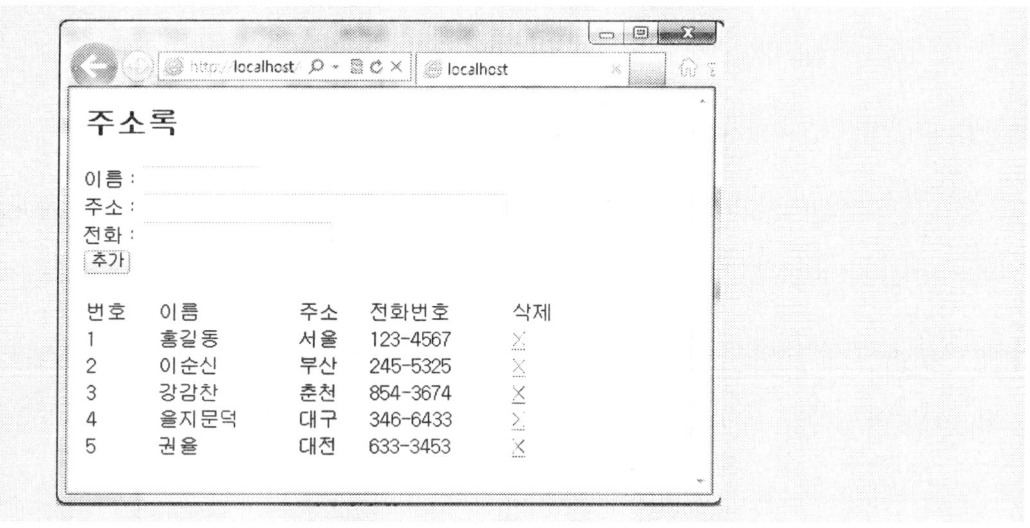


22행에 있는 인명정보 리스트의 헤더부분에 "삭제"라는 글귀를 넣고, 각각의 행에 "X"가 보이는 링크를 추가하기 위해 32행에 한 줄의 코드가 추가되었을 뿐이다. 링크를 만들기 위해 〈a〉 태그가 사용되었다. 다만 주의해서 볼 것은 링크를 클릭했을 때 이동할 주소인데, "href=" 다음에 적힌 주소 부분만을 떼어 놓고 보면 다음과 같다.

```
del_person.php?num=$row[num]
```

del_person.php로 페이지가 이동하는 것은 분명하다. 그러나 페이지가 넘어갈 때 반드시 삭제할 레코드의 번호를 같이 보내주어야 del_person.php에서 지정된 레코드를 삭제할 수가 있다. 그래서 num이라는 이름으로 레코드 번호를 GET 방식을 통해 넘겨주는 것이다.

이제 del_person.php만 새로 다음과 같이 만들어 주면 삭제 기능이 동작하게 될 것이다.

**예제 12-11** 인명정보 삭제 프로그램 (del_person.php)

```php
 1: <?
 2:     $connect = mysql_connect("localhost", "phpuser", "1234");
 3:     if (!$connect)
 4:         die("DB 접속 실패 : " . mysql_error());
 5:     mysql_select_db("phpuser_db", $connect);
 6:
 7:     $sql = "delete from contacts where num=$_GET[num]";
 8:     mysql_query($sql, $connect);
 9:
10:     mysql_close($connect);
11:
12:     header("Location:contacts.php");
13: ?>
```

이 프로그램은 예제 12-8의 add_person.php와 기본 구조는 동일하며, 다만 7번 행의 쿼리가 delete라는 점만 다르다.

이제 다시 메인 프로그램인 contacts.php를 실행시키고 몇몇 레코드를 삭제하여 보자. 문제없이 잘 동작할 것이다. 다만 한 가지 작은 문제점이 보인다. 만약 3번 사람을 삭제하면 리스트의 번호가 1, 2, 4, 5, …와 같은 식으로 나온다. 각 사람의 고유번호 굳이 보고 싶다면 그대로 두는 것이 맞겠지만, 고유 번호는 내부적인 처리에만 사용하고, 화면에는 1, 2, 3, 4 와 같이 나오는 것이 보기에 편할 것이다. 이렇게 하기 위해서는 $row[num]을 그냥 찍을 것이 아니라 별도의 카운터 변수를 만들고 그 값을 대신 찍으면 된다. 이것을 수정한 프로그램은 다음과 같다. 역시 수정된 부분은 음영 처리를 해두었다.

**예제 12-12** 삭제된 번호가 보이지 않는 주소록 (contacts.php)

```php
 1: <?
 2:     $connect = mysql_connect("localhost", "phpuser", "1234");
 3:     if (!$connect)
 4:        die("DB 접속 실패 : " . mysql_error());
 5:     mysql_select_db("phpuser_db", $connect);
 6:
 7:     $sql = "select * from contacts";
 8:     $result = mysql_query($sql, $connect);
 9: ?>
10:
11: <h2> 주소록</h2>
12:
13: <form action="add_person.php" method="post">
14: 이름 : <input type=text size=12 name=name><br>
15: 주소 : <input type=text size=40 name=addr><br>
16: 전화 : <input type=text size=20 name=phone><br>
17: <input type=submit value="추가">
18: </form>
19:
20: <table width=400>
21:     <tr>
22:        <td>번호</td><td>이름</td><td>주소</td><td>전화번호</td><td>삭제</td>
23:     </tr>
24: <?
25:     $count = 1;
26:     while ($row = mysql_fetch_array($result))
27:     {
28:        echo "<tr>";
29:        echo "<td>$count</td>";
30:        echo "<td>$row[name]</td>";
31:        echo "<td>$row[addr]</td>";
32:        echo "<td>$row[phone]</td>";
```

```
33:        echo "<td><a href=del_person.php?num=$row[num]>X</a></td>";
34:        echo "</tr>";
35:        $count++;
36:    }
37:    mysql_close($connect);
38: ?>
39: </table>
```

**실행결과** 3번 레코드를 삭제했을 때에도 번호는 1, 2, 3, 4로 보인다.

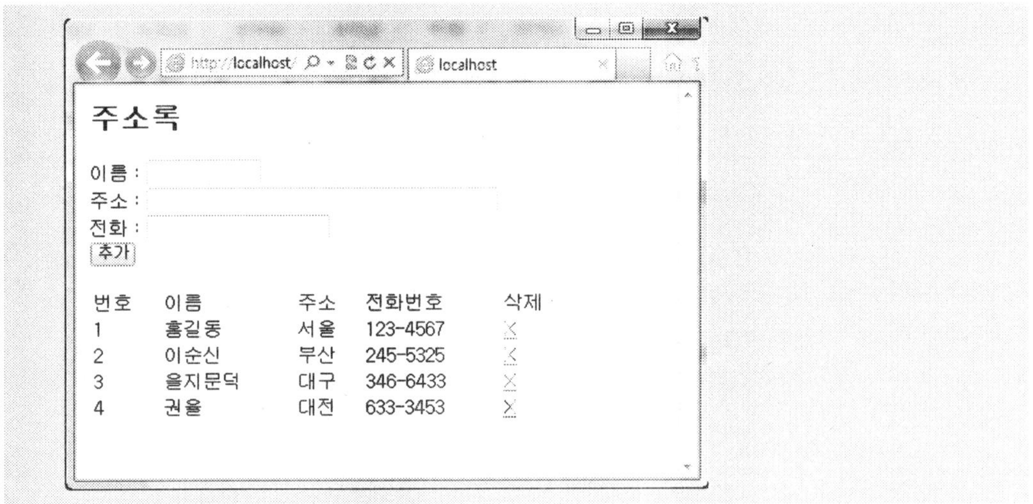



수정된 부분은 25, 29, 35행뿐이다. 이제 레코드를 삭제하여도 번호는 빠짐없이 잘 출력될 것이다.

## 12.3.3 정렬 기준 선택

지금까지 만든 주소록은 기본적인 추가, 삭제 기능이 있다. 여기에 원하는 기준에 따라 리스트를 다시 정렬하는 기능을 추가해 보자. 이것을 위해서는 두 부분에 코드를 추가하여야 한다. 먼저 완성된 주소록 소스를 보자. 밑줄 친 부분이 이 기능을 위해 추가된 부분이며, 이것이 최종적으로 완성된 contacts.php이다.

```php
 1: <?
 2:     $connect = mysql_connect("localhost", "phpuser", "1234");
 3:     if (!$connect)
 4:         die("DB 접속 실패 : " . mysql_error());
 5:     mysql_select_db("phpuser_db", $connect);
 6:
 7:     if ($_GET[mode] == "by_name")
 8:         $sql = "select * from contacts order by binary(name)";
 9:     elseif ($_GET[mode] == "by_addr")
10:         $sql = "select * from contacts order by binary(addr)";
11:     else
12:         $sql = "select * from contacts";
13:
14:     $result = mysql_query($sql, $connect);
15: ?>
16:
17: <h2> 주소록</h2>
18:
19: <form action="add_person.php" method="post">
20:     이름 : <input type=text size=12 name=name><br>
21:     주소 : <input type=text size=40 name=addr><br>
22:     전화 : <input type=text size=20 name=phone><br>
23:     <input type=submit value="추가">
24: </form>
25:
26: 정렬기준 : <a href=<?=$_SERVER[PHP_SELF]?>>저장된 순서대로</a>
27:           <a href=<?=$_SERVER[PHP_SELF]?>?mode=by_name>이름순</a>
28:           <a href=<?=$_SERVER[PHP_SELF]?>?mode=by_addr>주소순
    </a><br><br>
29:
30: <table width=400>
31:     <tr>
32:         <td>번호</td><td>이름</td><td>주소</td><td>전화번호</td><td>삭제
    </td>
33:     </tr>
34: <?
35:     $count = 1;
```

```
36:     while ($row = mysql_fetch_array($result))
37:     {
38:         echo "<tr>";
39:         echo "<td>$count</td>";
40:         echo "<td>$row[name]</td>";
41:         echo "<td>$row[addr]</td>";
42:         echo "<td>$row[phone]</td>";
43:         echo "<td><a href=del_person.php?num=$row[num]>X</a></td>";
44:         echo "</tr>";
45:         $count++;
46:     }
47:     mysql_close($connect);
48: ?>
49: </table>
```

**실행결과**

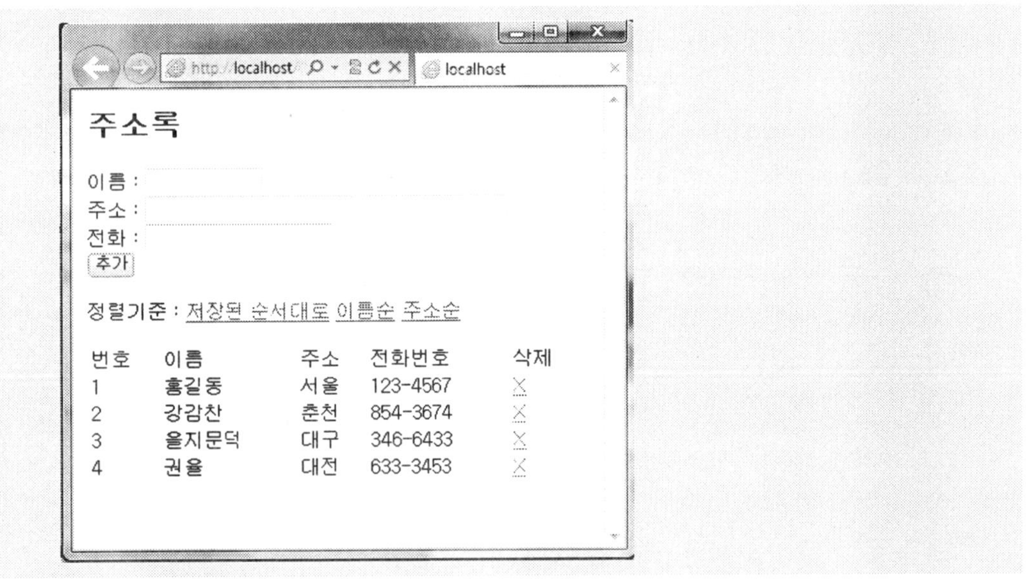


프로그램의 수정은 두 번에 나누어 하도록 한다. 먼저 7~11행을 추가하고 프로그램을 저장한 뒤, 다음과 같이 세 가지의 다른 URL로 실행해보자.

```
http://localhost/contacts.php
http://localhost/contacts.php?mode=by_name
http://localhost/contacts.php?mode=by_addr
```

이들의 차이점은 contacts.php를 실행할 때 mode라는 이름의 값을 주지 않는 것, "by_name"으로 주는 것, "by_addr"로 주는 것뿐이다. 이렇게 mode 값이 변함에 따라 출력되는 데이터도 테이블에 데이터가 저장된 순서, 이름 순서, 주소 순서로 바뀔 것이다. 즉 7~12번 행은 GET 모드로 전달된 mode 값에 따라 이름 또는 주소 순으로 정렬하는 코드이다.

각각의 기준에 따라 리스트를 정렬하는 방법은 의외로 간단하다. 쿼리 뒤에 "order by"를 붙여 적절한 필드를 기준으로 정렬해서 데이터를 가져오도록 하면 되는 것이다. 다만 "order by name"과 같이, 정렬 기준이 되는 필드의 이름을 그대로 쓰지 않고 "binary(name)" 또는 "binary(addr)"과 같이 한 것이 보인다. 이것은 mysql의 문자 셋(character set) 설정에 따라 한글 정렬이 올바르게 되지 않는 경우에 대비한 것이다. MySQL이 제공하는 binary 함수를 사용하여 정렬 기준이 되는 필드를 적어주게 되면 한글 정렬에 큰 문제가 없을 것이다.

지정된 정렬 기준에 따라 데이터를 정렬하여 출력하는 기능이 완성되었다면 이제 원하는 대로 mode 값을 넣어주는 코드만 추가되면 끝이다. 이것이 HTML 부분에 추가된 26~28행이다. 여기에서 각각의 행을 보면 다음과 같은 코드가 보인다.

```php
<?= $_SERVER[PHP_SELF] ?>
```

이 코드는 다음의 문장과 완전히 동일하다.

```php
<? echo $_SERVER[PHP_SELF]; ?>
```

우리가 PHP 프로그램을 하다보면 종종 HTML 중간에 딱 하나의 PHP 변수 값만을 출력하고 싶을 때가 있다. 이럴 때 echo 문을 사용해도 되지만 <?= ... ?> 사이에 PHP 변수만 적어주면 간단하게 변수 값을 출력할 수 있다.

그런데 "$_SERVER[PHP_SELF]"는 무엇일까?

$_SERVER는 $_GET, $_POST와 같이 PHP 엔진이 내용을 채워주는 특별한 연관 배열이다. $_SERVER는 많은 문자열 인덱스들을 가지고 있는데, 그 중에서 $_SERVER[PHP_SELF]는 현재 실행 중인 프로그램의 이름을 담고 있다. 예를 들어 현재 실행 중인 이 프로그램의 이름이 a.php라면 그 값 역시 a.php가 되고, b.php라면 그 값도 b.php가 되는 것이다. 즉, 26~28행에서 〈a〉 태그를 이용하여 만든 링크들을 클릭하면 contacts.php가 다시 실행된다.

## 12.4 간이 웹하드

이 절에서는 MySQL을 이용하여 기본적인 파일 업로드와 다운로드 기능만 가지고 있는 웹하드를 만들어 볼 것이다. 폴더를 새로 만들거나 지우는 기능도 없고, 업로드한 파일을 삭제하는 기능도 없는 아주 간단한 프로그램이지만 웹하드가 어떤 방식으로 구현되는지 기본적인 사항을 파악할 수는 있을 것이다. 혹시 의욕이 있는 독자라면 빠진 기능들을 추가해 넣어보기 바란다. 웹하드가 완전한 형태를 갖출수록 본인의 PHP 프로그래밍 능력도 많이 성장하였음을 느낄 수 있을 것이다.

### 12.4.1 PHP에서의 파일 업로드

이제부터 파일 업로드에 관련된 프로그램들을 작성할 것이므로 업로드된 파일들을 담아둘 폴더를 먼저 만들어야 한다. 물론 PHP 프로그램들이 있는 폴더에 업로드된 파일들이 같이 섞여있도록 할 수도 있지만 따로 폴더를 만들어 두고 업로드된 파일들이 그 폴더로 들어가도록 하는 것이 좋을 것이다. PHP 프로그램들이 들어있는 폴더 아래에 "upload"라는 이름으로 폴더를 만들자.

모든 준비가 끝났으면 HTML 폼을 이용하여 파일을 업로드 받을 수 있는 코드를 다음과 같이 작성할 수 있다.

 파일 업로드를 위한 폼 (12-13.php)

```
1:      <form      enctype="multipart/form-data"      action="12-14.php"
method="post">
2:      업로드할 파일을 선택하세요.<br>
3:      <input name=upload_file type=file><br>
4:      <input type=submit value="업로드">
5: </form>
```

**실행결과**

업로드할 파일을 선택하세요.
찾아보기...
업로드

    기본적인 형태는 그동안 우리가 사용해 왔던 폼과 다를 것이 없다. 다만 특이한 것은 1번행의 폼 태그에 enctype이라는 속성이 추가되었다는 점이다. 이 속성을 추가해야만 파일의 업로드가 정상적으로 진행된다. 그리고 업로드할 파일을 선택할 수 있도록 3행에 파일 업로드 컨트롤을 배치했다.

    이 폼을 실행하면 위의 실행결과에서 볼 수 있는 화면이 뜨게 된다. 이 상태에서 찾아보기 버튼을 눌러 파일을 선택한 뒤 업로드 버튼을 누르게 되면 업로드가 이루어지고, 실행이 12-14.php로 옮겨가게 된다. 다만 아직까지는 파일이 웹 서버의 임시 폴더에 저장되어 있으므로 바로 가져다가 이용할 수 있는 상태가 아니다. 따라서 12-14.php에서는 임시 폴더에 저장되어 있는 파일을 우리가 원하는 폴더로 옮겨놓는 작업을 해야 한다.

**예제 12-15** 파일 업로드를 처리하는 프로그램 (12-14.php)

```
1: <?
2:      if (move_uploaded_file($_FILES[upload_file][tmp_name],
3:                      "upload/" . $_FILES[upload_file][name]))
4:      {
5:          echo "업로드 성공<br>";
6:          echo "파일이름 : " . $_FILES[upload_file][name] . "<br>";
```

```
 7:          echo "파일크기 : " . $_FILES[upload_file][size] . "<br>";
 8:          echo "파일타입 : " . $_FILES[upload_file][type] . "<br>";
 9:     }
10:     else
11:          echo "업로드 실패 : 에러 코드 " . $_FILES[upload_file][error];
12: ?>
```

**실행결과**  "시험용 이미지 파일.JPG"라는 이름의 파일을 업로드 하였을 경우

```
업로드 성공
파일이름 : 시험용 이미지 파일.JPG
파일크기 : 2208951
파일타입 : image/pjpeg
```

앞서 말한바와 같이 이 프로그램이 가장 먼저 하는 일은 임시 폴더로 업로드된 파일을 우리가 원하는 폴더로 옮기는 것이다. 이 작업을 위해서는 파일에 관련된 몇 가지 정보가 필요한데, 이들 정보는 "$_FILES[업로드 컨트롤 이름]"이라는 배열에 담겨있다. 이 배열이 가지고 있는 정보는 다음과 같다.

- $_FILES[업로드 컨트롤 이름][tmp_name] : 임시 폴더에 업로드된 파일의 임시 파일명
- $_FILES[업로드 컨트롤 이름][name] : 이 파일의 원래의 파일명
- $_FILES[업로드 컨트롤 이름][size] : 이 파일의 크기
- $_FILES[업로드 컨트롤 이름][type] : 이 파일의 타입
- $_FILES[업로드 컨트롤 이름][error] : 업로드 과정에서 발생한 오류 코드

이들 정보를 사용하여 move_uploaded_file 함수를 실행할 수 있다. 이 함수는 임시 폴더에 업로드된 파일을 지정한 이름으로 옮겨주는 함수이다. 사용법은 다음과 같다.

```
move_uploaded_file(임시 파일명, 이동 후의 파일명);
```

이동 후의 파일명은 경로를 포함할 수 있다. 따라서 upload_file이라는 컨트롤을 통해 업로드된 임시 파일을 PHP 프로그램 폴더 아래에 있는 upload 폴더로 이동하되, 원래의 파일 이름을 가지도록 하려고 하면 2~3번 행과 같이 함수를 호출하면 된다.

```
move_uploaded_file($_FILES[upload_file][tmp_name],
                   "upload/" . $_FILES[upload_file][name]);
```

이 함수는 리턴 값이 있는데, 업로드가 성공적으로 되었고 파일이 지시대로 잘 옮겨졌
으면 true를, 실패하였으면 false를 리턴하게 된다. 5~8행은 업로드가 성공하였을 경우
파일 정보를 출력하는 부분이며, 11행은 에러가 발생했을 경우 에러코드를 출력하는 부분
이다. 에러가 발행하였다면 에러 코드를 보고 에러의 원인을 찾을 수 있는데, 그 의미는
다음과 같다.

| 에러 코드 | 의 미 |
|---|---|
| 0 | 업로드 성공 |
| 1 | PHP 설정 파일(php.ini)에 upload_max_filesize로 정의된 최대 파일 크기보다 큰 파일 |
| 2 | 폼 태그 내부에서 정의된 최대 파일 크기보다 큰 파일. 폼 태그 내부에서 MAX_FILE_SIZE라는 이름을 가진 컨트롤이 정의되었을 때만 해당된다. |
| 3 | 파일이 일부만 전송됨 |
| 4 | 파일 전송 실패 |

## 12.4.2 테이블 생성

이제 웹하드 프로그램을 작성해 보자. 가장 먼저 할 일은 역시 웹하드를 위한 테이블을
만드는 것이다. 다음의 sql 파일을 배치 실행하면 테이블을 생성할 수 있다.

**예제 12-16** 웹하드를 위한 테이블 생성 (12-15.sql)

```
1: create table webhard (
2:    num    int         not null auto_increment,
3:    fname  varchar(80),
4:    size   int,
5:    regdate varchar(20),
6:    primary key(num)
7: );
```

num 필드는 파일에 일련번호를 부여하기 위한 것이고, fname은 파일명, size는 파일 크기, 그리고 regdate는 파일을 업로드한 날짜를 담는 필드이다. 이제 웹하드의 메인 페이지를 작성한다. 코드는 다음과 같다.

**예제 12-17** 웹하드 메인 페이지 (12-17.php)

```
 1: <h2> 간이 웹하드</h2>
 2:
 3:     <form       enctype="multipart/form-data"       action="12-17.php"
method="post">
 4:     업로드할 파일을 선택하세요.<br>
 5:     <input name=upload_file type=file><br>
 6:     <input type=submit value="업로드">
 7: </form>
 8:
 9: <table width=800>
10:     <tr bgcolor=cyan align=center>
11:         <td>파일명</td><td>크기</td><td>업로드</td>
12:     </tr>
13: <?
14:     $connect = mysql_connect("localhost", "phpuser", "1234");
15:     if (!$connect)
16:         die("DB 접속 실패 : " . mysql_error());
17:     mysql_select_db("phpuser_db", $connect);
18:
19:     $sql = "select * from webhard order by binary(fname)";
20:     $result = mysql_query($sql, $connect);
21:
22:     while ($row = mysql_fetch_array($result))
23:     {
24:        echo "<tr>";
25:      echo "<td><a href='upload/$row[fname]'>$row[fname]</a></td>";
26:        echo "<td align=right>$row[size] </td>";
27:        echo "<td align=center>$row[regdate]</td>";
28:        echo "</tr>";
29:     }
30:     mysql_close($connect);
31: ?>
32: </table>
```

## 간이 웹하드

업로드할 파일을 선택하세요.

[ 찾아보기... ]

[ 업로드 ]

| 파일명 | 크기 | 업로드 |
|---|---|---|
| 시험용 이미지 파일.JPG | 2208951 | 2012-05-23 |
| 시험용 파워포인트 파일.pptx | 97988 | 2012-05-23 |
| 시험용 한글 파일.hwp | 20992 | 2012-05-23 |

제시한 실행 화면은 시험을 위한 파일을 3개 업로드 한 후에 얻어진 것이다. 이제 프로그램을 살펴보자.

프로그램의 선두 3~7행은 파일 업로드 예제 12-13에서 그대로 가져온 것이고, 9~12행은 파일 리스트의 헤더를 출력하는 HTML 코드이므로 이해하는데 문제가 없을 것이다.

그 뒤의 파일 리스트 출력부분은 전체적으로 주소록 출력과 크게 다르지 않다. 19~20행에서는 select 쿼리를 이용하여 테이블에 저장된 파일 정보들을 가져오고, 22~29행에서는 그것들을 차례차례 화면에 출력하는 것뿐이다. 다만 25행에서 파일명을 출력할 때에 〈a〉 태그를 이용하여 파일에 대한 링크를 만들어 놓는데, 이는 파일명을 클릭해서 그 파일을 다운로드 받을 수 있도록 한 것이다.

이제 업로드 처리를 하는 프로그램을 살펴보자.

**예제 12-18** 웹하드 업로드 처리 (12-18.php)

```php
1: <?
2:    if (move_uploaded_file($_FILES[upload_file][tmp_name],
3:                   "upload/" . $_FILES[upload_file][name]))
4:    {
5:        $connect = mysql_connect("localhost", "phpuser", "1234");
6:        if (!$connect)
7:            die("DB 접속 실패 : " . mysql_error());
8:        mysql_select_db("phpuser_db", $connect);
```

```
 9:
10:        $fname = $_FILES[upload_file][name];
11:        $size = $_FILES[upload_file][size];
12:        $regdate = date("Y-m-d");
13:        $sql = "insert into webhard (fname, size, regdate) ";
14:        $sql .= "values ('$fname', $size, '$regdate')";
15:
16:        mysql_query($sql, $connect);
17:
18:        mysql_close($connect);
19:        header("Location:12-16.php");
20:    }
21:    else
22:        echo "<script>
23:            window.alert('업로드 실패!')
24:            history.go(-1)
25:          </script>";
26: ?>
```

이 프로그램의 기본 골격은 업로드 처리를 설명할 때 사용하였던 예제 12-14와 같다.
move_uploaded_file 함수를 호출하고, 이것이 성공하면 파일 정보를 테이블에 저장하
며, 만약 실패하였다면 화면에 에러 창을 띄워 이 사실을 알린 뒤 메인 페이지로 돌아가
게 된다.

12번 행의 date 함수는 현재 날짜를 알려주는 PHP 내장 함수이며, 인자로 주는 문자열
인"Y-m-d"는 "연도-월-일"의 형식으로 날짜가 적힌 문자열을 달라는 의미이다. 예를
들어, 오늘 날짜가 2012년 12월 25일이라고 한다면 date("Y-m-d")는 "2012-12-25"라
는 문자열을 리턴하게 된다.

## 확인학습

**1-1.** counter 테이블의 count 필드 값을 1 증가시키는 쿼리를 적어보시오.

**1-2.** counter 테이블이 존재하지는지 확인할 때 사용하는 쿼리를 적어보시오.

**2.** PHP 내장 함수인 number_format의 용도는 무엇인가?

**3-1.** 다음 코드를 통해 출력되는 문자열을 적어보시오.

```php
echo "<td><a href=del_person.php?num=" . $row[num] .
    ">X</a></td>";
```

**1-1.** update counter set count=count+1;

**1-2.** show tables like 'counter';

**2.** 숫자 중간에 쉼표(,)를 넣어 읽기 쉽게 해준다.

**3-1.** 아래와 같은 문자열이 출력된다. 다만, 밑줄 친 부분은 $row[num]에 들어있는 값이 출력된다.
<td><a href=del_person.php?num=$row[num]>X</a></td>

## 확인학습

**3-2.** select 쿼리에서 order by의 용도는 무엇인가?

**3-3.** MySQL에서 binary() 함수는 어떤 상황에서 사용하는가?

**4-1.** 파일 업로드를 위해서 FORM 태그에 넣어주어야 하는 속성은?

**4-2.** PHP 내장 함수인 move_uploaded_file의 용도는 무엇인가?

**4-3.** PHP 내장 함수인 date의 용도는 무엇인가?

**3-2.** 데이터를 정렬해서 가지고 온다.

**3-3.** 캐릭터 셋에 문제가 있을 때 올바르게 정렬이 이루어지도록 한다.

**4-1.** enctype="multipart/form-data"

**4-2.** 임시 폴더에 임시 파일명으로 업로드된 파일을 원하는 폴더에 원하는 이름으로 옮겨준다.

**4-3.** 현재의 날짜를 알려준다.

1. 예제 12-3을 참고하여, 테이블 이름을 인자로 주면 그 테이블이 데이터베이스에 존재하는지 알려주는 함수를 작성하여 보시오. 존재하면 true를, 존재하지 않으면 false를 리턴하면 된다.

2. 예제 12-6의 11행에는 다음과 같은 문장이 있다. 만약 이 문장에서 "where num=$poll" 부분을 지우고 프로그램을 실행하면 어떤 일이 일어나는가?

```
$sql = "update poll set count=count+1 where num=$poll";
```

3. 연관 배열 $_SERVER는 PHP_SELF 외에도 PHP 프로그램 실행 환경에 대한 많은 정보들이 담겨 있다. 다음 프로그램을 실행해보고 각각의 정보가 어떤 의미인지 생각해 보시오.

```php
<?
    echo "SERVER_ADDR : $_SERVER[SERVER_ADDR]<br>";
    echo "SERVER_NAME : $_SERVER[SERVER_NAME]<br>";
    echo "DOCUMENT_ROOT : $_SERVER[DOCUMENT_ROOT]<br>";
    echo "REMOTE_ADDR : $_SERVER[REMOTE_ADDR]<br>";
?>
```

4. 웹하드 파일 정보 리스트의 파일 크기는 현재 무조건 바이트 단위로 출력된다. 프로그램을 수정하여 다음과 같이 알아보기 쉽게 파일 크기가 출력되도록 하시오.

- 숫자 중간(세 자리마다)에 쉼표를 넣을 것
- 파일 크기에 따라 B, KB, MB로 단위가 바뀌어 출력되도록 할 것

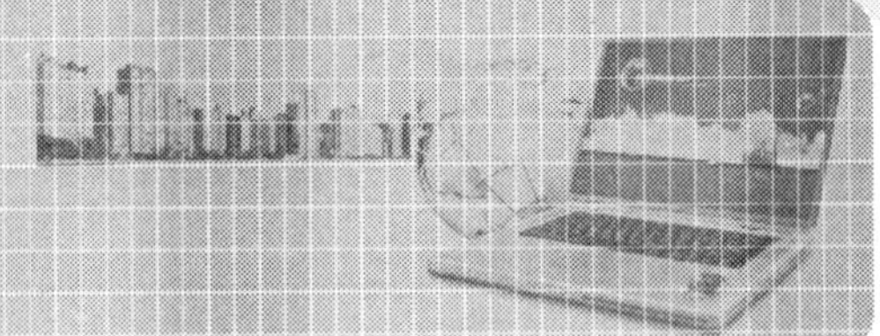


# 자유게시판

게시판은 웹 프로그램 언어로 만들 수 있는 대표적인 프로그램 중 하나이다. 또한 그 동안 공부한 내용을 전체적으로 확인하기에도 좋은 예제가 된다. 이번 장에서는 간단한 자유게시판 프로그램을 작성해 본다. 이 장에서 구현할 게시판 역시 PHP에 집중하기 위해 최대한 단순한 화면 구성을 가지도록 하였다. 따라서 실제 어딘가에 이용하려고 한다면 화면 디자인을 다듬어서 사용하기 바란다. 화면 디자인을 다듬는 작업 자체는 HTML 코딩이지만, 게시판 프로그램의 로직을 정확하게 파악하고 내 것으로 만드는 데 큰 도움이 될 것이다. 이 장에서 다루는 내용은 다음과 같다.

- 테이블 및 샘플 데이터 생성
- 자유게시판 프로그램 구성
- 게시판 메인 페이지(freeboard.php)
- 글쓰기 폼(write_form.php)
- 새 글 등록(write.php)
- 글 내용 보기(view.php)
- 글 수정 폼(modify_form.php)
- 글 내용 수정(modify.php)
- 글 삭제 전 비밀번호 확인(passwd_form.php)
- 글 삭제(delete.php)

## 13.1 테이블 및 샘플 데이터 생성

게시판을 구동시키기 위해서는 먼저 게시판 데이터를 담을 테이블을 생성하여야 한다. 직접 MySQL 클라이언트에 쿼리를 입력할 수도 있겠지만, 입력의 편의를 위해 다음과 같이 freeboard.sql 파일을 만든 뒤 배치 작업으로 테이블을 생성하자.

**예제 13-1** 자유게시판 테이블 및 샘플 데이터 생성 (freeboard.sql)

```sql
 1: create table freeboard (
 2:     num int not null auto_increment,
 3:     name varchar(20) not null,
 4:     passwd varchar(20) not null,
 5:     title varchar(100) not null,
 6:     content text not null,
 7:     register_day varchar(20),
 8:     hits int,
 9:     user_ip varchar(20),
10:     primary key (num)
11: );
12:
13: insert into freeboard values
14:     (1, '홍길동', '11', '시험용 글 1', '글의 내용', '2012-10-10', 0,
    '127.0.0.1'),
15:     (2, '이순신', '11', '시험용 글 2', '글의 내용', '2012-10-10', 0,
    '127.0.0.1'),
16:     (3, '강감찬', '11', '시험용 글 3', '글의 내용', '2012-10-10', 0,
    '127.0.0.1'),
17:     (4, '김수로', '11', '시험용 글 4', '글의 내용', '2012-10-10', 0,
    '127.0.0.1'),
18:     (5, '장길산', '11', '시험용 글 5', '글의 내용', '2012-10-10', 0,
    '127.0.0.1'),
19:     (6, '김수로', '11', '시험용 글 6', '글의 내용', '2012-10-10', 0,
    '127.0.0.1'),
20:     (7, '홍길동', '11', '시험용 글 7', '글의 내용', '2012-10-10', 0,
    '127.0.0.1'),
21:     (8, '이순신', '11', '시험용 글 8', '글의 내용', '2012-10-10', 0,
    '127.0.0.1');
```

이 파일은 크게 두 부분으로 나누어 볼 수 있다. 앞쪽은 테이블을 생성하는 것이고 뒤쪽은 샘플데이터를 넣는 부분이다. 여러분이 단번에 완벽한 프로그램을 작성하고 입력할 수 있다면 샘플 데이터는 필요 없겠지만, 게시판을 한 부분씩 만들어 가면서 중간 중간 프로그램의 동작을 확인하려면 샘플 데이터가 필요하다.

이 파일은 create table 쿼리를 통해 freeboard 라는 이름의 테이블을 생성한다. 각 필드의 의미는 다음과 같다.

| 필드명 | 의 미 |
| --- | --- |
| num | 글의 고유 번호. 프라이머리 키. 자동 생성 |
| name | 작성자 |
| passwd | 글의 비밀번호. 수정/삭제 시에 필요 |
| title | 글 제목 |
| content | 글 내용 |
| register_day | 작성일 |
| hits | 조회 수 |
| user_ip | 작성자 IP |

## 13.2 자유게시판 프로그램 구성

자유게시판을 구성하는 PHP 파일들과 각각의 역할을 요약하면 다음과 같다.

| 파일명 | 역 할 |
| --- | --- |
| db_connect.php | DB 접속 |
| common_form.php | 글쓰기와 글 수정 시 사용할 공용 폼 출력 |
| freeboard.php | 게시판 메인 프로그램. 등록된 글들의 리스트를 보여줌 |
| write_form.php | 글쓰기 폼 |
| write.php | write_form.php에 입력된 글을 DB에 추가 |
| view.php | 하나의 글 내용을 보여줌 |
| modify_form.php | 글 수정 폼 |
| modify.php | modify_form.php에 입력된 글을 DB에 업데이트 |
| passwd_form.php | 글 삭제 전에 실행되는 비밀번호 입력 폼 |
| delete.php | 하나의 글을 DB에서 삭제 |

가장 먼저 나온 db_connect.php 의 소스 코드는 다음과 같다.

**예제 13-2** DB 접속 모듈 (db_connect.php)

```
1: <?
2:     $connect = mysql_connect("localhost", "phpuser", "1234");
3:     if (!$connect)
4:         die("DB 접속 실패 : " . mysql_error());
5:
6:     mysql_select_db("phpuser_db", $connect);
7: ?>
```

소스 코드만 보아도 이것이 DB 서버에 접속하고 DB를 선택하는 코드라는 것을 알 것이다. 아무 일도 하지 않고 단지 DB에 연결만 하는 프로그램을 무엇에 쓰려고 만든 것일까?

우리가 작성할 게시판 프로그램을 구성하는 PHP 파일들은 모두 데이터베이스에 접속하는 것이 필수적이다. 따라서 모든 프로그램의 앞쪽에 DB 서버에 접속하고 DB를 선택하는 코드가 항상 똑같이 나오게 된다. 물론 이 코드를 계속 복사해 붙여도 프로그램은 동작하겠지만, 이런 경우에 사용할 수 있는 방법이 있다. include를 사용하는 것이다. 위와 같이 db_connect.php 라는 파일이 있다면, 프로그램 선두에 직접 DB 접속을 위한 코드를 적지 않고 다음과 같이 할 수 있다.

```
include "db_connect.php";
```

C 언어를 공부한 사람이라면 "#include" 지시자를 기억할 것이다. PHP의 include 명령은 그것과 똑같은 동작을 한다. 즉, "db_connect.php"라는 파일을 읽어서 include가 있는 자리에 집어 넣어주는 것이다. 따라서 include 한 줄이 db_connect.php에 적어둔 4줄의 코드와 똑같은 동작을 하게 된다.

사실 DB 접속 코드를 이렇게 include 처리 하는 것은 더 큰 이유가 있는데, 나중에 서버 주소, 사용자 ID, 또는 비밀번호가 바뀔 때 손쉽게 대응하기 위한 것이다. DB 접속 코드를 PHP 파일마다 일일이 복사해 넣었을 경우, 비밀번호가 변경된다면 모든 PHP 파일을 하나씩 편집해서 비밀번호를 고쳐주어야 한다. 그러나 이렇게 하나의 PHP 파일로 만들고 include로 처리했다면, 한 군데에서 수정해 주는 것만으로 모든 프로그램이 아무 문제없이 실행될 수 있다.

db_connect.php를 제외한 나머지 프로그램 파일들은 게시판 글들의 리스트를 보여주고, 각각의 글 내용을 보여주거나, 글을 추가, 삭제, 편집하는 기능들을 가지고 있다. 따라서 이것들이 어떻게 연결되어 있는지를 머릿속에 잘 정리하고 있어야 전체 프로그램을 쉽게 이해할 수 있을 것이다. 각 프로그램 파일들 간의 관계를 정리하면 다음 그림과 같다.

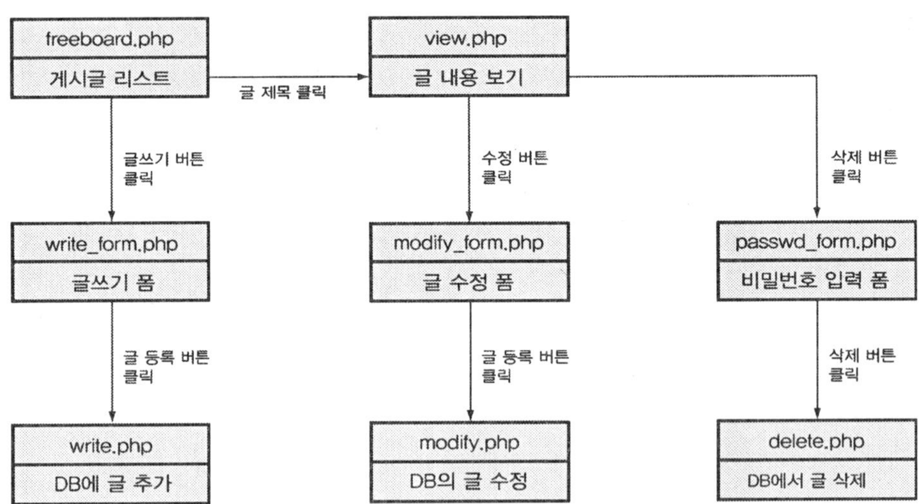


[그림 13-1] 자유게시판 프로그램의 구성

## 13.3 게시판 메인 페이지 – freeboard.php

게시판의 메인 페이지는 해당 게시판에 등록된 글들의 리스트를 보여주는 페이지이다. 그만큼 소스 코드의 양도 많고 복잡해서 한 번에 소스 코드를 입력하고 실행한다면 버그(bug)도 수정하기 어렵고 프로그램의 구조도 잘 파악되지 않을 것이다. 따라서 몇 단계를 거쳐 차근차근 완성해 가도록 할 것이다.

# 13.3.1 게시글 리스트 출력

자유게시판 메인 페이지는 기본적으로 게시된 글들의 리스트를 출력하는 것이다. 게시된 글들을 데이터베이스에서 읽어들여 다음과 같이 화면에 출력하는 프로그램을 만들어 보자.

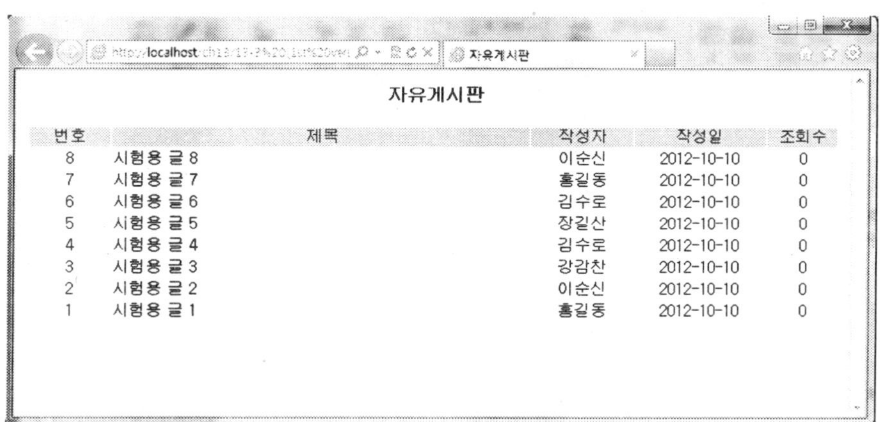



화면을 보면 우리들이 MySQL을 공부하면서 작성해온 다른 예제들과 크게 다르지 않음을 짐작할 수 있을 것이다. 소스 코드는 다음과 같다.

**예제 13-3** 자유게시판 메인 프로그램 첫 번째 버전 (freeboard.php)

```
 1: <html>
 2: <head>
 3: <title> 자유게시판 </title>
 4: </head>
 5:
 6: <body>
 7: <h3><p align=center>자유게시판</p></h3>
 8: <table width=800 align=center>
 9:    <tr bgcolor=cyan>
10:       <td align=center width=80>번호</td>
11:       <td align=center width=420>제목</td>
12:       <td align=center width=100>작성자</td>
13:       <td align=center width=130>작성일</td>
```

```
14:             <td align=center width=70>조회수</td>
15:         </tr>
16:
17: <?
18:     include "db_connect.php";
19:
20:     // 레코드 읽기
21:     $sql =  "select * from freeboard order by num desc";
22:     $result = mysql_query($sql, $connect);
23:
24:     // 게시글 리스트 출력
25:     while ($row = mysql_fetch_array($result))
26:     {
27:         echo "<tr>
28:                 <td align=center>$row[num]</td>
29:                 <td>$row[title]</td>
30:                 <td align=center>$row[name]</td>
31:                 <td align=center>$row[register_day]</td>
32:                 <td align=center>$row[hits]</td>
33:             </tr>";
34:     }
35:
36:     mysql_close($connect);
37: ?>
38:
39: </table>
40: </body>
41: </html>
```

　이 프로그램에서 PHP 부분은 17~37행뿐이다. 21~22행에서는 테이블에 저장된 데이터를 모두 읽어오고 25~34 행에서 그 값들을 순서대로 출력하는 것이 이 프로그램이 하는 일의 전부이다. 다만 21행의 select 쿼리에서 "order by num desc"옵션을 사용했음에 주목하자. "order by 필드명" 뒤에 "desc"를 붙여주면 레코드들이 지정된 필드 값에 따라 내림차순으로 정렬되어 얻어진다. 이렇게 글 번호의 역순으로 정렬해서 데이터를 가져오는 것은, 최근 글이 가장 먼저 나오는 게시판의 속성 때문이다.

## 13.3.2 게시글 리스트의 페이지별 출력

앞에서는 우리들이 사용한 샘플 데이터가 8개뿐이므로 큰 문제가 되지 않았지만, 본래 게시판에 올라온 글들의 리스트는 한 페이지에 일정 개수씩 끊어서 보여주어야 한다. 글이 천개인 게시판의 게시글 리스트를 한 페이지에 모두 표시하고 사용자가 스크롤해가며 보도록 할 수는 없기 때문이다. 나중에 게시판이 모두 완성되면 화면 하단에 페이지 번호의 하이퍼링크들을 만들어 페이지를 전환할 수 있도록 하겠지만, 여기서는 일단 freeboard.php에 GET 방식으로 페이지 번호를 넘겨주면 해당 페이지를 표시하는 기능까지 구현한다. 예를 들어 한 페이지에 게시글 리스트를 5개씩 보여주기로 했는데 다음과 같이 주소창에 URL을 입력하였다고 하자.

```
http://localhost/freeboard.php?page=2
```

게시글 데이터를 읽어올 때 역순으로 정렬해서 가지고 오므로, 가장 최근에 올린 게시글은 0번 레코드에 담기며, 첫 번째 페이지에는 0~4번 레코드에 담긴 게시물들의 제목이 표시되어야 한다. 따라서 두 번째 페이지는 5번 레코드에 담긴 글의 정보부터 표시될 것이다. 이를 그림으로 표시하면 다음 그림 13-2와 같다.

http://localhost/freeboard.php 또는
http://localhost/freeboard.php?page=1 로 보이는 페이지

| 레코드 번호 | 번호 | 제목 | 작성자 | 작성일 | 조회수 | |
|---|---|---|---|---|---|---|
| 0 | 8 | 시험용 글 8 | 이순신 | 2012-10-10 | 0 | |
| 1 | 7 | 시험용 글 7 | 홍길동 | 2012-10-10 | 0 | |
| 2 | 6 | 시험용 글 6 | 김수로 | 2012-10-10 | 0 | Page 1 |
| 3 | 5 | 시험용 글 5 | 장길산 | 2012-10-10 | 0 | |
| 4 | 4 | 시험용 글 4 | 김수로 | 2012-10-10 | 0 | |
| 5 | 3 | 시험용 글 3 | 강감찬 | 2012-10-10 | 0 | |
| 6 | 2 | 시험용 글 2 | 이순신 | 2012-10-10 | 0 | Page 2 |
| 7 | 1 | 시험용 글 1 | 홍길동 | 2012-10-10 | 0 | |

[그림 13-2] 게시글 리스트의 페이지 별 분리

이러한 기능을 구현하기 위해 수정된 freeboard.php는 다음과 같다. 음영 처리된 부분이 추가된 코드이다.

**예제 13-4** 글 리스트를 페이지별로 출력하는 게시판 메인 프로그램  (freeboard.php)

```php
 1: <html>
 2: <head>
 3: <title> 자유게시판 </title>
 4: </head>
 5:
 6: <body>
 7: <h3><p align=center>자유게시판</p></h3>
 8: <table width=800 align=center>
 9:     <tr bgcolor=cyan>
10:         <td align=center width=80>번호</td>
11:         <td align=center width=420>제목</td>
12:         <td align=center width=100>작성자</td>
13:         <td align=center width=130>작성일</td>
14:         <td align=center width=70>조회수</td>
15:     </tr>
16:
17: <?
18:     include "db_connect.php";
19:
20:     // GET/POST로 전달된 값 획득
21:     $page = $_GET[page];
22:
23:     // 게시글 리스트가 모두 몇 페이지가 될지 계산
24:     $num_records_per_page = 5;          // 한 페이지에 표시될 레코드 수 설정
25:
26:     $sql = "select count(*) from freeboard";        // 전체 레코드 수 알아내기
27:     $result = mysql_query($sql, $connect);
28:     $num_records = mysql_result($result, 0, 0);
29:
30:     $num_pages = ceil($num_records / $num_records_per_page);
            // 전체 페이지 수 구하기
31:
32:     // 현재 페이지의 첫번째 레코드 계산
33:     $page = min(max(1, $page), $num_pages);
            // 1 <= 출력할 페이지 번호 <= 전체 페이지 수
34:     $start = ($page - 1) * $num_records_per_page;
            // 출력을 시작할 첫번째 레코드 위치
```

```
35:
36:     // 현재 페이지의 레코드들 읽기
37:     $sql =  "select * from freeboard order by num desc";
38:     $sql .= " limit $start, $num_records_per_page";
39:     $result = mysql_query($sql, $connect);
40:
41:     // 게시글 리스트 출력
42:     while ($row = mysql_fetch_array($result))
43:     {
44:        echo "<tr>
45:                <td align=center>$row[num]</td>
46:                <td>$row[title]</td>
47:                <td align=center>$row[name]</td>
48:                <td align=center>$row[register_day]</td>
49:                <td align=center>$row[hits]</td>
50:             </tr>";
51:     }
52:
53:     mysql_close($connect);
54: ?>
55:
56: </table>
57: </body>
58: </html>
```

이제 이 프로그램을 훑어보도록 하자. include를 빼면 가장 먼저 나오는 코드는 다음과 같다.

```
21:     $page = $_GET[page];
```

이 문장은 GET 방식으로 전달된 page 값을 읽어온다. 물론 extract 함수를 이용하여 GET, POST로 전달된 모든 값들을 변수로 한 번에 생성할 수는 있다. 그러나 그렇게 할 경우 외부로부터 받아온 값이 담긴 변수가 어떤 것이고, 이 모듈 안에서 새로 만들어 쓴 변수가 어떤 것인지 가끔 혼동이 될 여지가 있다. 따라서 어떤 값들이 외부로부터 어떤 방식으로 전달되는지를 명시적으로 써놓는 것이 당장은 귀찮아도 나중에 유지 보수할 때 혼동의 여지가 없다. 이러한 이유에서, 이 장에서 다루는 자유게시판 프로그램에서는 항상 프로그램 선두에 GET/POST로 전달된 값을 변수로 옮겨 담는 문장을 모아 둘 것이다.
이제 그 다음 코드를 보자.

```
24:      $num_records_per_page = 5;
```

$num_records_per_page는 한 페이지에 표시될 글 제목의 수를 담아두는 변수로서,
현재는 한 페이지에 글 제목이 5개씩 나오도록 설정되어 있다.

그 다음 코드는 freeboard 테이블의 레코드 개수를 구하는 select 쿼리를 실행하고, 그
값을 $num_records에 담아두는 역할을 한다.

```
26:      $sql = "select count(*) from freeboard";
27:      $result = mysql_query($sql, $connect);
28:      $num_records = mysql_result($result, 0, 0);
```

mysql_num_row 함수를 사용하지 않은 것은, 그럴 경우 모든 게시판 글을 다 읽어오
는 쿼리를 실행하여야 하는데, 그렇게 되면 게시판의 글이 많을 경우 큰 부하가 되기 때
문이다. 따라서 전체 레코드 개수를 얻어오는 쿼리를 직접 실행하고 레코드의 개수를 구
하였다.

그 다음은 게시글 리스트를 표시하는데 모두 몇 페이지가 필요할지를 계산하는 부분이다.

```
30:      $num_pages = ceil($num_records / $num_records_per_page);
```

24행에서 정의된 변수 $num_records_per_page는 한 페이지에 표시할 글 제목의 개수
를 담아두는 변수이다. 따라서 "전체 글 수 / 페이지 당 표시할 글 제목 수"를 하면 게시
글 리스트가 몇 페이지가 될 것인지 계산할 수 있다. ceil() 함수는 소수점 아래 숫자가
있으면 올림(반올림이 아님)해 준다.

이어지는 코드는 다음과 같다.

```
33:      $page = min(max(1, $page), $num_pages);
```

이 게시판 프로그램에서, 입력 폼을 통해 입력된 값들은 POST 방식으로 전달하지만 페
이지 번호와 글 번호는 GET 방식으로 전달할 것이다. 따라서 몇 번째 페이지를 보여줄지

지정되었다면 상관없지만 그렇지 않다면 표시할 페이지를 1 페이지로 세팅한다. 33번 행은 풀어쓰면 다음 코드와 똑같은 동작을 한다고 할 수 있다.

```
if ($page < 1)
    $page = 1;
if ($page > $num_pages)
    $page = $num_pages;
```

즉 $page의 값이 1보다 작으면 1로, 전체 페이지 수보다 크면 전체 페이지 수로 셋팅하는 것이다. PHP에서 값이 없는 것은 0으로 간주되므로, GET으로 전달된 page 값이 없을 때 이 문장이 페이지 번호를 1로 설정해 주며, 혹시 전체 페이지 수보다 큰 숫자가 전달되어도 마지막 페이지를 출력하도록 $page 값을 보정해 주는 역할을 한다.

다음 문장은 현재 출력해야 하는 페이지의 첫 번째 레코드의 위치를 계산한다.

```
34:     $start = ($page - 1) * $num_records_per_page;
```

이 계산식이 왜 나왔는지는 그림 13-2를 찬찬히 보면 알 수 있을 것이다. 출력할 페이지 번호에서 1을 뺀 값에, 한 페이지에 표시할 글 제목의 개수를 곱하면 몇 번째 레코드부터 출력해야 하는지를 알 수 있게 되는 것이다.

다음 코드는 현재 페이지에 보여줄 레코드들을 DB에서 읽어온다.

```
37:     $sql = "select * from freeboard order by num desc";
38:     $sql .= " limit $start, $num_records_per_page";
39:     $result = mysql_query($sql, $connect);
```

이 코드에서 38번 행만이 새로 추가된 것이다. 게시판은 최신글이 앞 쪽에 나오도록 해야 하므로 일련번호 역순으로 정렬하되, 방금 계산한 페이지 첫 글이 있는 레코드부터 한 페이지에 표시할 레코드 개수만큼만 끊어서 읽어온다. select 문에 옵션으로 붙여진 limit의 사용법은 다음과 같다.

```
limit 읽어오기 시작할 레코드 번호, 읽어올 레코드 개수
```

이렇게 하지 않고 전체 글을 모두 읽어온다면 게시 글이 많은 경우에는 로딩시간이 매우 길어질 것이다.

그 뒤의 부분은 앞에서 다루었던 freeboard.php의 첫 버전과 동일하다. 이제 프로그램이 잘 동작하는지 시험해 보자. http://localhost/freeboard.php 또는 http://localhost/freeboard.php?page=1을 실행하면 다음과 같은 화면을 얻을 것이다.

**자유게시판**

| 번호 | 제목 | 작성자 | 작성일 | 조회수 |
|---|---|---|---|---|
| 8 | 시험용 글 8 | 이순신 | 2012-10-10 | 0 |
| 7 | 시험용 글 7 | 홍길동 | 2012-10-10 | 0 |
| 6 | 시험용 글 6 | 김수로 | 2012-10-10 | 0 |
| 5 | 시험용 글 5 | 장길산 | 2012-10-10 | 0 |
| 4 | 시험용 글 4 | 김수로 | 2012-10-10 | 0 |

또, http://localhost/freeboard.php?page=2을 실행하면 다음과 같은 화면을 얻을 수 있다.

**자유게시판**

| 번호 | 제목 | 작성자 | 작성일 | 조회수 |
|---|---|---|---|---|
| 3 | 시험용 글 3 | 강감찬 | 2012-10-10 | 0 |
| 2 | 시험용 글 2 | 이순신 | 2012-10-10 | 0 |
| 1 | 시험용 글 1 | 홍길동 | 2012-10-10 | 0 |

## 13.3.3 하단의 페이지 링크 출력

앞에서 많은 게시글들이 있을 때 그 제목을 여러 페이지로 나누어 보여주는 기능은 구현했지만, 웹 브라우저의 주소창에 우리가 직접 page 값을 주어서 동작했을 뿐, 페이지 간을 이동할 수 있는 링크는 없었다. 그것이 구현된 소스는 다음과 같다. 역시 음영 처리된 코드가 추가된 부분이다.

```
 1: <html>
 2: <head>
 3: <title> 자유게시판 </title>
 4: </head>
 5:
 6: <body>
 7: <h3><p align=center>자유게시판</p></h3>
 8: <table width=800 align=center>
 9:     <tr bgcolor=cyan>
10:         <td align=center width=80>번호</td>
11:         <td align=center width=420>제목</td>
12:         <td align=center width=100>작성자</td>
13:         <td align=center width=130>작성일</td>
14:         <td align=center width=70>조회수</td>
15:     </tr>
16:
17: <?
18:     include "db_connect.php";
19:
20:     // GET/POST로 전달된 값 획득
21:     $page = $_GET[page];
22:
23:     // 게시글 리스트가 모두 몇 페이지가 될지 계산
24:     $num_records_per_page = 5;  // 한 페이지에 표시될 레코드 수 설정
25:
26:     $sql = "select count(*) from freeboard";  // 전체 레코드 수 알아내기
27:     $result = mysql_query($sql, $connect);
28:     $num_records = mysql_result($result, 0, 0);
29:
30:     $num_pages = ceil($num_records / $num_records_per_page);
        // 전체 페이지 수 구하기
31:
32:     // 현재 페이지의 첫번째 레코드 계산
33:     $page = min(max(1, $page), $num_pages);
        // 1 < 출력할 페이지 번호 < 전체 페이지 수
34:     $start = ($page - 1) * $num_records_per_page;
        // 출력을 시작할 첫번째 레코드 위치
```

```
35:
36:     // 현재 페이지의 레코드들 읽기
37:     $sql = "select * from freeboard order by num desc";
38:     $sql .= " limit $start, $num_records_per_page";
39:     $result = mysql_query($sql, $connect);
40:
41:     // 게시글 리스트 출력
42:     while ($row = mysql_fetch_array($result))
43:     {
44:        echo "<tr>
45:                <td align=center>$row[num]</td>
46:                <td>$row[title]</td>
47:                <td align=center>$row[name]</td>
48:                <td align=center>$row[register_day]</td>
49:                <td align=center>$row[hits]</td>
50:             </tr>";
51:     }
52:
53:   mysql_close($connect);
54: ?>
55:
56:     <tr><td colspan=5 height=20></td></tr>
57:
58:     <tr>
59:        <td colspan=5 align=center>
60: <?
61:     // 한 화면에 표시할 페이지 번호 링크의 시작과 끝 번호를 계산
62:     $num_links_per_view = 3;   // 한 화면에 표시될 페이지 번호의 수
63:
64:     $block = ceil($page / $num_links_per_view);
          // 현재 화면에 표시할 링크 블럭 번호
65:     $first_link = ($block - 1) * $num_links_per_view + 1;
          // 첫번째 링크번호
66:     $last_link = min($first_link + $num_links_per_view - 1,
        $num_pages);   // 마지막 링크번호
67:
68:     // [이전] 링크 출력
69:     if ($first_link != 1)
```

```
70:        echo "<a href='freeboard.php?page=" . ($page - $num_links_per_view) .
71:             "'>[< 이전]</a>  ";
72:
73:      // 페이지 번호들 출력
74:      for ($i = $first_link; $i <= $last_link; $i++)
75:      {
76:          if ($page == $i)
77:              echo "<b>[$i]</b>  ";
78:          else
79:              echo "<a href='freeboard.php?page=$i'>[$i]</a>  ";
80:      }
81:
82:      // [다음] 링크 출력
83:      if ($last_link != $num_pages)
84:        echo "<a href='freeboard.php?page=" . ($page + $num_links_per_view) .
85:             "'>[다음 >]</a>  ";
86: ?>
87:          </td>
88:        </tr>
89:
90: </table>
91: </body>
92: </html>
```

먼저 62번 행을 보자.

```
62:      $num_links_per_view = 3;
```

$num_links_per_view는 한 화면에 출력되는 페이지 번호 링크의 개수를 정의한다. 이 숫자가 3이면 페이지 번호는 1, 2, 3 또는 4, 5, 6과 같이 한 번에 3개의 페이지 링크만이 보인다. 만약 이 숫자를 5로 바꾼다면 1, 2, 3, 4, 5와 같이 1번 페이지부터 5번 페이지까지 이동할 수 있는 링크들이 보이게 될 것이다.

그리고 나면 페이지 링크 출력을 위해서 현재 화면에 출력할 페이지 번호의 범위를 계산한다.

```
64:        $block = ceil($page / $num_links_per_view);
65:        $first_link = ($block - 1) * $num_links_per_view + 1;
66:        $last_link = min($first_link + $num_links_per_view - 1, $num_pages);
```

한 화면에 출력되는 페이지 링크들을 하나의 블록이라고 부른다면, $block은 현재 화면에 표시할 블록이 몇 번째 것인지를 담고 있게 된다. 한 화면에 표시할 페이지 링크의 개수($num_links_per_view)가 3이라고 가정하면 페이지 블록은 다음과 같이 나누어질 것이다.

| 페이지 번호 | 1 | 2 | 3 | 4 | 5 | 6 | 7 | 8 | 9 | 10 |
|---|---|---|---|---|---|---|---|---|---|---|
| 페이지 블록 | | 1 | | | 2 | | | 3 | | 4 |

예를 들어 현재 보여주고 있는 화면이 5번 페이지라면, 하단의 페이지 링크에는 4, 5, 6 페이지에 대한 링크가 표시되어야 하며, 이 때 $block은 2 값을 갖게 된다. 그리고 이 값을 바탕으로 4부터 6까지의 페이지 링크를 표시해야 함을 계산할 수 있다. 이럴 경우, 첫 번째 페이지 번호인 4는 $first_link에, 마지막 페이지 번호인 6은 $last_link에 담긴다.

그 다음은 "이전" 링크를 출력하는 부분이다.

```
69:        if ($first_link != 1)
70:          echo "<a href='freeboard.php?page=" . ($page - $num_links_per_view) .
71:              "'>[< 이전]</a>  ";
```

만약 현재 보여주고 있는 페이지 링크 블록이 1번이 아니라면 앞으로 이동할 수 있는 링크를 표시한다.

그리고 페이지 번호들을 출력하는 부분이 나온다.

```
74:        for ($i = $first_link; $i <= $last_link; $i++)
75:        {
76:          if ($page == $i)
77:              echo "<b>[$i]</b>  ";
78:          else
79:              echo "<a href='freeboard.php?page=$i'>[$i]</a>  ";
80:        }
```

현재 페이지는 페이지 번호만 진하게 출력하고 다른 페이지 번호들은 이것을 클릭하면
페이지 전환이 되도록 링크로 출력한다.

그리고는 마지막으로 "다음" 링크를 출력한다.

```
83:     if ($last_link != $num_pages)
84:       echo "<a href='freeboard.php?page=" . ($page + $num_links_per_view) .
85:           "'>[다음 >]</a>  ";
```

만약 현재 보여주고 있는 페이지 링크 블록이 마지막 것이 아니라면 다음으로 이동할
수 있는 링크를 표시한다.

코드를 모두 추가했다면, 실행을 시켜보자. 페이지 링크들이 화면 하단부에 같이 나타
날 것이다. "[2]"를 클릭하면 페이지 전환이 이루어진다.

**자유게시판**

| 번호 | 제목 | 작성자 | 작성일 | 조회수 |
|------|------|--------|--------|--------|
| 3 | 시험용 글 3 | 강감찬 | 2012-10-10 | 0 |
| 2 | 시험용 글 2 | 이순신 | 2012-10-10 | 0 |
| 1 | 시험용 글 1 | 홍길동 | 2012-10-10 | 0 |

[1] **[2]**

페이지 전환이 되는 것은 확인했지만, "이전"과 "다음" 링크가 잘 동작하는지는 확인할
수가 없다. 24번 행의 $num_records_per_page 값을 1로 바꿔놓고 다시 실행해 보자. 한
화면에 나타날 글의 개수가 1이면, 모두 8페이지가 되므로 페이지 이동을 충분히 테스트
해 볼 수 있다.

**자유게시판**

| 번호 | 제목 | 작성자 | 작성일 | 조회수 |
|------|------|--------|--------|--------|
| 4 | 시험용 글 4 | 김수로 | 2012-10-10 | 0 |

[< 이전] [4] **[5]** [6] [다음 >]

테스트가 끝나면 $num_records_per_page 값을 원래 값인 5로 돌려놓는다.

## 13.3.4 자유게시판 메인 페이지 완성

이제 메인 페이지는 거의 완성되었다. 이제 남은 것은 게시글 리스트에서 제목을 클릭하면 그 글의 내용을 보여주는 페이지로 이동하도록 하이퍼링크를 만들고, 화면 하단에 "글쓰기" 버튼을 추가하여 그것을 누르면 글을 쓸 수 있는 페이지로 이동하도록 하는 것 뿐이다. 완성된 자유게시판 메인 페이지의 소스 코드는 다음과 같다. 역시 음영 처리된 부분만 추가하면 된다.

예제 13-6  완성된 자유게시판 메인 페이지  (freeboard.php)

```
 1: <html>
 2: <head>
 3: <title> 자유게시판 </title>
 4: </head>
 5:
 6: <body>
 7: <h3><p align=center>자유게시판</p></h3>
 8: <table width=800 align=center>
 9:     <tr bgcolor=cyan>
10:         <td align=center width=80>번호</td>
11:         <td align=center width=420>제목</td>
12:         <td align=center width=100>작성자</td>
13:         <td align=center width=130>작성일</td>
14:         <td align=center width=70>조회수</td>
15:     </tr>
16:
17: <?
18:     include "db_connect.php";
19:
20:     // GET/POST로 전달된 값 획득
21:     $page = $_GET[page];
22:
23:     // 게시글 리스트가 모두 몇 페이지가 될지 계산
24:     $num_records_per_page = 5;  // 한 페이지에 표시될 레코드 수 설정
25:
26:     $sql = "select count(*) from freeboard";  // 전체 레코드 수 알아내기
27:     $result = mysql_query($sql, $connect);
```

```php
28:        $num_records = mysql_result($result, 0, 0);
29:
30:        $num_pages = ceil($num_records / $num_records_per_page);
           // 전체 페이지 수 구하기
31:
32:        // 현재 페이지의 첫번째 레코드 계산
33:        $page = min(max(1, $page), $num_pages);
           // 1 < 출력할 페이지 번호 < 전체 페이지 수
34:        $start = ($page - 1) * $num_records_per_page;
           // 출력을 시작할 첫번째 레코드 위치
35:
36:        // 현재 페이지의 레코드들 읽기
37:        $sql = "select * from freeboard order by num desc";
38:        $sql .= " limit $start, $num_records_per_page";
39:        $result = mysql_query($sql, $connect);
40:
41:        // 게시글 리스트 출력
42:        while ($row = mysql_fetch_array($result))
43:        {
44:            echo "<tr>
                     <td align=center>$row[num]</td>
45:
46:                  <td><a href='view.php?num=$row[num]&page=$page'>$row
                     [title]</a></td>
47:                  <td align=center>$row[name]</td>
48:                  <td align=center>$row[register_day]</td>
49:                  <td align=center>$row[hits]</td>
50:              </tr>";
51:        }
52:
53:        mysql_close($connect);
54: ?>
55:
56:        <tr><td colspan=5 height=20></td></tr>
57:
58:        <tr>
59:          <td colspan=5 align=center>
60: <?
61:        // 한 화면에 표시할 페이지 번호 링크의 시작과 끝 번호를 계산
```

```php
62:     $num_links_per_view = 3;   // 한 화면에 표시될 페이지 번호의 수
63:
64:     $block = ceil($page / $num_links_per_view);
        // 현재 화면에 표시할 링크 블럭 번호
65:     $first_link = ($block - 1) * $num_links_per_view + 1;
        // 첫번째 링크번호
66:   $last_link = min($first_link + $num_links_per_view - 1, $num_pages);
      // 마지막 링크번호
67:
68:     // [이전] 링크 출력
69:     if ($first_link != 1)
70:       echo "<a href='freeboard.php?page=" . ($page - $num_links_per_view) .
71:           "'>[< 이전]</a>  ";
72:
73:     // 페이지 번호들 출력
74:     for ($i = $first_link; $i <= $last_link; $i++)
75:     {
76:        if ($page == $i)
77:            echo "<b>[$i]</b>  ";
78:        else
79:            echo "<a href='freeboard.php?page=$i'>[$i]</a>  ";
80:     }
81:
82:     // [다음] 링크 출력
83:     if ($last_link != $num_pages)
84:       echo "<a href='freeboard.php?page=" . ($page + $num_links_per_view) .
85:           "'>[다음 >]</a>  ";
86: ?>
87:       </td>
88:     </tr>
89:
90:     <tr>
91:       <td colspan=5 align=right><input type=button value=글쓰기
92:              onclick="location.href='write_form.php?page=
                  <?=$page?>'"></td>
93:     </tr>
94: </table>
95: </body>
96: </html>
```

46번 행에서는 글의 제목을 단순히 출력하던 것을, 〈a〉 태그를 이용해서 글 제목을 클릭하면 글의 내용을 보여주는 페이지로 이동하도록 했다. 이 때 내용을 보여줄 글의 번호와 그 글이 속한 페이지 번호를 같이 넘겨준다. 페이지 번호까지 넘겨주는 이유는 글의 내용을 보다가 "목록보기" 버튼으로 돌아오거나 수정, 삭제 같은 동작을 할 경우, 원래 보던 페이지로 돌아와야 하기 때문이다. 글의 내용을 보여주는 view.php에서도 원래 출력하던 목록의 페이지 번호를 알아야 원래 위치로 돌아갈 수 있다.

90~94번 행은 "글쓰기" 버튼을 추가한 것이다. 새 글을 입력받는 폼을 제공하는 프로그램의 이름은 write_from.php 이며, 역시 목록으로 돌아올 때를 위해서 현재 출력 중인 페이지의 번호를 전달해준다.

이제 수정이 모두 끝났으면 freeboard.php를 실행해보자. 완성된 자유게시판의 메인 페이지가 보일 것이다.

## 13.4 글쓰기 폼 – write_form.php

write_form.php는 새 글을 작성할 수 있는 폼을 제공하고, 사용자가 "글등록" 버튼을 눌렀을 때까지 입력된 내용을 write.php에게 전달해 주는 일만 하면 된다. 실제 테이블에 글의 내용을 기록하는 것은 write.php가 실행할 것이다. 실행 화면과 소스 코드는 다음과 같다.

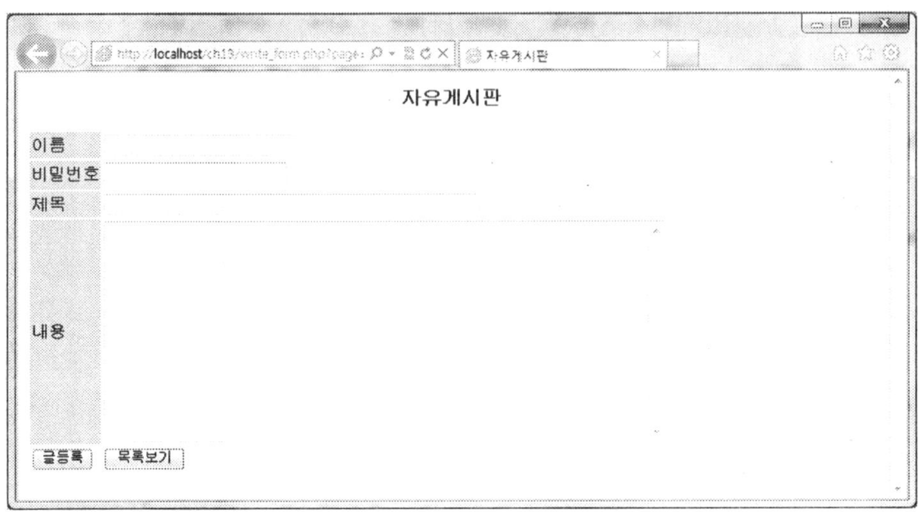

**예제 13-7** 새 글쓰기 폼의 첫 버전 (write_form.php)

```
 1: <html>
 2: <head>
 3: <title> 자유게시판 </title>
 4: </head>
 5:
 6: <body>
 7: <h3><p align=center>자유게시판</p></h3>
 8:
 9: <form method=post action=write.php>
10:     <table>
11:        <tr>
12:           <td bgcolor=cyan>이름</td>
13:           <td align=left><input type=text name=name size=25
14:                          maxlength=16 value=''></td>
15:        </tr>
16:
17:        <tr>
18:           <td bgcolor=cyan>비밀번호</td>
19:           <td align=left><input type=password name=passwd size=25
20:                          maxlength=16></td>
21:        </tr>
22:
```

```
23:        <tr>
24:          <td bgcolor=cyan>제목</td>
25:          <td align=left><input type=text name=title size=50
26:                          maxlength=100 value=''></td>
27:        </tr>
28:
29:        <tr>
30:          <td bgcolor=cyan>내용</td>
31:          <td align=left><textarea name=content cols=74 rows=14
32:                          wrap=virtual></textarea>
33:          </td>
34:        </tr>
35:
36:        <tr>
37:          <td><input type=submit value=글등록></td>
38:          <td><input type=button value=목록보기
39:                onclick="location.href='freeboard.php?page=
                  <?=$_GET[page]?>'"></td>
40:
41:        </tr>
42:      </table>
43: </form>
44: </body>
45: </html>
```

이 프로그램은 단순한 HTML 폼일 뿐이므로 이해하는 데에 문제는 없을 것이다. 앞서 설명한 바와 같이 4개의 입력 컨트롤에서 값을 입력받고 이 값들을 write.php에 전달한다. 혹시 글 작성을 중단하고 싶을 때를 위해 "목록보기" 버튼을 제공하고 있으며, 이것을 클릭하면 freeboard.php로 돌아가게 된다.

다만 한 가지 미리 이야기 해둘 것이 있다. 이 프로그램 자체는 별 문제가 없지만 나중에 modyfy_form.php를 작성하다 보면 프로그램의 효율성을 위해 write_form.php를 수정할 필요가 생기게 된다. 이 프로그램의 최종버전이 궁금한 사람은 modyfy_form.php를 설명한 부분을 미리 훑어보아도 좋다.

# 13.5 새 글 등록 - write.php

새 글을 DB에 추가하는 프로그램이다. write_form.php에서 입력된 내용을 POST 방식으로 받아 DB에 기록한 후, 다시 게시판 메인 페이지로 돌아가는 역할을 하므로 별도의 실행 화면은 가지고 있지 않다. 소스 코드는 다음과 같다.

**예제 13-8** 새 글 등록 (write.php)

```php
1: <?
2:     include "db_connect.php";
3:
4:     // GET/POST로 전달된 값 획득
5:     $name = $_POST[name];
6:     $passwd = $_POST[passwd];
7:     $title = $_POST[title];
8:     $content = $_POST[content];
9:
10:     if ($name && $passwd && $title && $content)
11:     {
12:         // 작성일, 작성자 IP 얻기
13:         $register_day = date("Y-m-d");
14:         $user_ip = $_SERVER[REMOTE_ADDR];
15:
16:         // 쿼리 실행
17:         $sql  = "insert into freeboard";
18:         $sql .= " (name, passwd, title, content, register_day, hits,
           user_ip)";
19:         $sql .= " values('$name', '$passwd', '$title', '$content',";
20:         $sql .=        " '$register_day', 0, '$user_ip')";
21:         mysql_query($sql, $connect);
22:
23:         mysql_close();
24:
25:         // 메인 페이지로 돌아감
26:         header("Location:freeboard.php");
27:     }
28:     else
```

```
29:        echo "<script>
30:              alert('이름, 비밀번호, 제목, 내용이 모두 입력되어야 합니다.');
31:              history.back();
32:           </script>";
33:
34: ?>
```

이 프로그램은 짧기도 하거니와, 주의를 기울여야 하는 부분이 별로 없다.

10번 행은 write_form.php로부터 전달된 4개 항목의 값들을 검토해서 4개의 값이 빠짐없이 들어왔는지를 판단한다. PHP에서는 무언가 값이 있으면 참으로, 변수가 비어있으면 거짓으로 간주하기 때문에 이렇게 간단한 if문만으로도 4개 값이 모두 잘 들어왔는지를 체크할 수 있다.

13~21번 행은 오늘 날짜를 얻어서 $register_day에, 사용자 IP를 얻어서 $user_ip에 넣고, write_form.php로부터 전달된 값들과 함께 하나의 새로운 레코드로 만들어 넣어준다. 그리곤 26번 행의 header() 함수를 통해 게시판 메인 프로그램으로 돌아가되 1 페이지를 보여준다. 새 글은 항상 첫 번째 글로 보이게 되므로 새 글의 제목을 볼 수 있는 첫 번째 페이지로 이동하는 것이다. freeboard.php에 GET 방식으로 페이지 번호를 따로 주지 않으면 1 페이지를 보여주도록 되어 있는 점을 이용하여 아무런 값도 전달하지 않고 freeboard.php로 이동한다.

29~32번 행은 4항목 중 하나라도 빠진 값이 있을 경우 실행된다. 값들이 모두 입력되어야 한다는 다이얼로그 박스를 띄우고 확인을 누르면 write_form.php로 돌아가도록 한다.

이제 write_form.php와 write.php가 작성되었으면 새 글을 게시판에 등록할 수 있다. 글을 등록해 보고 이것이 게시글 리스트에 반영되는지 확인해 본다.

# 13.6 글 내용 보기 – view.php

이 프로그램은 글 하나의 내용을 보여주며, 수정, 삭제 버튼도 제공한다. 실행시켰을 때의 화면은 다음과 같다.

이 프로그램의 소스 코드는 다음과 같다.

**예제 13-9** 글 내용 보기 (view.php)

```
 1: <?
 2:     include "db_connect.php";
 3:
 4:     // GET/POST로 전달된 값 획득
 5:     $num = $_GET[num];
 6:     $page = $_GET[page];
 7:
 8:     // 지정된 번호의 글 데이터 읽기
 9:     $sql = "select * from freeboard where num=$num";
10:     $result = mysql_query($sql, $connect);
11:     $row = mysql_fetch_array($result);
12:
13:     // 제목의 공백, 본문의 공백과 줄넘김이 웹에서 보이도록 처리
14:     $row[title] = str_replace(" ", " ", $row[title]);
15:     $row[content] = str_replace(" ", " ", $row[content]);
16:     $row[content] = str_replace("\n", "<br>", $row[content]);
17:
```

```
18:        // 조회 수 1 증가
19:        $sql = "update freeboard set hits=hits+1 where num=$row[num]";
20:        mysql_query($sql, $connect);
21:
22:        mysql_close();
23: ?>
24:
25: <html>
26: <head>
27: <title> 자유게시판 </title>
28: </head>
29:
30: <body>
31: <h3><p align=center>자유게시판</p></h3>
32: <table width=800 align=center>
33:     <tr>
34:        <td bgcolor=cyan width=70>제목</td>
35:        <td><? echo $row[title]; ?></td>
36:     </tr>
37:
38:     <tr>
39:        <td bgcolor=cyan>작성자</td>
40:        <td><? echo $row[name]; ?></td>
41:     </tr>
42:
43:     <tr>
44:        <td bgcolor=cyan>IP</td>
45:        <td><? echo $row[user_ip]; ?></td>
46:     </tr>
47:
48:     <tr>
49:        <td bgcolor=cyan>내용</td>
50:        <td><? echo $row[content]; ?></td>
51:     </tr>
52:
53:     <tr>
54:        <td></td>
55:        <td>
56:            <input type=button value=수정
```

```
57:                    onclick="location.href='modify_form.php?num=<?=$num?>
                       &page=<?=$page?>'">
58:          <input type=button value=삭제
59:                    onclick="location.href='passwd_form.php?num=<?=$num?>
                       &page=<?=$page?>'">
60:          <input type=button value=목록보기
61:             onclick="location.href='freeboard.php?page=<?=$page?>'">
62:        </td>
63:     </tr>
64: </table>
65: </body>
66: </html>
```

이 프로그램은 글 하나의 내용을 보여주는 역할을 하므로 먼저 지정된 글의 내용을 DB에서 읽어 와야 한다.

```
 9:    $sql = "select * from freeboard where num=$num";
10:    $result = mysql_query($sql, $connect);
11:    $row = mysql_fetch_array($result);
```

그 다음에는 글의 제목과 내용을 출력하기 전에 약간의 처리를 해주어야 한다.

```
14:    $row[title] = str_replace(" ", " ", $row[title]);
15:    $row[content] = str_replace(" ", " ", $row[content]);
16:    $row[content] = str_replace("\n", "<br>", $row[content]);
```

우리가 글쓰기 폼에서 입력한 내용은 그대로 DB에 저장되어 있다. 그런데 그것을 아무런 처리 없이 브라우저 위에 출력하게 되면 연속된 공백이 아무리 많아도 하나의 공백으로 표현되고, 개행 문자 "Wn"은 동작하지 않을 것이다. 따라서 공백은 " "로, 개행 문자는 "〈br〉" 태그로 바꾸어 놓아야 한다.

그 다음엔 글을 한 번 읽었으니 조회 수를 증가시켜 주어야 한다. 이 코드는 다음과 같다.

```
19:    $sql = "update freeboard set hits=hits+1 where num=$row[num]";
20:    mysql_query($sql, $connect);
```

freeboard 테이블의 hits 필드 값을 1 증가시키는 쿼리를 실행시킨 것이다.

그 뒷부분은 특별한 코드가 없다. DB에서 읽어 들인 레코드 데이터로부터 제목, 작성자, 사용자 IP, 그리고 내용을 출력하고 "수정", "삭제", "목록보기" 버튼을 화면에 출력하는 것뿐이다

```
53:      <tr>
54:        <td></td>
55:        <td>
56:          <input type=button value=수정
57:             onclick="location.href='modify_form.php?num=<?=$num?>
                &page=<?=$page?>'">
58:          <input type=button value=삭제
59:             onclick="location.href='passwd_form.php?num=<?=$num?>
                &page=<?=$page?>'">
60:          <input type=button value=목록보기
61:             onclick="location.href='freeboard.php?page=<?=$page?>'">
62:        </td>
63:      </tr>
```

수정 버튼은 modify_form.php으로, 삭제 버튼은 글 삭제 전 확인을 위해 비밀번호를 입력받는 passwd_form.php으로, 그리고 목록보기 버튼은 이 글이 있던 글 목록 페이지로 돌아가도록 해준다.


## 13.7 글 수정 폼 – modify_form.php

이 프로그램은 글 내용 보기 화면에서 "수정" 버튼을 눌러 호출되며 글을 수정할 수 있는 폼을 제공한다. 실행 화면은 다음과 같다.

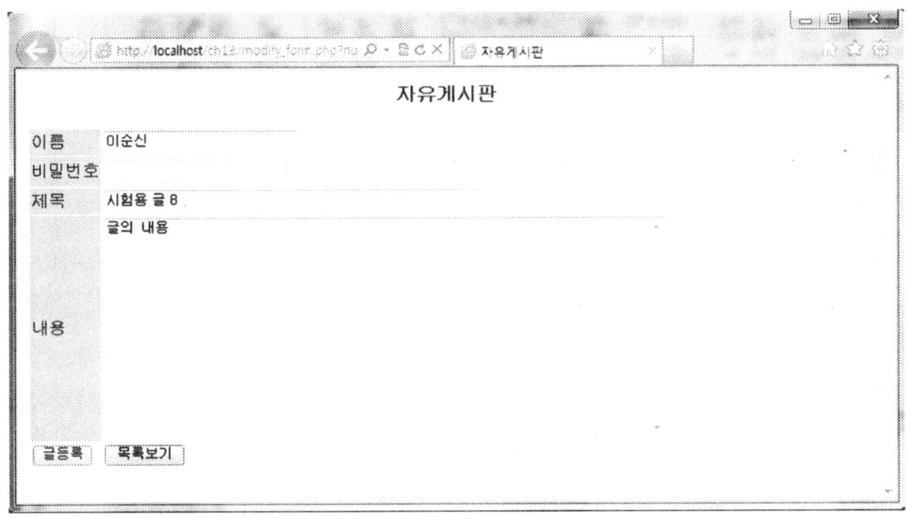

## 13.7.1 글 수정 폼을 위한 프로그램 작성

이 프로그램의 소스 코드는 다음과 같다. 이 프로그램은 완전히 새로 입력할 필요가 없다. 많은 부분이 write_form.php와 유사하므로 write_form.php를 복사해서 modify_form.php라는 이름으로 만들고 음영 처리된 부분만 새로 입력하면 된다.

**예제 13-10** 글 수정 폼의 첫 버전 (modify_form.php)

```
1: <?
2:     include "db_connect.php";
3:
4:     // GET/POST로 전달된 값 획득
5:     $num = $_GET[num];
6:     $page = $_GET[page];
7:
8:     // 지정된 번호의 글 데이터 읽기
9:     $sql = "select * from freeboard where num=$num";
10:    $result = mysql_query($sql, $connect);
11:    $row = mysql_fetch_array($result);
12:
13:    // 제목의 공백, 본문의 공백과 줄넘김이 웹에서 보이도록 처리
14:    $row[title] = str_replace(" ", " ", $row[title]);
```

```
15:        $row[content] = str_replace(" ", " ", $row[content]);
16:
17:     mysql_close();
18: ?>
19:
20: <html>
21: <head>
22: <title> 자유게시판 </title>
23: </head>
24:
25: <body>
26: <h3><p align=center>자유게시판</p></h3>
27:
28: <form method=post action='modify.php?num=<?=$num?>&page=<?=$page?>'>
29:    <table>
30:       <tr>
31:          <td bgcolor=cyan>이름</td>
32:          <td align=left><input type=text name=name size=25
33:                         maxlength=16 value='<?=$row[name]?>'></td>
34:       </tr>
35:
36:       <tr>
37:          <td bgcolor=cyan>비밀번호</td>
38:          <td align=left><input type=password name=passwd size=25
39:                         maxlength=16></td>
40:       </tr>
41:
42:       <tr>
43:          <td bgcolor=cyan>제목</td>
44:          <td align=left><input type=text name=title size=50
45:                         maxlength=100 value='<?=$row[title]?>'></td>
46:       </tr>
47:
48:       <tr>
49:          <td bgcolor=cyan>내용</td>
50:          <td align=left><textarea name=content cols=74 rows=14
51:                         wrap=virtual><?=$row[content]?></textarea>
52:          </td>
```

```
53:          </tr>
54:
55:          <tr>
56:            <td><input type=submit value=글등록></td>
57:            <td><input type=button value=목록보기
58:                     onclick="location.href='freeboard.php?page=
                         <?=$page?>'"></td>
59:
60:          </tr>
61:        </table>
62: </form>
63: </body>
64: </html>
```

이 프로그램은 기존 내용을 수정할 수 있는 양식을 제공하는 것이 목적이므로 기본적인 형태는 글쓰기 폼과 같지만 내부 코드는 글 내용 보기와 비슷하게 된다. 즉, 모양은 글쓰기 폼인데 각각의 입력란(이름, 제목, 내용)에는 기존 글의 내용이 처음부터 들어 있어야 한다. 따라서 1~18번 행에서 기존 글의 내용을 DB에서 읽어 오는 내용이 추가 되어 있다는 점이 크게 다르다. 그 외에는 28행에서 submit 버튼을 눌렀을 때 실행할 프로그램이 다르고, 33, 45, 51 행에서 읽어 들인 데이터를 초기 값으로 보여준다는 점이 다를 뿐이다.

## 13.7.2 글 수정 폼을 함수로 분리

앞서 modify_form.php를 살펴보면서 얘기했지만, 이 프로그램의 28~62행 부분은 음영 처리된 부분 말고는 write_form.php에서 사용했던 HTML 코드와 동일하다. 이렇게 똑같은 코드를 복사해서 사용하는 것이 최선일까? 이런 상황에서는 동일한 코드를 함수로 분리해내고 그 함수를 write_form.php와 modify_form.php에서 같이 사용하도록 하면 코드를 깔끔하게 정리할 수 있다. 공통부분을 뽑아내서 함수를 정의하면 다음과 같다.

```
 1: <?
 2:     function common_form($page, $action, $name = "", $title = "",
     $content = "")
 3:     {
 4:         echo "
 5:             <form method=post action=$action>
 6:                 <table>
 7:                     <tr>
 8:                         <td bgcolor=cyan>이름</td>
 9:                       <td align=left><input type=text name=name size=25
10:                                     maxlength=16 value='$name'></td>
11:                     </tr>
12:
13:                     <tr>
14:                         <td bgcolor=cyan>비밀번호</td>
15:                         <td align=left><input type=password name=passwd
                            size=25
16:                                     maxlength=16></td>
17:                     </tr>
18:
19:                     <tr>
20:                         <td bgcolor=cyan>제목</td>
21:                       <td align=left><input type=text name=title size=50
22:                                     maxlength=100 value='$title'></td>
23:                     </tr>
24:
25:                     <tr>
26:                         <td bgcolor=cyan>내용</td>
27:                     <td align=left><textarea name=content cols=74 rows=14
28:                                     wrap=virtual>$content</textarea>
29:                         </td>
30:                     </tr>
31:
32:                     <tr>
33:                         <td><input type=submit value=글등록></td>
34:                         <td><input type=button value=목록보기
```

```
35:                                     onclick=\"location.href='freeboard.php?page=
                                        $page'\"></td>
36:                      </tr>
37:                   </table>
38:                </form>";
39:       }
40: ?>
```

modify_form.php의 28~62행을 복사해서 common_form.php로 만들고 나면 음영 처리된 부분만 추가하면 그만이다. 이 함수를 호출하는 프로그램이 write_form.php인지 modify_form.php인지에 따라 달라지는 부분은 5, 10, 22, 28행뿐이므로 각각의 상황에 맞게 인자를 주면 그 값을 그대로 활용하면 된다.

다만 한 가지 더 받아와야 할 값이 있는데 35행 목록보기 버튼을 눌렀을 때 이동할 $page이다. 이 값은 이 함수 안에서 알 방법이 없으므로 호출하는 프로그램에서 넣어 주어야 한다. 따라서 2행과 같은 함수 헤더가 완성되는 것이다.

```
2:     function common_form($page, $action, $name = "", $title = "",
       $content = "")
```

이 함수는 5개의 매개변수를 가지는데 순서대로 페이지 번호, submit 시 실행할 URL, 이름 입력란의 초기값, 제목 입력란의 초기값, 그리고 내용 입력란의 초기값이다. 매개변수 뒤에 ="" 는 이 인자를 생략했을 때 디폴트 값이 ""가 된다는 의미이다.

이제 이 함수를 이용하여 modify_form.php를 정리해 보자. 소스 코드는 다음과 같다.

**예제 13-12** 완성된 글 수정 폼 (modify_form.php)

```
1: <?
2:     include "db_connect.php";
3:
4:     // GET/POST로 전달된 값 획득
5:     $num = $_GET[num];
6:     $page = $_GET[page];
7:
```

```
 8:        // 지정된 번호의 글 데이터 읽기
 9:        $sql = "select * from freeboard where num=$num";
10:        $result = mysql_query($sql, $connect);
11:        $row = mysql_fetch_array($result);
12:
13:        // 제목의 공백, 본문의 공백과 줄넘김이 웹에서 보이도록 처리
14:        $row[title] = str_replace(" ", " ", $row[title]);
15:        $row[content] = str_replace(" ", " ", $row[content]);
16:
17:        mysql_close();
18: ?>
19:
20: <html>
21: <head>
22: <title> 자유게시판 </title>
23: </head>
24:
25: <body>
26: <h3><p align=center>자유게시판</p></h3>
27:
28: <?
29:        include "common_form.php";
30:        common_form($page, "modify.php?num=$num&page=$page", $row[name],
       $row[title], $row[content]);
31: ?>
32:
33: </body>
34: </html>
```

이전 버전과 비교해 보았을 때 28~31행 부분이 달라졌다. 예전에는 write_form.php 에서 복사해온 긴 코드가 들어 있던 자리에, 함수 정의를 담고 있는 common_form.php 를 include하고 common_form 함수를 호출하는 문장 하나만 있는 것을 확인할 수 있다.

이제 write_form.php도 이 함수를 이용하여 다시 작성할 수 있다. 완성된 프로그램은 다음과 같다.

**예제 13-13** 완성된 글쓰기 폼 (write_form.php)

```
 1: <?
 2:     // GET/POST로 전달된 값 획득
 3:     $page = $_GET[page];
 4: ?>
 5:
 6: <html>
 7: <head>
 8: <title> 자유게시판 </title>
 9: </head>
10:
11: <body>
12: <h3><p align=center>자유게시판</p></h3>
13:
14: <?
15:     include "common_form.php";
16:     common_form($page, "write.php");
17: ?>
18:
19: </body>
20: </html>
```

16번 행에서 common_form 함수를 호출할 때 주어진 인자를 보자. 글쓰기 폼은 모든 필드가 비어있는 상태에서 시작하므로 각 필드에 별도의 초기 값을 줄 필요가 없다. 따라서 페이지 번호와 완료 버튼을 눌렀을 때 이동할 프로그램의 이름만 적어주면 된다.


## 13.8 글 내용 수정 - modify.php

이 프로그램은 modify_form.php로부터 호출되며, 지정된 레코드를 전달받은 값으로 업데이트 한다. 따라서 별도의 실행 화면은 가지고 있지 않으며 업데이트가 끝나고 나면 게시판 메인 프로그램으로 돌아간다.

```php
 1: <?
 2:     include "db_connect.php";
 3:
 4:     // GET/POST로 전달된 값 획득
 5:     $num = $_GET[num];
 6:     $page = $_GET[page];
 7:
 8:     $name = $_POST[name];
 9:     $passwd = $_POST[passwd];
10:     $title = $_POST[title];
11:     $content = $_POST[content];
12:
13:     // 지정된 번호와 비밀번호를 가진 레코드를 읽어 옴(비밀번호 확인 목적)
14:     $sql = "select * from freeboard where num=$num and
         passwd='$passwd'";
15:     $result = mysql_query($sql, $connect);
16:
17:     if (mysql_num_rows($result)) // 번호, 비밀번호가 맞는 레코드가 있으면
18:     {
19:        // 작성일, 작성자 IP 다시 얻어 옴
20:        $register_day = date("Y-m-d");
21:        $user_ip = $_SERVER[REMOTE_ADDR];
22:
23:        // 글 내용 업데이트
24:        $sql  = "update freeboard set name='$name', title='$title',";
25:        $sql .= " content='$content', register_day='$register_day',";
26:        $sql .= " user_ip='$user_ip' where num=$num";
27:        mysql_query($sql, $connect);
28:     }
29:     else
30:        echo "<script>
31:                alert('비밀번호가 틀렸습니다.');
32:                history.back();
33:            </script>";
34:
35:     mysql_close();
36:
```

```
37:       // 메인 페이지로 돌아감
38:       header("Location:freeboard.php?page=$page");
39: ?>
```

이 프로그램은 GET/POST로 전달받은 값들을 뽑아낸 뒤 입력된 비밀번호가 맞는지를
확인한다. 이를 위하여 다음과 같은 코드를 실행한다.

```
14:       $sql = "select * from freeboard where num=$num and
          passwd='$passwd'";
15:       $result = mysql_query($sql, $connect);
```

지정된 글 번호, 그리고 넘겨받은 비밀번호를 가지고 있는 레코드를 읽어 본다. 만약
그런 레코드가 있다면 그 글의 비밀번호가 맞는 것이고, 그런 레코드가 없다면 비밀번호
가 틀렸기 때문일 것이다. 따라서 다음 코드는 이렇게 된다.

```
17:       if (mysql_num_rows($result))    // 번호, 비밀번호가 맞는 레코드가 있으면
18:       {
19:           // 작성일, 작성자 IP 다시 얻어 옴
20:           $register_day = date("Y-m-d");
21:           $user_ip = $_SERVER[REMOTE_ADDR];
22:
23:           // 글 내용 업데이트
24:           $sql  = "update freeboard set name='$name', title='$title',";
25:           $sql .= " content='$content', register_day='$register_day',";
26:           $sql .= " user_ip='$user_ip' where num=$num";
27:           mysql_query($sql, $connect);
28:       }
29:       else
30:           echo "<script>
31:                   alert('비밀번호가 틀렸습니다.');
32:                   history.back();
33:               </script>";
```

if 문에서 쿼리 결과의 레코드 수가 0인지 아닌지 확인하고 있다. num은 프라이머리
키이므로 얻어진 레코드는 0개 또는 1개일 것이다. 그런 레코드가 있다면 update 쿼리를
실행하고, 없다면 비밀번호가 틀렸다는 경고 창을 출력한 뒤 글 수정 폼으로 되돌아간다.

# 13.9 글 삭제 전 비밀번호 확인 - passwd_form.php

이 프로그램은 view.php에서 "삭제" 버튼을 눌렀을 때 실행되며, 비밀번호를 입력 받은 뒤 글 번호와 비밀번호를 delete.php로 전달하는 역할을 한다. 실행 화면은 다음과 같다.

이 프로그램의 소스 코드는 다음과 같다.

**예제 13-15** 글 삭제 전 비밀번호 확인 폼 (passwd_form.php)

```
 1: <?
 2:     // GET/POST로 전달된 값 획득
 3:     $num = $_GET[num];
 4:     $page = $_GET[page];
 5: ?>
 6:
 7: <html>
 8: <head>
 9: <title> 자유게시판 </title>
10: </head>
11:
12: <body>
13: <h3><p align=center>자유게시판</p></h3>
14:
15: <form method=post action="delete.php?num=<?=$num?>&page=<?=$page?>">
16:     비밀번호를 입력하세요.<br>
17:     비밀번호 : <input type=password name="passwd" size=25
        maxlength=16><br><br>
18:     <input type=submit value=삭제>
19:     <input type=button value=취소 onclick="history.back()">
```

```
20: </form>
21: </body>
22: </html>
```

이 프로그램에는 별다른 내용이 없다. 비밀번호 입력란이 있는 간단한 폼이 있고, submit 버튼을 누르면 delete.php를 호출하는 것뿐이다.


## 13.10 글 삭제 - delete.php

이 프로그램은 passwd_form.php로 부터 호출되며, 지정된 레코드를 삭제한다. 따라서 별도의 실행 화면은 가지고 있지 않으며 업데이트가 끝나고 나면 게시판 메인 프로그램으로 돌아간다.

**예제 13-16** 글 삭제 (delete.php)

```
 1: <?
 2:     include "db_connect.php";
 3:
 4:     // GET/POST로 전달된 값 획득
 5:     $num = $_GET[num];
 6:     $page = $_GET[page];
 7:
 8:     $passwd = $_POST[passwd];
 9:
10:     // 지정된 번호와 비밀번호를 가진 레코드를 읽어 옴(비밀번호 확인 목적)
11:     $sql = "select * from freeboard where num=$num and passwd='$passwd'";
12:     $result = mysql_query($sql, $connect);
13:
14:     // 번호, 비밀번호가 맞는 레코드가 있으면 삭제
15:     if (mysql_num_rows($result))
16:       mysql_query("delete from freeboard where num=$num", $connect);
17:     else
18:       echo "<script>
19:             alert('비밀번호가 틀렸습니다.');
20:             history.back();
```

```
21:            </script>";
22:
23:    mysql_close();
24:
25:    // 메인 페이지로 돌아감
26:    header("Location:freeboard.php?page=$page");
27: ?>
```

　이 프로그램의 기본적인 구조는 modify.php와 동일하므로 modify.php를 잘 이해했다면 아무 문제없이 이해할 수 있을 것이다. 다른 코드는 완전히 동일하고 단지 실행하는 쿼리가 update가 아니라 delete라는 점만 다를 뿐이다.

## 확인학습

**1.** 다음 SQL 문장의 의미를 설명하시오.

```
insert into freeboard (name, passwd, title, content,
register_day, hits, user_ip)
values ('홍길동', '11', '시험용 글 1', '글의 내용', '2011-10-10',
0, '127.0.0.1');
```

**2.** include 가 무엇인지 설명하시오.

**3.** 다음 PHP 코드의 의미를 설명하시오.

```
$sql = "select count(*) from freeboard";
$result = mysql_query($sql, $connect);
$num_records = mysql_result($result, 0, 0);
```

**4.** 다음 코드의 의미를 설명하시오.

```
<input type=button value=목록보기
onclick="location.href='freeboard.php?page=<?=$page?>'">
```

확인학습 정답

**1.** freeboard 테이블에 하나의 레코드를 추가한다.

**2.** 지정된 파일을 그 자리에 포함시키라는 의미이다.

**3.** 전체 글의 개수를 알아낸다.

**4.** 목록보기 버튼을 누르면 freeboard.php?page=[페이지번호] 의 URL로 이동한다.

**5.** 다음 PHP 코드의 의미를 설명하시오.

```php
$user_ip = $_SERVER[REMOTE_ADDR];
```

**6.** 다음 PHP 코드의 의미를 설명하시오.

```php
$row[content] = str_replace(" ", " ", $row[content]);
$row[content] = str_replace("\n", "<br>", $row[content]);
```

**7.** 글을 수정하는 폼이 새 글을 입력하는 폼과 다른 점은?

**8.** 다음 코드에서 if 문의 의미는?

```php
$sql = "select * from freeboard where num=$num and
passwd='$passwd'";
$result = mysql_query($sql, $connect);
if (mysql_num_rows($result))
{ ...
```

확인학습 정답

**5.** 글 작성자의 IP를 알아낸다.

**6.** 공백과 개행 문자를 웹에서 볼 수 있는 문자나 태그로 변환한다.

**7.** 기존 데이터가 이미 입력되어 있는 상태로 나타난다.

**8.** 해당하는 번호와 비밀번호를 가진 레코드가 있다면 지정된 작업을 수행한다. 즉, 비밀번호가 맞는지를 체크하는 역할을 수행한다.

## 확인학습

**9.** 다음 코드의 의미를 설명하시오.

```
<input type=button value=취소 onclick="history.back()">
```

**10.** delete.php와 modify.php의 다른 점은?

**9.** 취소 버튼을 누른 경우 이전 페이지로 이동한다.

**10.** 실행하는 쿼리만 다르다. delete.php는 delete 쿼리를, modify.php는 update 쿼리를 실행한다.

1. 다음은 자유게시판에서 사용하는 필드들이다. 각 필드의 의미가 무엇인지 적어보시오.

| 필드명 | 의 미 |
| --- | --- |
| num | |
| name | |
| passwd | |
| title | |
| content | |
| register_day | |
| hits | |
| user_ip | |

2. 자유게시판을 구성하는 PHP 모듈들이 어떻게 연결되어 있는지 그림으로 표시하여 보시오.

3~10. 이 장에서 작성한 자유게시판 프로그램은 HTML 태그 사용을 최대한 자제하면서 작성되어서 모양이 보기 좋지 않다. HTML 태그를 적절히 추가하여 보기 좋은 화면을 가진 프로그램이 되도록 수정하시오. HTML 태그가 어떤 위치에 어떻게 들어가야 할지 생각하다보면 주소록 프로그램의 구성이 더욱 분명히 파악될 것이다.

### 저자약력

#### ❖ 이성욱

- 1994년 아주대학교 컴퓨터공학과 졸업(학사)
- 1996년 아주대학교 대학원 교통공학과 졸업(석사)
- 2003년 아주대학교 대학원 컴퓨터공학과 졸업(박사)
- 2003-현재 신구대학교 컴퓨터멀티미디어과 교수

#### ❖ 장종준

- 1982년 서울대학교 계산통계학과 졸업(학사)
- 1990년 서울대학교 대학원 계산통계학과 졸업(석사)
- 2007년 아주대학교 정보통신대학원(박사과정 수료)
- 1982년-1990년 금성통신연구소 TDX 개발단
- 1990-2001년 신구대학교 컴퓨터정보처리과 교수
- 2002-현재 신구대학교 컴퓨터멀티미디어과 교수


# 필요한 것만 공부하는 PHP 프로그래밍


초판 1쇄 발행  2012년 11월 20일
초판 3쇄 발행  2016년 3월 02일
저      자  이성욱, 장종준
발 행 인  이범만
발 행 처  **21세기사** (제406-00015호)
　　　　　경기도 파주시 산남로 72-16 (10882)
　　　　　Tel. 031-942-7861　　Fax. 031-942-7864
　　　　　E-mail : 21cbook@naver.com
　　　　　Home-page : www.21cbook.co.kr
　　　　　ISBN 978-89-8468-455-3

정가 14,000원